大连理工大学管理论丛

政府主导下的战略性新兴产业发展研究

——基于政策不确定性影响企业投资决策的微观视角

南晓莉 著

科学出版社

北京

内 容 简 介

　　为应对 2008 年全球金融危机的消极影响和新工业革命带来的挑战，我国政府先后推出了一揽子刺激计划和产业政策，培育和发展战略性新兴产业。然而，政府的行动虽然部分缓解了经济下行，但增加了政策不确定性，从而政策和经济的不确定性相互叠加进一步影响了企业的投资行为。本书从我国战略性新兴企业经营管理的现实背景出发，将宏观层面的经济政策和微观层面的企业投资决策相联系，深入探析政府相关产业政策及政策不确定性对企业微观财务决策产生的影响结果及内在影响机制。

　　本书可供财经领域相关专业人士以及经济学、金融学专业研究生及学术研究人员阅读。

图书在版编目（CIP）数据

　　政府主导下的战略性新兴产业发展研究：基于政策不确定性影响企业投资决策的微观视角 / 南晓莉著. —北京：科学出版社，2019.6

　　（大连理工大学管理论丛）

　　ISBN 978-7-03-059680-2

　　Ⅰ. ①政… Ⅱ. ①南… Ⅲ. ①新兴产业－产业发展－研究－中国 Ⅳ. ①F269.24

　　中国版本图书馆 CIP 数据核字（2018）第 273198 号

责任编辑：陶　璇 / 责任校对：贾娜娜
责任印制：张　伟 / 封面设计：无极书装

科学出版社 出版

北京东黄城根北街 16 号
邮政编码：100717
http://www.sciencep.com

北京虎彩文化传播有限公司 印刷
科学出版社发行　各地新华书店经销

*

2019 年 6 月第　一　版　　开本：720 × 1000　1/16
2019 年 6 月第一次印刷　　印张：12 1/4
字数：247 000

定价：98.00 元

（如有印装质量问题，我社负责调换）

丛书编委会

编委会名誉主任 王众托

编委会主任 朱方伟

编委会副主任 叶 鑫 孙玉涛

编委会委员（按姓氏笔画排序）

党延忠　刘晓冰　成力为　王国红　王尔大
王延章　叶 鑫　曲 英　朱方伟　刘凤朝
孙玉涛　孙晓华　苏敬勤　李文立　李延喜
杨光飞　宋金波　迟国泰　陈艳莹　胡祥培
秦学志　郭崇慧

总　序

　　编写一批能够反映大连理工大学管理学科科学研究成果的专著，是几年前的事情了。这是因为大连理工大学作为国内最早开展现代管理教育的高校，早在1980年就在国内率先开展了引进西方现代管理教育的工作，被学界誉为"中国现代管理教育的先驱，中国 MBA 教育的发祥地，中国管理案例教学法的先锋"。大连理工大学管理教育不仅在人才培养方面取得了丰硕的成果，在科学研究方面同样取得了令同行瞩目的成绩。例如，2010年时的管理学院，获得的科研经费达到2 000万元的水平，获得的国家级项目达到20多项，发表在国家自然科学基金委员会管理科学部的论文达到200篇以上，还有两位数的国际 SCI、SSCI 论文发表，在国内高校中处于领先地位。在教育部第二轮学科评估中，大连理工大学的管理科学与工程一级学科获得全国第三名的成绩；在教育部第三轮学科评估中，大连理工大学的工商管理一级学科获得全国第八名的成绩。但是，一个非常奇怪的现象是，2000年之前的管理学院公开出版的专著很少，几年下来却只有屈指可数的几部，不仅与兄弟院校距离明显，而且与自身的实力明显不符。

　　是什么原因导致这一现象的发生呢？在更多的管理学家看来，论文才是科学研究成果最直接、最有显示度的工作，而且论文时效性更强、含金量也更高，因此出现了不重视专著也不重视获奖的现象。无疑，论文是重要的科学研究成果的载体，甚至是最主要的载体，但是，管理作为自然科学与社会科学的交叉成果，其成果的载体存在方式一定会呈现出多元化的特点，其自然科学部分更多的会以论文等成果形态出现，而社会科学部分则既可以以论文的形态呈现，也可以以专著、获奖、咨政建议等形态出现，并且同样会呈现出生机和活力。

　　2010年，大连理工大学决定组建管理与经济学部，将原管理学院、经济系合并。重组后的管理与经济学部以学科群的方式组建下属单位，设立了管理科学与工程学院、工商管理学院、经济学院以及 MBA/EMBA 教育中心。重组后的管理与经济学部的自然科学与社会科学交叉的属性更加明显，全面体现学部研究成果的重要载体形式——专著的出版变得必要和紧迫了。本套论丛就是在这个背景下产生的。

本套论丛的出版主要考虑了以下几个因素：第一是先进性。要将学部教师的最新科学研究成果反映在专著中，目的是更好地传播教师最新的科学研究成果，为推进管理与经济学科的学术繁荣作贡献。第二是广泛性。管理与经济学部下设的实体科研机构有 12 个，分布在与国际主流接轨的各个领域，所以专著的选题具有广泛性。第三是纳入学术成果考评之中。我们认为，既然学术专著是科研成果的展示，本身就具有很强的学术性，属于科学研究成果，有必要将其纳入科学研究成果的考评之中，而这本身也必然会调动广大教师的积极性。第四是选题的自由探索性。我们认为，管理与经济学科在中国得到了迅速的发展，各种具有中国情境的理论与现实问题众多，可以研究和解决的现实问题也非常多，在这个方面，重要的是发动科学家按照自由探索的精神，自己寻找选题，自己开展科学研究并进而形成科学研究的成果，这样的一种机制一定会使得广大教师遵循科学探索精神，撰写出一批对于推动中国经济社会发展起到积极促进作用的专著。

本套论丛的出版得到了科学出版社的大力支持和帮助。马跃社长作为论丛的负责人，在选题的确定和出版发行等方面给予了自始至终的关心，帮助学部解决出版过程中的困难和问题。特别感谢学部的同行在论丛出版过程中表现出的极大热情，没有大家的支持，这套论丛的出版不可能如此顺利。

大连理工大学管理与经济学部

2014 年 3 月

前　　言

经过改革开放，中国逐渐从计划经济转变为以市场为主要资源配置方式的社会主义市场经济。然而，政府在经济中的作用仍然是显而易见的。与改革开放前传统的计划经济体制下，政府直接通过经济指令与经济计划等行政手段管制经济不同，现在政府主要通过各种产业政策来实现干预经济的目的，产业政策是政府为了弥补市场失灵、扶持幼小产业不断发展而进行的一种主动干预行为。在行政干预力量较强的新兴经济体中，产业政策是驱动企业投资的关键因素。受政策鼓励支持的产业集中体现了政府希望增加创新投资的重点领域，产业内企业融资可得性更高、融资成本更低，从而更容易刺激企业投资。然而，在相关政策出台之前，企业很难准确预测未来政策的内容；政策出台后，其执行强度和效果尚有多种可能，因此企业决策时面临着政策的不确定性。

本书重点围绕 2010 年国务院制定的振兴七大战略性新兴产业的政策展开分析。首先，第 1 章系统性地介绍了本书的研究背景、研究意义、主要研究内容以及相关的文献研究。第 2 章分析了战略性新兴产业发展的现状、相关产业政策以及政策应实现的功能。在此基础上，通过案例分析，重点研究我国极具代表性的产业政策，即政府补贴在战略性新兴产业发展中的实施情况及政策效果；并采用典型案例说明了政府补贴并没有对企业持久的研发创新产生动力支持，而是在短期内造成了行业内竞争加剧及产能过剩的结果。第 3 章重点论述了产业政策有效性的理论前提，基于此，分析了我国战略性新兴产业政策不确定性的表现，即对战略性新兴产业认识的不清晰、政策体系设计的不完备、政策实施工具的不确定以及经济后果的不确定。政策不确定性的产生，是由于特定的制度背景与财政体系、行业研发难度高、创新性强的特殊性以及企业生产经营的高投入高成本等多重原因。基于以上背景，第 4 章重点探讨如何定量衡量政策不确定性。结合产业政策冲击带来的行业结构性变迁及其引致的"竞争-风险"效应模式，利用文本分析法与时间序列回归模型，将产业政策不确定性映射到微观企业经营风险层面。进一步地，基于"政策-结构-行为-信息-绩效"的范式，构建产业政策与股价波动的关联机制，从而量化研究战略性新兴产业政策的不确定性，从资本市场层面反映政策不确定性的效果。第 5 章重点分析政策不确定性对研发投资的调节作用。从企业研发投资的实物期权理论假说与融资约束理论假说两个层面，验证了政策不确定性对企业研发投资的具体影响。我国战略性新兴企业的研发投资更多受到政策不确定性带来的延迟投资决策影响。第 6 章中，考虑企业逐利性的特点，分析企业推迟研发投资的具体原因和趋向，即企业是否存在资金配置的"脱实向虚"。研究结果发现，全样本中，我国战略性新兴企业的金融资产配置对研发投入具有挤出作用，即存在企业偏离主业的"脱实向虚"投资行为；但部分融资约束较重的企业也存在将金融资产投资获得的资金配置到下一期研发投资上的现象。第 7 章重点探讨了经济政策中最典型的政府补贴对新兴企业经营决策的影响。分析了政府补贴引起新兴企业成本黏性的理论，从"规模扩张"机制与"代理成本"机制，验证了政府补贴将造成企业成本黏性，并给新兴企业经营带来风险。第 8 章对第 5～7 章的实证研究进行总结，并结合前面的理论探讨，提出了防范政策风险，促进战略性新兴产业发展的相关政策建议。

　　本书的研究贡献主要体现在：首先，打开了政府政策对企业投资决策影响的"黑箱"，结合实物期权理论、融资约束理论、代理理论综合分析了外生政策冲击对微观企业决策行为的冲击。其次，在政策不确定性影响企业投资的基础上，进一步分析融资约束、市场化程度截面差异可能存在的调节作用，拓展了缓解政策不确定性负面影响的作用机制，同时为市场化进程在战略性新兴产业发展过程中的作用提供了经验支持。再次，结合战略性新兴产业政策制定、实施过程中地方政府发挥的重要作用，根据各地方政府发展战略性新兴产业的具体政策措施，构建了省际层面政策不确定性计量指标，为后续研究奠定了指标计量的基础。最后，重点验证了政府补贴的效果，从成本黏性角度证实了政府补贴加重企业经营风险的结论。

目　　录

第1章 绪 论

1.1 研究背景与意义

产业政策作为调控经济活动的重要手段，我国政府一直注重其实现经济结构调整和转型的功能。中国经济高速增长的现实证明，产业政策能够弥补市场的不足，在促进我国经济体制改革方面起到至关重要的引导和扶持作用。在 2008 年全球金融危机之后，随着经济加速下滑，产业结构矛盾凸显，股票市场动荡随之加剧，为了应对全球金融危机的消极影响和新工业革命带来的挑战，我国政府先后推出了一揽子刺激计划和产业政策，培育和发展战略性新兴产业。在政府扶持下，战略性新兴产业得到快速发展，成为中国经济发展的重要支撑。然而，近年来，部分战略性新兴产业却出现了产能过剩、效益下滑和发展停滞等现象，宏观产业政策的有效性屡受拷问。政府扶持下战略性新兴产业如何稳定长久发展也引起了社会各界的广泛关注。

理论上，市场在资源配置方面是存在一定缺陷的，如市场经济中的资源分配不公、收入两极分化等问题。政府采用的经济政策如果能够克服市场配置资源的不足，熨平经济周期之间的波动，引导和鼓励新兴产业的发展，将会对整体经济的发展起到非常积极的作用。然而，市场经济中的信息瞬息万变，政府往往无法对市场经济中出现的各种信息做出全面判断，其决策往往滞后。这不仅使资源配置、供给和价格不可避免地被扭曲，而且使经济主体缺乏行之有效的激励机制[1-3]。更为重要的是，频繁的经济政策变更或将提高经济政策的不确定性。

在战略性新兴产业政策正式出台之前，坊间一直预期要实施"九大产业振兴规划"，随后演化为"十大行业振兴计划"。在此期间，从战略性新兴产业概念界定到产业内涵发展，再到重点产业领域的确定均存在很大程度的不确定性。"振兴七大战略性新兴产业"的政策《国务院关于加快培育和发展战略性新兴产业的决定》于 2010 年制定，然而关于如何实施政策的具体条例和规划出台较慢。而与之相伴的经济刺激计划又进一步加剧了原有的制造业结构性矛盾。在传统落后产业向新兴产业转型结构性调整时期，国内实体经济波动变大，金融市场震荡不安，使政策效果的不确定性进一步增加。因此，经济政策在出台时间、未来指向、强度等方向上的不明确将引致其政策效果的不确定性。

从企业经营的实践来看，企业生产管理效率不仅受到市场性因素影响，还受到政府行为的影响。特别是在现阶段，政府对关键要素资源仍然具有重要分配权，为促进战略性新兴产业对当地经济的带动作用，各级政府也制定了门类众多的产业政策以提高地区新兴企业生产效率。企业生产投资决策必然受到政府政策制定及执行的影响，理性的企业经理人会根据政策变化动态调整企业经营决策行为，而这些行为必将进一步传递并影响企业生产及管理效率。在政府行为分析框架下，政府行为本身是一个抽象的"黑箱"，透视"黑箱"主要依据政府政策的制定及实施，其中重要的切入点便是政策不确定性对企业经营决策的影响。而考察政策不确定性对企业财务决策的影响，需要借助政府表现出来的各种特征，对政策不确定性进行量化分析。

因此，本书立足于近年来我国政府大力发展战略性新兴产业的现实背景，将宏观层面的经济政策和微观层面的企业投资决策相联系，从企业研发投资、金融资产投资、成本黏性三方面，深入探析政府相关产业政策及政策不确定性对企业微观财务决策产生的影响结果及内在影响机制。

1.1.1 理论意义

理论界与学术界针对产业政策有效性一直存在争议，而争议的根源来自无法科学地量化研究产业政策产生的影响与效果。本书首先通过采用产业政策冲击带来的行业结构性变迁及其引致的"竞争-风险"效应模式，利用文本分析法与时间序列回归模型，将产业政策不确定性映射到微观企业经营风险层面。进一步地，基于"政策-结构-行为-信息-绩效"的范式，构建产业政策与股价波动的关联机制，基于此，量化研究战略性新兴产业政策的不确定性，从资本市场层面反映产业政策不确定性的效果。

其次，本书研究结合公司金融中的实物期权理论、融资约束理论以及委托代理理论，将政策不确定性纳入投资决策的具体事件中，探究政策不确定性影响下的企业研发投资、金融资产投资等具体决策机制以及内在影响因素，并利用实证数据进行进一步验证，丰富了对我国战略性新兴产业投资决策等微观企业行为的现实研究。

最后，本书进一步深入探究政府政策实施效果扭曲的深层因素，采用政府补贴的公开数据，结合企业成本管理中的"黏性"理论，实证检验了政府补贴对新兴企业成本管理的冲击效果。通过数据检验充分论证了政府干预对新兴企业经营过程中的风险累积作用。

（1）研究方法上，本书扩展了产业组织理论中效率决定的分析框架，具有一定的原创性。通过将政策不确定性内生于公司金融的有关财务决策与价值波动理论研究中，将单纯的公司财务决策问题扩展到统一的宏微观金融学分析框架中。

（2）研究路径上，进一步融合产业组织理论与公司金融学的学术思想，理论研究与量化研究相融合，采用上市公司财务数据量化并科学评价战略性企业的具体财务行为，具有学科研究的综合性与前沿性。

（3）研究结论上，针对我国发展战略性新兴产业的现实背景，填补了宏观政策因素影响新兴产业发展研究领域的空白。立足于我国转型期经济发展的特殊背景，本书将通过产业政策效果实践检验，对我国合理发展新兴产业，促进经济稳步增长提供针对性的理论依据。

1.1.2 现实意义

2008 年金融危机给全球经济发展带来了巨大的冲击，同时也带来了机遇。各国均致力于经济复苏，纷纷制定新的国家发展战略，加大投入支持，抢占新一轮科技经济竞争制高点。在世界经济发展变革中，我国更需要在发展中促转变，在转变中谋发展，探寻发展新兴产业，进而形成先导性、支柱性产业。发展战略性新兴产业，其重要意义更多体现于在微观企业的经营模式上形成有效化、规范化的投资决策以及保持企业研发创新稳定持久的增长力。

本书通过进一步补充宏观产业政策与微观企业财务行为的关系研究，为全面客观评价新兴企业政策的成效提供了新的角度。产业政策对企业财务决策影响评价不仅能够对以往政策效果进行反馈，并且可以为后续政策的制定与实施提供建议。在现实中，尤其是金融危机之后，政府宏观调控政策面临两难境地，公司面临更复杂多变的市场竞争环境和更反复无常的资本市场波动。本书的研究成果证明了以下三点：

（1）企业投资决策、资金配置等微观财务决策行为受政策不确定性的深刻影响，因此，一方面，政府应减少不当的干预，防止政策执行效果的扭曲；另一方面，对产业政策的颁布要强调政策的合理性，对产业政策的实施要强调政策的透明度、科学性及执行连贯性，并对政策效果进行及时反馈与科学评价。

（2）发展战略性新兴产业的政策设计，其目的应更加侧重于建立有利于市场机制作用发挥的制度；政策实施的背景必须依托于能够充分发挥信息披露功能的市场信息环境，降低政策的不确定性；政策的效果及反馈必须基于微观企业经营与财务业绩评价科学展开。

（3）政策不确定性程度的增强，加强了企业管理层实体投资的"观望"态度，抑制了研发创新的积极性和长远谋划，却激发了企业金融资产投资的短期逐利目的。而政府补贴的盲目性，也造成了企业资源的低效配置，增加了企业经营风险。

基于以上三点，战略性新兴产业政策实施效果才能及时得到市场的反馈，有助于金融市场资本配置功能的发挥，并最终对产业政策评估提供反哺功能。同时，本书也建设性地提出，由于战略性新兴行业内企业存在产权性质差异、竞争程度差异及外部融资摩擦、所处地区市场化水平差异较大等问题，资金成本、投融资决策以及成本管理存在较大的异质性，因此，相关部门要因地制宜，提高政策落实的有效性，使企业与政府干预之间形成良性互动。尤其要防止由于政策不确定而抑制企业研发投资的积极性，产生资金配置"脱实向虚"以及资源配置浪费、成本黏性增加导致的创新效率下降、经营风险增加的恶性后果。

本书研究的成果一方面能够为我国上市公司财务决策提供借鉴，有助于公司高管面临宏观经济政策不确定时做出科学决策；另一方面，对策建议也有助于宏观政策制定部门、公司战略层乃至投资者决策层形成一个关于产业发展战略以及公司价值决定整体系统创新的经验指导框架，从而使本书具有多重层面的应用价值。

1.2　研究内容、方法与结构框架

1.2.1　研究内容与章节安排

本书围绕战略性新兴产业政策制定实施过程，由政策所引发的不确定性预期，展开以下几方面的研究：第一，量化了战略性新兴产业相关政策不确定性的具体程度；第二，理论探究了政策不确定性对企业具体的研发投资行为产生影响的路径与机理；第三，实证检验了政策不确定性对企业研发投资影响的具体效果。本书的章节安排如下。

第 1 章，绪论。概括性地阐述了本书的研究背景、研究意义、研究内容、技术路线与研究框架，以及相关研究文献综述。

第 2 章，战略性新兴产业发展现状分析。在分析战略性新兴产业的界定、特征、发展现状基础上，提出了产业政策对战略性新兴产业发展的影响，具体从其政策需求、政策内容以及实现的政策功能上进行了全面分析。基于此，选取国内外典型的案例，分析了政府采购以及政府补贴两种政策模式对具体的行业、企业的影响。

第 3 章，战略性新兴产业政策不确定性的理论分析。首先从学术界对产业政策有效性的争论入手，从政策效果的角度评价政策不确定性。而政策不确定性的原因，在该章中也进行了梳理，具体表现在战略性新兴产业自身因素，包括行业因素、企业因素以及战略性新兴产业的政策环境，即来自政策制定主体层面的因素。

第 4 章，战略性新兴产业政策不确定性的量化分析。首先从理论和方法上梳理了经济政策不确定性量化衡量的方法，基于此，从政策自身不确定程度以及政策不确定性的后果两个层面，采用文本分析法和时间序列模型，实证计量了战略性新兴产业的政策不确定性。

第 5 章，政策不确定性影响战略性新兴企业研发投资的实证研究。该章从企业研发投资的实物期权理论假说与融资约束理论假说两个层面，验证了政策不确定性对企业研发投资的具体影响，并对这两个影响机制进行了验证，我国战略性新兴企业的研发投资更多受到政策不确定性带来的延迟投资决策影响。

第 6 章政策不确定性与战略性新兴企业资金配置"脱实向虚"。首先分析了当前部分战略性新兴（实体制造）企业"脱实向虚"的现象，进一步采用实证数据分析，验证了政策不确定性影响下，企业"脱实向虚"的两种机制：看涨期权理论影响下的资本套利机制与融资约束理论影响下的资金缓解机制。

第 7 章政府补贴影响战略性新兴企业成本黏性的实证研究。首先分析了政府补贴影响新兴企业成本黏性的理论，基于此，提出政府补贴对企业成本黏性影响的"规模扩张"假说与"代理成本"假说，并进一步通过实证数据，对政府补贴影响成本黏性的程度与模式进行了验证。

第 8 章研究结论与政策建议。基于前面的理论分析、案例调查以及实证研究，该章针对政府主导下的战略性新兴产业政策发展，即政策不确定性影响下的微观企业财务决策的研究结果进行了总结，在此基础上，提出了如何提高政策有效性的政策建议。

1.2.2　主要研究方法

1. 文献演绎法

在对国内外研究脉络进行梳理的基础上，以公司金融学、产业组织学、制度经济学相关理论等为支撑，对现有的研究视角进行对比与辨析，深入剖析其共有局限，并基于政府干预理论、机制设计理论、治理整合理论等，提出多重视角下的政策不确定性影响的研究模型。此外，从实物期权假说、委托代理假说、融资约束假说、成本黏性假说等理论假说出发，诠释了政策不确定性影响微观企业财务决策的机制，以此搭建政策不确定性影响下的战略性新兴企业财务决策的文献基础与理论框架。

2. 数据统计法

统计研究为影响机理实证研究建立数据基础。利用万得（Wind）财经数据库、国泰安（CSMAR）公司财经数据库，搜集整理上市公司交易及财务数据。计量政策不确定性在股价波动层面的体现是基于上海证券交易所披露的股价波动市场、行业及上市公司数据。通过国家统计局网站、股票交易所网站及上市公司年报披露网站（巨潮资讯网、和讯网）等，下载并整理战略性新兴产业上市公司样本。采用统计产品与服务解决方案（statistical product and service solutions，SPSS）软件对样本公司盈利能力、现金流波动、融资约束、公司经营绩效等相关财务数据指标进行样本参数分布检验、显著性 t 检验及主成分分析，并据此对样本进行分组，比较不同样本组中的异质性特征，以凸显公司特征及其面临的行业竞争环境差异。

3. 计量研究法

计量研究法体现在第 4～7 章，主要研究方法包括以下几种。

1）时间序列的金融计量分析法

借鉴了 Morek 等的拟合系数衡量行业层面股价波动，采用自回归时间序列模型计量股价同步性，并对时间序列进行 ADF 检验，以检验特质波动的时间序列平稳性趋势。

2）面板数据回归的计量分析法

在产业政策与股价同步性关联机理实证检验中，采用两阶段最小二乘法（2S least squares，2SLS）、广义矩估计（generalized method of moments，GMM）方法构造联立方程，采用中介效应和调节效应研究法，凸显政策不确定性的调节效应。利用统计产品与 SPSS、Stata 等计量工具及软件包，对大样本面板数据进行分组检验，并采取控制变量引入法，包括规模、融资约束、投资不可逆、先验信息、所有权属性、投资规模扩张、代理问题等影响因素，通过样本比较研究实证验证现实问题及深层原因。

3）稳健性计量检验法

为保证实证研究结果的稳健性，对所有研究样本构建政策受益检验组与参照组，并对倾向性得分匹配法样本分组进行检验。进一步地，采用政策实施的自然实验双重差分（difference in differences，DID）方法，进行事件前后对比研究，进一步深入检验模型的稳健性。除此之外，考虑模型内生性问题，采用工具变量法、分样本分组标准改变、变量替换、模型提前项和滞后项修正等方法，进一步加强结果的可靠性。

4. 案例研究法

按照典型案例抽样的原则，选取光伏行业、新能源汽车行业作为案例研究对象，研究政府补贴对行业内公司经营发展的影响。这些行业都存在不同形式、不同效果的产业政策，以及政策扶持下新技术进步带来的行业发展和资本市场价值波动共同作用下的政策不确定性问题。尤其近年来，由于产能过剩和外部经济环境的影响，该行业内公司存在较大的政策不确定（外部冲击）和较为激烈的资本市场价值波动。因此，选取该类样本公司作为案例进行研究具有一定的典型性，案例选择适应本书研究理论饱和度的要求。案例数据来源包括：①公开途径发表的有关该企业的典型事件及企业家/高管访谈；②直接从调研企业获得的内部材料；③商学院案例和专题报道；④行业内的其他参考资料。

1.2.3　研究的思路与框架

本书研究的思路和框架如图 1.1 所示。

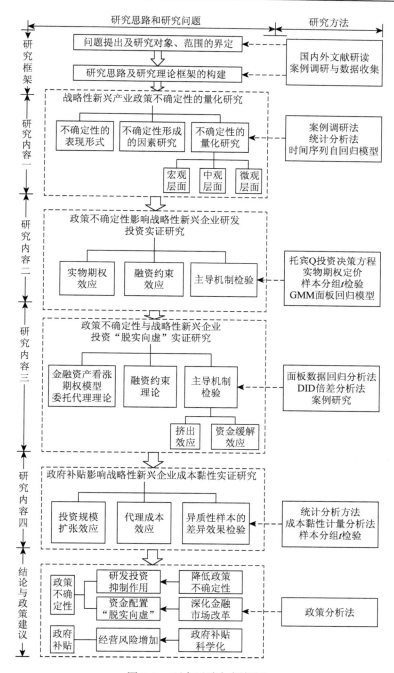

图 1.1　研究思路与框架图

1.3 研究的贡献

本书的研究贡献主要体现在以下三个方面。

（1）本书是公司金融学领域有关宏观经济政策对微观企业行为影响研究的深化，同时本书并不着眼于单个经济政策的得失，而是在行业层面基于行业整体，从相关经济政策不确定性角度拓展了宏观经济政策与微观企业投资行为的互动关系研究。

（2）本书提供了中国的经验证据，更进一步深化了经济政策不确定性对企业投资决策的深刻影响，拓展了经济政策不确定性方面的文献。国际上相关文献研究了政策不确定性对企业投资的影响[4-6]，但他们的研究对象主要是发达经济体，在这些国家中市场在资源配置中占有绝对主导的地位。中国在从计划经济体制转为社会主义市场经济体制的过程中，仍然存在运用经济政策干预经济的现象，政府在经济运行中仍然扮演着关键角色，且中国金融市场发展较为落后，银行信贷资源存在"配给"及刚性兑付。因此，中国与发达经济体调节经济运行的方式存在巨大的差别。本书研究发现，企业投资对经济政策不确定性的反应并不相同。当经济政策不确定性高时，企业的研发投资水平虽然下降，但是金融资产投资却在升高。具体的影响机制主要在于政策不确定性高的情况下，一方面，企业基于"谨慎"动机，延迟资本不可逆性高的研发投资；另一方面，企业又因其"逐利"本质，将资金配置到高利润的金融资产投资上。而具有融资约束的企业，虽然有一定的研发投资情怀，但由于其外部融资摩擦与内部融资约束的共同影响，研发投资决策会受到不确定性的打击。

（3）本书从经济政策不确定性角度研究企业投资对政策和经济因素的敏感度，从而考察了政府行为对企业投资决策的影响，拓展了关于中国政府政策经济结果的研究。从政府直接指令计划控制经济转变到通过经济政策来影响经济，是转变政府职能、提高经济效率的有益变化，但是本书的研究也表明频繁运用经济政策干预经济，尽管会在某种程度上降低经济政策不确定性的影响，但却会使企业更多地依赖经济政策，从而降低对市场中经济因素的敏感度。

1.4 相关文献综述

1.4.1 战略性新兴产业的相关研究文献

战略性新兴产业是以重大技术突破和重大发展需求为基础，对经济社会全局和长远发展具有重大引领带动作用，知识技术密集、物质资源消耗少、成长潜力大、综合效益好的产业。国务院 2010 年 10 月颁布了《国务院关于加快培育和发展战略性新兴产业的决定》，明确我国应重点发展节能环保产业、新一代信息技术产业、生物产业、高端装备制造产业、新能源产业、新材料产业、新能源汽车产业这七大战略性新兴产业。2012 年 7 月 9 日，国务院印发《"十二五"国家战略性新兴产业发展规划》，进一步明确了我国战略性新兴产业发展的主要方向和任务。孙国民[7]从"战略性"和"新兴"两个方面对"战略性新兴产业"进行概念和内涵的阐释，认为前者强调主观性的发展重点，后者强调客观性的全新图景，这也是战略性新兴产业与一般产业的核心区别。具体来说，"战略性"体现该产业的战略重要性（strategic importance）或战略地位（strategic status），即指关系国家安全、产业安全、关键技术突破以及产业制高点，乃至国家竞争优势获取和国家战略目标实现的具有全局性影响的产业；"新兴"则说明该产业是近期新出现和新兴起的、区别于由来已久的传统产业、旧产业或成熟产业。因此，战略性新兴产业是战略性和新兴性两者的结合体，并呈现战略地位的多层次性。

中国工程科技发展战略研究院作出的《中国战略性新兴产业发展报告 2014》指出，四年多的时间，在整体经济增速放缓的情况下，七大产业发展速度明显高于传统产业，成为支撑产业结构调整、经济转型发展的重要力量。然而，目前虽然将战略性新兴产业的发展作为重中之重，但是七大产业生产规模仍然偏小，其在许多省（自治区、直辖市）占 GDP 的比重不足 10%，距离 2020 年七大产业增加值占 GDP 15% 的发展目标还有较大差距。此现象说明战略性新兴产业的发展还面临着一些问题，如投资问题、效率问题以及发展模式问题。赖明发[8]研究发现，战略性新兴产业近年来在中央及地方政府的大力支持下，在发展的"量"上取得了一定的成果，但是在"质"上存在许多问题和不足：企业注重短期规模扩张，轻长期研发投入；地方产业同质化严重，缺乏具有国际竞争力的产业集群。邹德文[9]认为，当前战略性新兴产业发展存在着"一窝蜂""拍脑袋决策"的问题，有些地方对于地方的战略性新兴产业的发展不加规划，不与自身资源禀赋相结合，仅仅是想依靠战略性新兴产业拉动 GDP，这最终会导致雷同式布局和低层次竞争。有数据显示，全国已有近 20 个省（自治区、直辖市）将"光伏产业"作为本地区的支柱型产业。余东华[10]通过实证得出光伏产业整体以及上、中、下游各环节均出现严重的产能过剩现象，且各环节产能过剩程度存在明显差别，表现出结构性产能过剩，这种结构性产能过剩与政府对光伏产业不同环节干预程度的差异紧密相关。傅沂[11]则认为，政府对光伏产业"输血式"的扶持是按照传统发展思路设计的产业政策，并不适合光伏产业的本质特征。概念性炒作使政府对发展战略性新兴产业的认识产生很多误区，其结果是使产业发展缺乏主线，产业形成产能之后又会陷入低层次竞争，不是靠技术赢得市场，仍然是靠价格占据市场。

此外，产业能否发展在很大程度上决定于相关体制与发展机制。战略性新兴产业在发展过程中，地方政府配套机制存在不匹配、扭曲和不协调问题。有些部门随意地圈定战略性新兴产业，没有长期跟踪所选产业的发展，这就造成很大隐患。与此同时，战略性新兴产业的政府引导机制也有所欠缺，政府职能错位、越位、缺位的问题还不同程度存在。邹德文[9]认为某些战略性新兴产业技术路线，应该主要由市场来判断和选择，政府应该发挥引导作用，而不是主导作用。但是在技术路线的选择中，政府部门容易急于求成，容易带来决策失误和损失。同时，政府部门在制定产业规划时易脱离实际，缺乏重点，力所不能及。

部分学者从战略性新兴行业内企业的视角，考察了微观个体企业的经营发展情况。董明放和韩先锋[12]运用 Hansen 面板门槛回归技术考察了研发投入强度与战略性新兴产业绩效之间的非线性关联，并验证了研发投入强度对战略性新兴产业绩效的影响存在显著的空间异质门槛效应，东部地区表现出边际效率递减的正向非线性特征，而中西部地区则和全国情况基本一致。另外，研发投入强度对战略性新兴产业绩效的门槛效应表现出明显的产业异质性。肖利平[13]通过实证考察战略性新兴产业得出股权集中度与战略性新兴产业企业研发投入呈倒"U"形关系，股权集中条件下的股权制衡有利于提高战略性新兴产业企业研发投入，而机构持股对促进战略性新兴产业企业研发投入并没有发挥积极作用。张宏彦[14]从金融发展的视角提出，过高的外部融资成本已经成为阻碍战略性新兴产业发展的重要因素，且七大战略性新兴产业的融资约束具有异质性。孙早[15]通过实证研究证明，内部融资及股权融资对战略性新兴产业上市企业自主创新有显著的正面效应；债权融资对战略性新兴产业上市企业的自主创新具有抑制作用。同时，在战略性新兴产业中，不同产权性质企业的融资结构对企业自主创新的影响存在一定的差异。在中央及地方政府控股的企业中，融资结构与企业自主创新之间的关系并不显著；在私有产权的企业中，企业自主创新主要依赖于内部融资和股权融资，债权融资对企业自主创新产生负面效应。

少数学者展开了产业政策对战略性新兴产业发展影响方面的研究。靳光辉[16]从经济政策不确定的角度，考察了战略性新兴行业内上市公司的投资行为，实证结果证明，经济政策不确定性阻碍新兴行业投资规模。康健[17]从资源获取的角度考察了战略性新兴产业创新能力提升途径，对于企业创新能力的提升提出了一些思路以及解决方法。任优生和邱晓东[18]、肖兴志[19]、储德银[20]、毛逸菲[21]等学者从政府补贴影响战略性新兴产业研发创新和全要素生产率等角度进行补贴效果研究，研究结论均证明政府补贴未能促进战略性新兴产业全要素生产率变化率提升，在产业整体、东部地区、国有和非国有以及低资本密集度企业中甚至呈显著抑制作用。揭示了原本为解决市场失效问题的政府补贴，却扭曲了企业投资行为，影响了战略性新兴产业的良性发展。

1.4.2　宏观经济政策影响微观企业行为的文献综述

宏观经济环境如何影响微观企业行为及业绩，不管在理论上还是实务上，一直都是个引人关注的问题。由于数据获得性和 Stein 问题的存在，这方面的研究并不多[22]。Carling 等[23]、Korajczyk 和 Levy[24]、Kashyap 和 Stein[25]、Klein 和 Marquard[26]等基于经济周期、货币政策、预期通货膨胀等角度，考察了其对企业产出或经营业绩的影响。在经济周期方面，Douglas 和 Tang[27]发现宏观经济周期对企业资本结构调整速度产生显著的正向作用，即上市公司的资本结构调整速度是顺经济周期变化的。在货币政策方面，Beaudry 等[28]以英国 1970～1990 年上市公司面板数据为样本，发现货币政策的不确定性与企业投资行为呈现趋于一致的特点。Konchitchki[29]发现通货膨胀的变化通过"隐形性"很强的间接方式影响企业现金持有水平等微观行为，因此难以准确判断通货膨胀对企业的影响在多大程度上得以体现。然而，关于行业内竞争与微观企业之间的联系及其传导机制的研究，鲜有学者基于产业政策的宣告这一外生事件的角度，考察行业层面与微观企业行为之间的机理。Hao 等[30]研究发现行业信息的好坏会影响行业的发展，他们基于产业组织和产业竞争的角度，建立行业-公司业绩联动的理论模型，刻画了行业信息向行业内公司传递的机制，把对公司风险的理解从行业层面推进到行业内部。汪炜和陆帅[31]等国内学者从行业冲击视角进行研究，发现受正向或负向冲击的企业承担着不同的政治成本。这些研究表明宏观经济政策的改变会影响企业管理者对未来经济前景的判断，进而调整企业的财务会计政策。

部分学者从产业政策的实施效果角度展开研究。罗德里克[32]认为产业政策不应被视为一种简单的针对外部性的补贴措施，而应被视为政府与私人部门之间的战略合作。政府既要与私人部门保持一定的距离，以减少产业政策实施过程的腐败和寻租，又要与私人部门保持密切的联系，以克服政策实施中信息外部性和协调失灵带来的障碍。Aghion 等[33]进一步将产业政策效果与部门特征相联系，构建了一个有关产业政策与企业发展的理论框架。当产业政策置于竞争性部门或者产业政策目标定位于促进部门中企业间的竞争时，产业政策会鼓励企业创新，从而提高产业技术水平；反之，企业则会逃避竞争。

具体到我国，产业政策的出台、变更及实施过程中夹杂着中央与地方政府关系的影响。许年行[34]、沈红波等[35]、王伟和彭鹏[36]等学者更多地基于政治关系的视角，发现政治关联可以降低企业提供高质量会计信息的动机，通过信息披露风险层面，影响资本市场上的股价波动。以上研究纳入了政府控制、政治关系以及信息披露等因素，为产业政策对企业研发投入等行为的影响提供了间接证据。但是，目前鲜有报道对产业政策实施效果的传导渠道及其机理进行深入的实证研究。政策的贯彻实施会在一定程度上影响股价波动，即股市的政策效应。董屹等[37]研究发现我国股市的政策效应呈现出新特征，只有"即期的"、"实质的"和"投资者的"利好政策才能引起股市的剧烈波动。胡永宏[38]纳入农业政策这一外生事件，研究其对农业上市公司股价波动的影响，发现相关政策对农业股价波动有一定程度的短期影响。陈其安等[39]以 2000～2008 年中国相关宏观经济和股票市场数据为样本，运用 GARCH 模型实证考察宏观经济环境、政策对中国股票市场波动性的影响，但并未对其影响的具体机制进行进一步的研究。

1.4.3　经济政策不确定性的相关文献综述

经济政策不确定性的存在会对宏观经济发展和企业行为产生诸多方面的深刻影响。国际货币基金组织在 2012 年的《世界经济展望》报告中多次提及经济政策的不确定性，认为经济政策不确定性导致企业和家庭减少投资、雇佣和消费，进而导致世界经济的复苏缓慢。学术界对经济政策不确定性的研究也高度关注。政府通过经济政策影响企业的外部环境，进而影响企业的经营决策。经济政策不确定性是一种经济风险，会影响个体的消费行为和企业的投资行为，引发宏观经济波动。Gulen 和 Ion[6]认为经济政策不确定性是指经济主体不能准确预测政府是否、何时、如何改变现行的经济政策。Baker 等[40]提出经济政策的不确定性主要是关于"谁将做出经济决策，将采取什么经济政策行动，何时颁布，过去、现在和未来的政策行动的经济影响，以及由政策不作为造成的不确定性"。Baker 等[40]是第一批制定美国和欧洲主要国家的经济政策不确定性（economic policy uncertainty，EPU）指数的作者之一。2008 年全球金融危机余波尚存，各国政府加大了对金融市场和实体经济的宏观调控力度以促进经济增长。政府频繁干预市场所引发的经济政策不确定性受到了学术界的广泛关注[10]。Pastor 和 Veronesi[41]认为上升的经济政策不确定性通过影响股票的风险溢价、股价波动及其联动性，进而影响整个金融市场，在经济下行期，这种影响更加显著。这种不确定性也影响了企业的经营决策。Baker 等[40]基于他们构造的经济政策不确定性指标，研究发现在控制其他因素之后，2006～2011 年经济政策不确定性导致美国实际 GDP 下降了 3.2%，民间投资下降了 16%，工作岗位减少了 230 万个。他们还发现一些更依赖政府支出的行业如国防，当不确定性高时其显著压缩了投资和雇佣数量。Gulen 和 Ion[6]采用经济政策不确定性指数，发现在控制选举因素之后，企业投资在政策不确定性升高时显著下降。

2008 年金融危机之后，西方学者开始关注世界范围内各国政府应对危机的政策不确定性及其对股市带来的政策效应。Pastor 和 Veronesi[41]通过构建一般均衡模型的分析框架，研究政府政策不确定性对股价波动产生的影响，发现政策不确定性会增加股票间的波动性和相关性。当政策变更宣告时，股价会同步下降，且政策不确定性程度越大，股价的下降幅度越大。基于此研究思路，Brogaard 和 Detzel[42]、Ulrich[43]等学者陆续基于经济政策或者货币政策视角，研究政策不确定性对资本市场的影响，发现政策的变更会引发政策的不确定性，其与股价波动呈现显著的正相关关系。在新兴资本市场上，政策不确定性如何反映资本市场股价波动以及通过何种渠道影响股价变化一直颇受争议。靳光辉等[16]在战略性新兴产业政策推出的背景下，考察了政策不确定性通过资本市场上投资者感知公司层面信息的能力影响企业投资的微观作用机理，但并未涉及产业政策能否通过信息披露或者行业内竞争渠道影响股价波动。

综上所述，多数研究都是基于政府政策变更、新兴产业政策扶持、税收优惠等外生变量考察宏观政策对微观企业投资行为的影响；而基于产业政策颁布、变更前后的公司层面信息如何反映资本市场上股价波动的机理，以及股价波动对微观企业经营决策的影响，有待进一步深入研究。另外，在政府运用政策干预经济运行以及存在大量国有经济主体的特定制度背景下，经济政策不确定性如何影响企业投资决策仍然是一个值得研究的问题。

1.4.4　文献述评

目前，针对战略性新兴产业的研究，从宏观层面主要基于"创新效率观"及"政府补贴有效性"两个方面开展研究。大多数学者从行业层面针对战略性新兴产业全要素生产率、研发创新效率，以及政府补贴的作用等问题展开了研究，较少文献关注政策影响下的战略性新兴产业内微观企业的投资决策问题。少数学者，如靳光辉等[16]、孙早[15]从微观视角研究了新兴行业内企业的投融资问题，但研究更多地将政策影响设为外生变量，忽视了政策不确定性产生的具体原因、政策不确定性对企业投融资决策影响的内在机制及其在异质性企业的差异性效果。

基于当前的现实问题与研究现状，股价同步性层面的研究有待在以下几个方面深化。

第一，在研究视角上，国内研究更多局限于企业自身，很少考虑引入政策及行业冲击等外生变量，以及外生变量对微观企业内部财务决策的影响机制。因此，进一步的研究需更加注重政策不确定性与公司投资决策联动的理论机制，在分析过程中将公司投资决策的主要影响因素从企业自身推演到行业层面，基于此，研究需更关注政策冲击带来的行业内竞争结构的变化以及对公司基本面的影响。

第二，在研究内容上，战略性新兴产业内公司存在异质性，其投资决策一方面受制于企业自身融资能力、竞争环境等影响，另一方面，更受到宏观经济环境的影响。因此，考虑政策影响的背景，更需将企业所处的内外在环境有机结合在一起考虑。

第三，在研究结论上，战略性新兴产业的健康稳步发展，取决于行业内企业公司财务决策的科学化和投资的高效化。因此，应从具体的政府行为（如政府补贴）入手，探讨其对行业内企业相关财务决策的影响，以此来实现对战略性新兴产业政策效果的科学评价。

参 考 文 献

[1]　林毅夫. 新结构经济学——重构发展经济学的框架[J]. 经济学，2010，（1）：58-59.

[2]　Shleifer R. State versus private ownership[J]. Journal of Economic Perspective，1998，12：133-150.

[3]　Chen G，Firth M，Rui O. Have China's enterprise reforms led to improved efficiency and profitability？[J]. Emerging Markets Review，2006，7：82-109.

[4]　Durnev A. The real effects of political uncertainty：Elections and investment sensitivity to stock prices[R]. University of Iowa Working Paper，2012.

[5]　Julio B，Yook Y. Political uncertainty and corporate investment cycles[J]. Journal of Finance，2012，67：5-83.

[6]　Gulen H，Ion M. Policy uncertainty and corporate investment[J]. Review of Financial Studies，2016，29（3）：523-564.

[7]　孙国民. 战略性新兴产业概念界定：一个文献综述[J]. 科学管理研究，2014，（2）4：56-61.

[8]　赖明发. 战略性新兴产业的企业非效率投资研究——基于地方政府干预的视角[J]. 长春理工大学学报（社会科学版），2016，29（04）：81-85，95.

[9]　邹德文. 战略性新兴产业发展中存在的问题及解决思路[J]. 中国科技产业，2010：69-73.

[10]　余东华. 政府不当干预与战略性新兴产业产能过剩——以中国光伏产业为例[J]. 中国工业经济，2015，（10）：53-68.

[11]　傅沂. 基于演化博弈的光伏产业财政补贴政策转型研究[J]. 兰州学刊，2014，（10）：153-159.

[12]　董明放，韩先锋. 研发投入强度与战略性新兴产业绩效[J]. 统计研究，2016，（10）：45-53.

[13]　肖利平. 公司治理如何影响企业研发投入？——来自中国战略性新兴产业的经验考察[J]. 产业经济研究，2016，（1）：60-70.

[14]　张宏彦. 金融发展、融资约束与战略性新兴产业发展[J]. 北京工商大学学报，2016，（1）：94-101.

[15]　孙早. 融资结构与企业自主创新——来自中国战略性新兴产业 A 股上市公司的经验证据[J]. 经济理论与经济管理，2016，（3）：45-58.

[16]　靳光辉，刘志远，花贵如. 政治不确定性、投资者情绪与企业投资——基于战略性新兴产业的实证研究[J]. 中央财经大学学报，2016，（5）：60-69.

[17]　康健. 资源获取视角下战略性新兴产业创新能力提升[J]. 科研管理，2017，（1）：39-45.

[18]　任优生，邱晓东. 政府补贴和企业 R&D 投入会促进战略性新兴产业生产率提升吗[J]. 山西财经大学学报，2017，（1）：55-69.

[19]　肖兴志. 政府补贴与企业社会资本投资决策——来自战略性新兴产业的经验证据[J]. 中国工业经济，2014，（9）：148-160.

[20]　储德银. 财政补贴、税收优惠与战略性新兴产业专利产出[J]. 税务研究，2017，（4）：99-104.

[21]　毛逸菲. 政府补贴对战略性新兴产业企业进入的影响研究[D]. 南京：南京大学，2016.

[22]　姜国华，饶品贵. 宏观经济政策与微观企业行为——拓展会计与财务研究新领域[J]. 会计研究，2011，（3）：9-18.

[23]　Carling K，Jacobson T，Linde J，et al. Exploring relationships between firm balance sheets and the macro economy[J]. Journal of Financial Stability，2004，（4）：101-110.

[24]　Korajczyk R，Levy A. Capital structure choice：Macroe conomic conditionsand financial constraints[J]. Journal of Financial Economics，2003，（8）：75-109.

[25]　Kashyap A K，Stein J C. What do a million observations on banks say about the transmission of monetary policy？[J]. The American Economic Review，2000，（9）：407-428.

[26]　Klein A，Marquardt C A. Fundamentals of accounting losses[J]. The Accounting Review，2006，（1）：179-206.

[27]　Douglas O C，Tang T. Macroeconomic conditions and capital structure adjustment speed[J]. Journal of Corporate Finance，2010，（1）：73-87.

[28]　Beaudry P，Caglayan M，Schiantarelli F. Monetary instability，the predictability of prices，and the allocation of investment：An empirical investigation[J]. The American Economic Review，2001，（9）：648-662.

[29]　Konchitchki Y. Inflation and nominal financial reporting：Implications for performance and stock prices[J]. The Accounting Review，2011，（6）：1045-1085.

[30]　Hao S，Jin Q，Zhang G. Relative firm profitability and stock return sensitivity to industry-level news[J]. Accounting Review，2011，86（4）：1321-1347.

[31]　汪炜，陆帅. 行业冲击、政府控制与企业并购行为[J]. 财贸经济，2015，36（8）：132-142.

[32]　丹尼·罗德里克. 相同的经济学，不同的政策处方[M]. 张军扩，侯永志，等译. 北京：中信出版社，2009.

[33]　Aghion P，Dewatripont M，Du L，et al. Industrial Policy and Competition[R]. NBER Working Paper，2012.

[34]　许年行. 投资者法律保护、政治关联与经济后果研究[M]. 北京：中国经济出版社，2014.

[35]　沈红波，杨玉龙，潘飞. 民营上市公司的政治关联、证券违规与盈余质量[J]. 金融研究，2014，（1）：194-206.

[36]　王伟，彭鹏. 货币政策、经营环境与民营上市公司政治关系型银行贷款[J]. 上海金融，2014，（8）：8-15.

[37]　董屹，辜敏，贾彦东. 中国股市"政策效应"新特征——来自 QFII 的实证分析[J]. 财经科学，2001，（5）：26-30.

[38]　胡永宏. 农业政策对农业上市公司股票价格波动的影响研究[J]. 统计与信息论坛，2010，（12）：64-68.

[39]　陈其安，张媛，刘星. 宏观经济环境、政府调控政策与股票市场波动性——来自中国股票市场的经验证据[J]. 经济学家，2010，（2）：90-98.

[40]　Baker S，Bloom N，Davis S J. Measuring economic policy uncertainty[J]. The Quarterly Journal of Economics，2016，131（4）：1593-1636.

[41]　Pastor L，Veronesi P. Political uncertainty and risk premia[J]. Journal of Financial Economics，2013，（3）：520-545.

[42]　Brogaard J，Detzel A. The Asset pricing implications of government economic policy uncertainty[J]. Management Science，2015，（1）：3-18.

[43]　Ulrich M. Economic Policy Uncertainty and Asset Price Volatility[R]. Working Paper of Columbia University，2012.

第 2 章　战略性新兴产业发展现状分析

2008 年金融危机之后，我国逐步进入了经济增长由高速转向中高速，产业转型升级，要素驱动、投资驱动转向创新驱动的经济新常态阶段。经济新常态的核心特征主要体现在经济增长速度、经济增长动力和经济结构转型三个方面，具体表现为经济增长从高速增长转为中高速增长，经济增长动力从要素驱动、投资驱动转向创新驱动，经济结构不断优化升级。长期以来，我国以过度消耗自然资源、破坏生态环境系统为代价的粗放型经济发展方式一直备受拷问，亟待变革，经济新常态下，政策从追求短期经济高速增长转向稳定长远发展。而我国经济改革和产业转型必须坚持新兴产业培育与传统产业转型升级"两条腿走路"。因此，从中央到地方，都提出了大力发展战略性新兴产业的号召。从新兴产业角度而言，战略性新兴产业的选择和发展具有一定的必然性，这是由产业发展方向和战略性新兴产业所具有的知识技术密集、成长潜力大、物质资源消耗低和综合效益好等特征决定的。因此，本章重点考察战略性新兴产业的发展模式、发展现状以及相关产业政策的颁布和实施情况。

2.1　产业政策实施对象：战略性新兴产业的特点

2.1.1　战略性新兴产业的界定

关于战略性新兴产业的概念界定，国外主要有 4 种提法：①使用"emerging industries"概念，表示新兴的产业或者正显现的产业，具体涉及电动车、WEB 交通数据、数字电视技术、电信产业、制造领域、生物能源及生物技术等相关产业；②使用"new industries"概念，表示新的产业，具体涉及硬软件、信息产业、电影产业、移动网络、医学等产业领域；③使用"the new and emerging industries"概念，表示新产业和新兴产业，具体涉及绿色产业、园艺产业、生物技术、信息技术、农业、生物能源与生物产品、化学领域、高技术及其产品等；④使用"newly emerging industries"概念，表示新出现的产业，具体涉及生物技术、计算机软件、轨道空间、缝纫机、收割机、自行车、武器、绿色建筑以及老年健康等产业。其中，"emerging industries"和"new industries"的概念界定相对占据主流地位，频次相对较高，且基本上作为同一概念使用。"emerging industries"和"new industries"

相比，前者的概念界定相对更为主流，如国外还普遍使用"新兴（emerging）+某产业"这一衍生提法，如新兴汽车产业、新兴信息技术产业、新兴旅游产业、新兴动植物产业、新兴绿色产业、新兴生物芯片产业等[1]。

总体来看，国外新兴产业的概念主要侧重于市场、业务、技术以及新的产业业态等方面，甚至包括澳大利亚的甜柿、竹与本地的花等园艺产业，一些非洲地区兴起的旅游产业、老年健康产业、缝纫机、收割机、自行车等产业，可见国外新兴产业并不一定必然涉及产业的战略性地位。因此，国外关于战略性新兴产业的概念实际上只使用"新兴产业"的概念，而不冠以"战略"一词。关于新兴产业的界定，波特在《竞争战略》一书中提到，新兴产业是指通过一些因素新形成的或重新形成的产业，这类因素包括技术创新、相对成本关系变动、新的消费需求的出现或其他经济及社会方面的变化致使某种新产品或新服务得以市场化[2]。Low 和 Abrahamson[3]认为新兴产业是处于产业发展初级阶段的产业，这个阶段包括从萌芽期到成长期的整个过程。McGahan 和 Baum[4]提出新兴产业处于产业发展生命周期的暂时阶段，新兴产业是尚未成熟的新创或新出现的成长产业。新兴产业一般处于产业自身生命周期的形成阶段，承担着新的社会生产分工职能，是代表着市场对经济产出的新要求、产业结构转换的新方向与科技产业化的新水平的产业，并且是具有先进技术模式、较大潜在市场需求、较高增长率和长期盈利率的产业。因此，新兴产业同战略性新兴产业在创新性、需求性、成长性和营利性等方面具有一致性，但不同之处在于：若发展至成熟阶段之时，新兴产业只能通过促进结构调整来拉动经济增长，而对民生、环境的贡献以及对国家意志的体现却远不及战略性新兴产业；此外由于缺少战略性，得不到政府扶持，部分新兴产业的成长只能依靠自身，所以很可能会延长产业极化效应的时间跨度，并且受到外界环境的干扰。

2009 年 12 月，中央经济工作会议明确提出，要发展战略性新兴产业，推进产业结构调整，战略性新兴产业开始进入具体操作层面。其中，战略性新兴产业是指基于重大技术突破及重大发展需求，对经济社会全局和长远发展具有重大引领作用，知识技术密集、物资消耗少、成长潜力大、综合效益好的产业。随后，国务院决议通过战略性新兴产业的七大发展方向，即节能环保、新一代信息技术、生物、高端装备制造、新能源、新材料、新能源汽车（表 2.1）。

表 2.1 七大战略性新兴产业发展重点

行业	细分产业
节能环保	高效节能、先进环保、资源循环利用、节能环保综合管理服务
新一代信息技术	下一代信息网络产业、电子核心基础产业、高端软件和新型信息技术服务
生物	生物制品制造业、生物工程设备制造业、生物技术应用产业、生物技术推广服务
高端装备制造	航空装备、卫星及应用、轨道交通装备、海洋工程装备和智能制造装备

行业	细分产业
新能源	核电、风能、太阳能
新材料	新型功能材料、先进结构材料、高性能纤维复合材料、前沿新材料产业、新材料研究与技术服务
新能源汽车	新能源汽车整车制造，新能源汽车装置、配件制造，新能源汽车相关设施服务

资料来源：《战略性新兴产业分类（2012）》（试行）

我国学者相继对战略性新兴产业概念进行界定。刘洪昌[5]认为，战略性新兴产业是指在国民经济中具有重要战略地位，关系到国家或地区的经济命脉和产业安全，科技含量高、产业关联度高、市场空间大、节能减排效果佳的潜在朝阳产业，具有战略性、创新性、成长性、关联性、导向性、风险性等特征。刘玉忠[6]认为，战略性新兴产业是涉及国家根本竞争力、国家安全、国家战略目标实现、影响国家政治地位的产业，具有战略性、创新性、先导性、市场不确定性等特征，包括新能源、新材料、信息网络、新医疗。综上所述，相比于国外战略性新兴产业的概念界定，我国的战略性新兴产业更强调从"战略性"和"新兴性"两个方面来界定概念和阐释内涵。前者强调主观性的发展重点，后者强调客观性的全新图景，这也是战略性新兴产业与一般产业的核心区别[7, 8]。

2.1.2　战略性新兴产业的特征

战略性新兴产业是战略性和新兴性两者的结合体，并呈现战略地位的多层次性：第一层次是影响国家安全和国家战略层次的战略性新兴产业，如特别是航空航天材料及发动机、量子通信技术、相控阵雷达技术、太空武器技术、预警机、舰载机技术等，这是战略性新兴产业的最高层次，经济、政治和军事意义深远；第二层次是影响产业安全层次的战略性新兴产业，如高端装备、芯片技术、动漫创意产业、高性能计算机、新能源汽车、轨道交通产业等，这是经济意义上中观层面的战略性新兴产业；第三层次是突破关键技术、对企业构建核心竞争力产生重要影响的战略性新兴产业，如新医药产业、节能环保新技术、生物育种、云计算、物联网等，这是经济意义上微观层面的战略性新兴产业。综上，三个层面的战略性新兴产业具有互动融合、相互促进的关系，特别是第一层次的战略性新兴产业对第二和第三层次的战略性新兴产业具有技术扩散和外溢效应。[9]

孙国民[9]认为，战略性新兴产业突出特征主要体现在 7 个方面：一是地位战略性，因关系企业核心竞争力构建、区域产业安全甚至国家安全，其地位突出重要，是一般传统产业所不能替代的；二是影响全局性，因其战略地位突出、影响面广、波及面大，对整个经济社会发展能产生重要影响，也即战略性新兴产业的带动效应相比一般产业要大；三是技术前瞻性，突出表现在技术创新和技术领先上，通常表现为技术发明及专利，如发光二极管（light-emitting diode，LED）产业的封装、电源控制及芯片技术等，还包括科学界的重大科技发明及发现，它们代表了一国乃至全人类的科技进步，如量子通信技术、量子反常霍尔效应等重大发明发现都将催生新兴产业或高新技术产品的出现；四是市场风险性，因新兴产业处在技术酝酿阶段和范式构造及探索阶段，未来市场培育和拓展与市场现实需求的匹配度如何具有不确定性，产业生命周期顺利延续的难度不小；五是发展可持续性，指战略性新兴产业虽然具有市场风险性，但其发展具有不断成长直至成为主导产业和支柱产业的可能，它是后两种产业形态的萌芽，有望实现产业发展上的"星火燎原"之势；六是产业生态性，指战略性新兴产业一般是技术含量高、污染和能源消耗低的产业，通常表现为技术密集型产业，具有较好的亲生态性特质，符合国家节能减排、产业转型升级以及绿色、低碳产业政策和要求，符合"两型社会"的发展要求；七是区域竞争性，指战略性新兴产业通常在技术先发地区和技术先入地区形成，如大学和科研院所集聚区或产学研资源高效整合区域，在该地区专业化程度相对较高[9]。

与一般性新兴产业、基础产业、优势产业相比，我国战略性新兴产业的发展目标与培育方向是与主导产业看齐，因为战略性新兴产业同主导产业最为相似，但无论现期需求与现期盈利水平如何，主导产业均高于战略性新兴产业。因此，与主导产业相关的各种实践经验及科研成果都会对战略性新兴产业的发展与扶持起到很重要的借鉴作用。在经济周期内，总是存在着一个循环更替的演进规律：新兴产业—战略性新兴产业—主导产业—支柱产业—基础产业。战略性新兴产业先向着主导产业的目标迈进，继而朝支柱产业的方向发展，如我国的食品业与制造业等支柱产业就是先成为主导产业后成为支柱产业。支柱产业在科技革命的大背景下又将面临新的要素重组与技术挑战，进而衍生出下一期的新兴产业。当今世界正处在新科技革命的前夕，各国政府纷纷采取措施，力求通过新兴产业来抢占世界科技制高点。最后，随着科学技术的进步与新生资源的开发，以及生产方式的落后与现存资源的枯竭，基础产业将渐渐改造升级或被充满先进理念的战略性新兴产业、主导产业、支柱产业所取代。

2.1.3　战略性新兴产业的发展现状

1. 总体发展情况

近年来，在政府各项产业政策的扶持下，战略性新兴产业相对于其他工业行业呈现出快速发展趋势，发展总量明显增加，占全部工业和经济总量的比重逐年上升。截至 2015 年年底，战略性新兴产业增加值占 GDP 的比重达到 8% 左右，较 2010 年接近翻番，发展势头良好[①]。2016 年战略性新兴产业 27 个主要行业主营业务收入达到 19.1 万亿元，同比增长 11.3%，战略性新兴产业已经成为中国在经济下行压力下实现逆势增长的一股重要力量[②]。从上市公司发展情况来看，我国战略性新兴产业的上市公司数量逐年增加，截至 2017 年第一季度，我国战略性新兴产业上市公司数量达到 1206 家[③]。另外，战略性新兴产业企业也是上市公司优质股的重要组成部分，2016 年 A 股上市公司营收增速排名前十的企业有一半是战略性新兴产业企业。从细分领域来看，节能环保、新材料及生物等产业保持良好发展势头，新一代信息技术产业发展平稳，新能源及高端装备制造等产业则出现增速下滑[④]。

技术发展上，我国部分战略性新兴产业技术临近突破，具备较好发展前景，有望形成规模化产业。虚拟现实、增强现实产业快速演进，将会打造一个包含相关硬件、软件和内容的全新产业链，并会大批更新现有设备，从而带来巨大产业增量。无人技术应用渐露曙光，其发展将会给原有产业带来变革性影响，拓展出全新的产业发展空间[⑤]。

2. 企业及上市公司数量分布现状

由于目前没有战略性新兴产业的数据库，缺乏全面详细的战略性新兴产业的相关统计，无法从宏观上对战略性新兴产业的发展情况进行定量描述。中国工业企业数据库统计了 1998～2007 年中国全部国有工业企业以及规模以上非国有工业企业的数据（规模以上是指企业年销售额在 500 万元及以上），共包括 200 多万条企业数据，覆盖了中国大部分企业，是目前国内最全面的企业数据库。从中国工业企业数据库中筛选出的战略性新兴产业企业相关数据，是我国目前能够获得

---

① 详见中国工程科技发展战略研究院《中国战略性新兴产业发展报告 2017》
② 详见国家信息中心《战略性新兴产业 2016 年发展情况及 2017 年展望》
③ 其中主板、创业板和中小板分别有 463 家、423 家和 320 家企业，在各版块占比分别为 26.6%、66.3% 和 37.4%。详见国家信息中心《2017 年一季度战略性新兴产业上市公司发展存隐忧》
④ 详见国家信息中心《2016 年战略性新兴产业上市公司持续向好》
⑤ 详见国家信息中心《战略性新兴产业 2016 年发展情况及 2017 年展望》

的关于战略性新兴产业的最系统最全面的数据。通过从中国工业企业数据库中筛选出属于战略性新兴产业企业的方式，对战略性新兴产业企业数量进行归纳分析。

历年我国战略性新兴产业的企业数量如表 2.2 和图 2.1 所示。可以发现，我国战略性新兴产业企业总数从 1998 年的约 4.8 万家增长到 2007 年的约 11.2 万家，企业总数增长了 134%。2004 年战略性新兴产业企业数量出现了大幅增长，增长速度高达 54%，主要由于两大原因：一是 2004 年是国家经济普查年份，统计数据较为全面，与其他年份相比有更多企业被统计进数据库；二是 2004 年是中国经济发展最好的年份之一，国内投资活跃，出口创出新高，且中国在 2001 年年底加入WTO，对中国国内的创业和投资产生了显著的推动作用。排除 2004 年的影响，其余年份企业数量增长率总体呈逐渐增长趋势，说明我国战略性新兴产业的发展速度加快。另外，战略性新兴产业的企业总数占中国工业企业总数的比例总体也呈上升趋势，从 1998 年的 32.23%增长到 2007 年的 35.81%。

表 2.2　1998~2007 年战略性新兴产业企业数量统计

年份	节能环保/家	新一代信息技术/家	生物/家	高端装备制造/家	新能源/家	新材料/家	新能源汽车/家	战略性新兴产业总计/家	工业企业总数/家	占比/%
1998	12 296	3475	11 289	4715	3330	18 237	4392	47 896	148 584	32.23
1999	12 024	3507	10 946	4685	3369	18 252	4414	47 255	146 101	32.34
2000	12 129	3618	10 747	4736	3488	18 577	4589	47 680	147 253	32.38
2001	12 525	3969	11 169	4948	3733	20 385	4968	50 499	155 732	32.43
2002	13 408	4507	11 623	5230	4126	22 189	5417	54 077	167 179	32.35
2003	14 756	5153	11 882	5719	4796	24 995	6407	59 576	181 187	32.88
2004	22 987	8668	15 410	9475	7753	40 329	10 807	91 662	257 000	35.67
2005	21 949	8318	15 657	8746	7347	39 180	10 371	88 757	251 499	35.29
2006	24 594	9063	17 344	9836	8109	43 818	11 679	98 818	278 893	35.44
2007	28 075	10 444	19 220	11 331	9389	49 731	13 534	112 106	313 046	35.81

资料来源：中国工业企业数据库，根据《战略性新兴产业分类（2012）》（试行）进行筛选及汇总
注：占比指战略性新兴产业总计占工业企业总数的比例

根据 Wind 财经数据库上市公司财经数据的统计，"十二五"期间，战略性新兴产业上市公司数量不断增加，来自资本市场的资金支持推动创新投入及能力持续提升（表 2.3）。2010 年，A 股上市公司中有 674 家战略性新兴产业企业，占 A 股上市公司总数的 33%。截止到 2015 年年末，战略性新兴产业上市公司达 1485 家，较2010 年增加 811 家（图 2.2）。

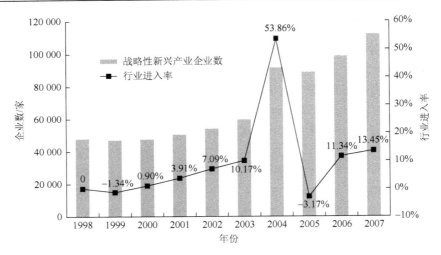

图 2.1　1998～2007 年战略性新兴产业企业数及行业进入率

资料来源：国家信息中心《"十二五"时期战略性新兴产业发展回顾》

表 2.3　2008～2015 年我国战略性新兴产业上市公司数量　　　（单位：家）

年份	节能环保	新一代信息技术	生物	高端装备制造	新能源	新材料	新能源汽车	战略性新兴产业总计
2008	97	158	67	139	40	44	42	587
2009	101	165	75	156	45	49	44	635
2010	121	173	83	153	49	50	45	674
2011	161	225	101	146	68	62	47	810
2012	178	257	122	228	76	80	71	1012
2013	180	261	130	229	78	81	72	1031
2014	186	294	143	237	84	86	85	1115
2015	234	351	276	321	97	102	104	1485

资料来源：Wind 数据库，笔者基于战略性新兴产业分类手动筛选战略性新兴产业上市公司

3. 各产业近年发展现状

1）节能环保产业

"十二五"以来，国家在节能环保领域出台了一系列利好政策，产业发展迅速，产值由 2010 年的 2 万亿元增长到 2015 年的 4.55 万亿元，年均增长率超过 15%[①]。空间布局上呈现集聚发展态势，形成了京津冀地区、长江三角洲地区、珠江三角洲地区等集聚区。东部地区节能环保产业发展较快，其中，长江三角洲地区水处

① 详见中国工程科技发展战略研究院《中国战略性新兴产业发展报告 2017》

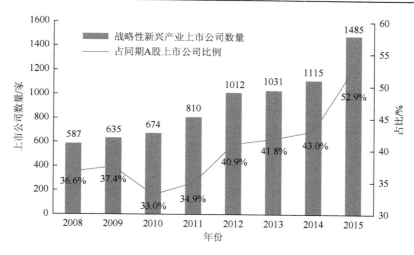

图 2.2　2008～2015 年战略性新兴产业上市公司数量变化

资料来源：国家信息中心《"十二五"时期战略性新兴产业发展回顾》

理、大气污染治理设备全国领先；珠江三角洲地区环保服务突出；中西部地区形
成北方节能环保技术转化中心。

　　在技术方面，我国节能环保技术装备迅速升级，技术水平不断提升，主导
技术和产品基本可以满足市场需要。节能环保产业发明专利申请数量由 2010 年
的 31 917 件上升至 2014 年的 70 559 件[1]。在节能产业方面，工业节能和建筑节能
技术创新及示范取得积极进展，其中钢铁行业干熄焦技术普及率提高到 80%以上，
水泥行业低温余热回收发电技术普及率达到 80%以上。在环保产业方面，常规污
水处理技术、电除尘技术、袋式除尘技术等达到国际先进水平，但一些新型处理
技术和深度处理技术及关键部件与国际先进水平有一定差距，高端产品仍依赖进
口。在资源循环利用方面，产业固体废弃物综合利用先进适用技术得到推广应用，
高压立磨等部分大型成套设备制造实现国产化。但与发达国家相比，我国节能环
保产业自主创新能力还偏弱，尤其是以企业为主体的技术创新体系不完善，企业
缺乏技术创新动力，技术研发投入不足，缺乏自主知识产权的技术支撑。目前，
中国环保产业企业中仅有 11%左右的企业有研发活动，且在这些企业中研发资金
占销售收入的比重约为 3.33%，远低于欧美 15%～20%的水平[2]。

　　综上，我国节能环保产业存在企业规模普遍较小、产业集中度低、竞争分散、
低端领域过度竞争等问题。政府在相关问题上的配套管理机制还不够完善，相关
规制监管仍需加强。

---

① 见国家知识产权局规划发展司《战略性新兴产业发明专利统计分析总报告（2015 年）》
② 中国工程科技发展战略研究院《中国战略性新兴产业发展报告 2016》

2）新一代信息技术产业

目前，中国新一代信息技术领域硬件、软件、内容和服务的创新步伐不断加快，融合化、智能化、应用化特征突出，有力促进了中国电子信息产业规模增长和结构优化。2015 年中国电子信息产业全年销售总规模达到 15.4 万亿元，同比增长 10.4%，比"十一五"末的 7.8 万亿元增长近一倍。其中，电子信息制造业实现主营业务收入 111 318 亿元，软件和信息技术服务业实现收入 43 000 亿元，分别比"十一五"末增长了 76% 和 216%。软件和信息技术服务业的快速增长，从一个侧面反映出中国电子信息产业的结构优化。

从区域发展角度看，新一代信息技术产业的集聚趋势明显，已形成区域发展格局，各地区通过积极的政策引导，已形成多个各具特色的产业集聚区，如京津地区形成了新一代信息技术装备、软件平台、应用服务等产业集聚区，长江三角洲地区形成了以云计算基础设施、移动电子商务为代表的产业集聚区，重庆、成都、西安等地形成了信息化应用、元器件制造及研发等产业的集聚区。

3）生物产业

自"十二五"以来，生物产业实现稳步发展。2015 年生物产业总产值达 3.6 万亿元，是 2010 年 1.5 万亿元规模的 2.4 倍，年增长率超过 20%[①]。生物医药领域总体规模增大。2015 年，医药制造业主营收入达 25 537.1 亿元，是 2010 年的 2.2 倍，"十二五"期间，收入规模平均增速为 17.5%[②]。截至 2015 年年底，医药制造业增加值增速为 9.9%，虽然较上年同期下降了 2.4 个百分点，但显著高于 GDP 和全国工业增加值增速[③]。化学药和中成药仍是拉动整个行业快速增长的主要力量。

医疗器械领域在生物产业中属于技术含量高、产品附加值高的领域，其发展情况能在很大程度上体现行业技术发展水平。2015 年，中国医疗器械行业实现产值 2382.5 亿元，同比增长 10.3%[④]。目前，我国在该领域的技术和产品创新能力仍然不足，生产企业占 90% 以上，研发公司少，原创技术与原创产品少，核心主导技术能力较弱，虽然专利数量增长较快，但核心专利数量较少，产品研发水平相对较低，中低端产品多，关键零部件依赖进口，高端产品仍以仿制、改进为主，原创产品几乎没有。另外，生物制造产业取得长足发展，主要生物发酵产品产量从 2011 年的 2230 万吨增长到 2014 年的 2420 万吨，年总产值接近 3000 亿元，生物发酵总产量居全球第一[⑤]。但中国的生物制造还主要停留在技术含量相对较低的大宗传统发酵产品（如柠檬酸）上，且这些行业面临一定程度的产能过剩，致使

---

① 详见国家信息中心《"十二五"期间战略性新兴产业发展回顾》
② 数据来源：国家信息中心《"十二五"期间战略性新兴产业发展回顾》
③ 数据来源：北京生物医药产业发展报告编委会《启航 2015，北京生物医药产业发展报告》
④ 详见中国工程科技发展战略研究院《中国战略性新兴产业发展报告 2017》
⑤ 数据来源：黄业明，郭文. 2015 年我国医药工业经济运行分析. 中国医药工业杂志, 2016, 47（5）：669-674

行业利润快速下滑，主要企业面临严峻经营挑战。

4）高端装备制造业

2015 年，航空、航天器及其器械制造业主营收入达 1227.9 亿元，收入规模是 2010 年的 1.7 倍，2010～2015 年年均增长 14.5%；铁路运输设备制造业主营收入达 4460.7 亿元，是 2010 年的 1.9 倍，年均增长 13.1%；高铁运营里程达 1.9 万千米，较 2010 年提升了 1.4 万千米，占铁路运营总里程的比重从 2010 年的 5.6%提升至 15.7%。北斗导航产业总产值已达 570 亿元，占我国卫星导航与位置服务产业产值的 30%。海洋工程装备制造业主营收入达 707.4 亿元，2010～2015 年年均增长 28.6%。同时，高端新兴电子信息制造业实现快速增长，电子信息制造业销售收入达 11.1 万亿元，是 2010 年的 1.6 倍，年均增长 9.6%[①]。

在人工智能浪潮的带动下，机器人、智能装备以及 3D 打印三大技术共同支撑智能制造业发展。2015 年，我国工业机器人销量达 6.6 万台，是 2010 年的 4.4 倍，年均增长 34.5%。2015 年，我国机床行业总产值达 221.0 亿美元，工业自动控制系统装置制造业主营收入达 3409.6 亿元，是 2010 年的 2.1 倍，年均增长 16.3%。2014，我国 3D 打印产业规模已达到 40 亿～50 亿元[②]。

5）新能源产业

"十二五"期间，新能源在能源结构中的比重进一步提升，经济性大幅提高。2015 年年底，我国新能源（太阳能光伏、风能、核电、生物质能）装机容量达 208.6GW，占发电装机总量的 13.8%，比 2010 年提升 8.9 个百分点，年均增长 34.7%。

在风能领域，截至 2015 年年末，风电累计并网装机容量达到 1.29 亿千瓦，占全部发电装机容量的 8.6%；发电量方面，2015 年全年风电发电量 1863 亿千瓦时，占全部发电量的 3.3%，中国已成为全球风电规模最大、发展速度最快的国家。然而，风电占中国能源消费比例仍然较低，且东北、西北、华北"三北"地区弃风严重，如何更好地支撑分布式能源发展的工作机制有待建立。在太阳能光伏领域，截至 2015 年年底，我国光伏发电累计装机容量 4318 万千瓦，成为全球光伏发电装机容量最大的国家。其中，光伏电站 3712 万千瓦，分布式光伏 606 万千瓦，年发电量 392 亿千瓦时。2015 年新增装机容量 1513 万千瓦，占全球新增装机容量的四分之一以上，占我国光伏电池组件年产量的三分之一，为我国光伏制造业提供了有效的市场支撑。全国大多数地区光伏发电运行情况良好，2015 年全国年平均利用小时数超过 1100 小时。

在核电领域，经过多年发展，我国已成为世界上少数几个拥有完整核工业体系的国家，核电建设与运行管理达到国际先进水平。"十二五"期间，我国在建核

① 详见国家信息中心《"十二五"时期战略性新兴产业发展回顾》
② 详见国家信息中心《"十二五"时期战略性新兴产业发展回顾》

电机组数量超过过去几十年累计建成数量，占到全球在建核电机组装机总量的 40% 以上。2015 年，全国在运核电机组达到 2550 万千瓦，在建及已核准机组 3203 万千瓦，在建规模居世界第一。全国核电装机容量达 2608 万千瓦，设备平均利用小时数达 7350 小时。核电累计发电量为 1689.9 亿千瓦时，约占全国累计发电量的 3.0%，比 2010 年提升了 1.2 个百分点。在生物质发电领域，截至 2015 年年底，我国生物质发电并网装机总容量为 1031 万千瓦，其中，农林生物质直燃发电并网装机容量约为 530 万千瓦，垃圾焚烧发电并网装机容量约为 468 万千瓦，两者占比在 96% 以上，还有少量沼气发电、污泥发电和生物质气化发电项目。

6）新材料产业

我国新材料产业规模不断扩大，从 2011 年的 8000 亿元增长到 2015 年的 1.9 万亿元，年增长率约为 26%[①]。自 21 世纪以来，我国新材料研究水平不断提高，稀土功能材料、先进储能材料、光伏材料、有机硅、超硬材料、特种不锈钢、玻璃纤维及其复合材料等产能居世界前列。在产业结构上，我国新材料产业结构正面临横向与垂直发展的要求。其中，横向是指新材料与传统材料产业密切结合，将钢铁、石化、建材等传统产业向附加值高的新材料产业拓展；垂直是指新材料产业发展依赖其上下游相关产业特别是下游产业用户的创新开发。但是，新材料领域依旧存在着一些亟待改善的问题，如低水平重复建设现象严重、创新能力不足、产品缺乏核心竞争力以及政策和相关保障机制不完善等，在一定程度上阻碍产业发展。

7）新能源汽车产业

"十二五"期间，我国新能源汽车产业发展和推广应用取得了重要成果，新能源汽车产业发展步入了爆发式增长快车道。新能源汽车推广总量已初具规模，并呈逐年加快增长趋势。2010～2015 年，全国新能源汽车销量分别为 480 辆、5579 辆、12 791 辆、17 642 辆、74 763 辆以及 331 092 辆，年均增速近 270%。2015 年，中国新能源汽车销量首次超过美国，成为全球最大的新能源汽车消费国。截至 2015 年年底，新能源汽车保有量达 58.32 万辆，其中，纯电动汽车保有量 33.2 万辆，占新能源汽车总量的 56.9%。配套的充电桩、充电站的建设也取得了长足的进步，截至 2014 年年底已经建成了 723 座充电站、28 000 个充电桩，同"十二五"初期相比已初具规模[②]。

4. 各区域发展现状

从四大区域板块 2010～2015 年战略性新兴产业上市公司营业收入变化情况来评价，东部地区有着经济及科技实力雄厚、市场活力巨大等优势。在国家及地

---

① 数据来源：中国工程科技发展战略研究院《中国战略性新兴产业发展报告 2017》
② 数据来源：国家信息中心《"十二五"时期战略性新兴产业发展回顾》

方产业政策的支持下，总体发展势头较好，特别是深圳、广州、南京、杭州等城市规模化集聚发展迅速，上市公司营收远高于其他地区，年均增长率超过 20.1%；中部地区依托其区位优势即相对于东部较低的综合成本，增长速度后来居上，以 21.1% 的年均增速水平位列四大区域之首；西部地区虽整体上基础落后，但国家政策扶持力度较大，尤其是十多年来国家实施的西部大开发战略为西部地区的技术积累、人才引进及产业配套条件打下坚实基础，促进其战略性新兴产业稳步发展，且以重庆、成都、西安等城市为代表，通过上市公司集聚要素资源，实现了稳健发展，营收规模仅次于东部地区，营收年均增长率达 17.0%；东北地区战略性新兴产业虽然在当地实现较快增长速度，但横向比较明显处于落后局面，由于体制机制改革滞后、营商环境总体不佳、高中端人才流失严重等因素，整体经济下行趋势更加明显，2015 年其战略性新兴产业上市公司营收为 860 亿元，较 2010 年仅增加 334 亿元，营收年均增长率为 10.3%（图 2.3）。

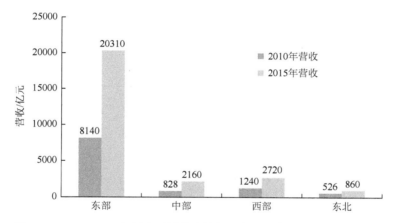

图 2.3　2010～2015 年四大区域战略性新兴产业上市公司营收变化情况

资料来源：国家信息中心《"十二五"时期战略性新兴产业发展回顾》

自 2009 年国家大力推进战略性新兴产业发展以来，各地区纷纷推出战略性新兴产业规划，并付诸行动。表 2.4 所示为各省（自治区、直辖市）战略性新兴产业发展规划。

表 2.4　全国各省（自治区、直辖市）战略性新兴产业圈定领域（不含港澳台）

地区	发展领域
北京	新能源、信息技术、生物医药、节能环保、新材料、先进装备制造、新能源汽车、航空航天
广东	高端新型电子信息、半导体照明、生物医药、节能环保、新材料、航空航天、海洋
上海	新一代信息技术产业、高端装备制造、生物产业、新能源产业、新材料产业

续表

地区	发展领域
江苏	新能源、新材料、生物技术和新医药、节能环保、新一代信息技术和软件、物联网和云计算、高端装备制造、新能源汽车、智能电网、海洋工程装备
山东	风电、太阳能、新能源汽车、物联网、生物、新材料和先进制造、海水淡化
浙江	生物产业、新能源产业、高端装备制造业、节能环保产业、海洋新兴产业、新能源汽车、物联网产业、新材料产业及核电关联产业
辽宁	装备制造业、新能源、新材料、新医药、信息产业、节能环保、海洋产业、生物育种和高技术服务产业
湖北	新能源、节能环保、电动汽车、新材料、生物医药、信息产业
河南	新电子、新能源、新材料、新医药
黑龙江	新能源、新材料、节能环保、生物、信息、现代装备制造
江西	光伏、风能与核能、新能源汽车及动力电池、航空制造、半导体照明、新材料、生物、绿色食品、文化创意
湖南	先进装备制造、新材料、文化创意、生物、新能源、信息、节能环保
陕西	太阳能光伏产业、环保产业和现代服务业、新能源、生物育种等产业
重庆	通信设备、新能源汽车、软件及信息服务、风电装备、智能仪器仪表、轨道交通装备、生物医药、新材料
四川	电子信息、生物医药、新能源、新材料、节能环保、航空航天
安徽	电子信息、节能环保、新材料、生物、新能源、高端装备制造、新能源汽车、公共安全
天津	航空航天、石油化工、装备制造、电子信息、生物医药、新能源、新材料、轻工纺织、国防科技
福建	高端通信设备、生物医药、半导体照明和太阳能光伏、节能环保技术及装备
河北	新能源、光伏发电、风力发电、电子信息产业、医药产业、新材料
山西	先进装备制造（煤机、汽车、铁路装备、重型机械）、现代煤化工、新材料
吉林	生物医药、生物化工、电子信息、新材料、新能源、新能源汽车、先进装备制造业、节能环保、文化、旅游
云南	现代生物、光电子、高端装备制造、节能环保、新材料、新能源产业
广西	新材料、新能源、节能环保、海洋经济、生物医药、新一代信息技术、新能源汽车、生物农业、先进装备制造、健康产业
贵州	新材料、装备制造、生物医药、电子信息、新能源
新疆	新能源、新材料、先进装备制造、生物、信息、节能环保、清洁能源汽车
甘肃	新能源、新材料、生物医药、节能环保、航天
内蒙古	风电光伏、核电、清洁煤、稀土
宁夏	新能源、新材料
海南	高新技术、生物、新能源、新材料
青海	新能源、新材料、装备制造
西藏	太阳能

注：数据根据互联网及各省（自治区、直辖市）"战略性新兴产业'十二五'规划"整理所得

纵观我国各省（自治区、直辖市）战略性新兴产业发展规划发现，其所圈定的发展领域大多相同或相似，几乎各省（自治区、直辖市）都将新能源、新材料作为未来的产业主攻领域。同时，旅游、文化、绿色食品成为有些地区的战略性新兴产业，各地区的产业规划显得杂乱无章、各自为政，若不及时进行全国性的规划和引导，很容易造成盲目规划，资源浪费。

5. 业绩发展现状与发展趋势

首先，从产业总体规模来看，自"十二五"以来，战略性新兴产业实现快速增长。2010～2015 年，战略性新兴产业涉及的 27 个重点行业规模以上企业收入逐年增长，2015 年达到 16.9 万亿元，占工业总体收入的比重达 15.3%，较 2010 年提升 3.4 个百分点（图 2.4）。2016 年战略性新兴产业 27 个主要行业主营业务收入达到 19.1 万亿元，同比增长 13.0%。但就增长速度来看，国内经济发展步入新常态，经济增速换挡、产业结构性问题突出，产业增速持续下降，2013 年重点行业营收增长率为 17.1%，2015 年降到 11.8%，两年内下降了 5.3 个百分点，且增速放缓趋势还在持续[1]。

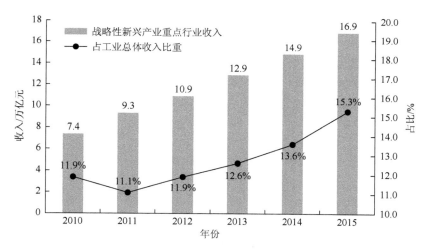

图 2.4　2010～2015 年战略性新兴产业重点行业收入及其占工业总体收入比重

资料来源：国家信息中心《"十二五"时期战略性新兴产业发展回顾》

从上市公司角度分析，战略性新兴产业企业已成为资本市场的重要组成部分，是支撑我国上市公司总体业绩稳定增长的重要力量。2010 年以来，战略性新兴产业上市公司保持了良好发展态势，营收总额在 2010～2015 年的年均增速达到 14.8%，

---

[1]　详见国家信息中心《战略性新兴产业 2016 年发展情况及 2017 年展望》

其占上市公司总体收入比重也基本保持增长态势，尤其是 2015 年，战略性新兴产业上市公司营收总额达 2.6 万亿元，占全部上市公司总体收入的比重达到 8.9%，创历史新高（图 2.5）。

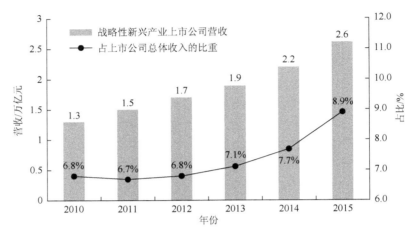

图 2.5　2010～2015 年战略性新兴产业上市公司营收情况

资料来源：中国工程科技发展战略研究院《中国战略性新兴产业发展报告 2017》

从盈利能力角度分析，2010～2015 年，战略性新兴产业上市公司盈利能力始终强于大部分传统产业。2015 年，战略性新兴产业上市公司利润总额达 2065.9 亿元，利润率达 9.1%，明显高于上市公司总体 5.8% 的利润率水平（扣除金融业）（图 2.6）。

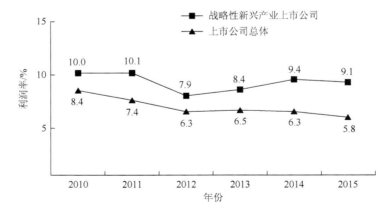

图 2.6　2010～2015 年战略性新兴产业上市公司利润率变化

资料来源：国家信息中心《"十二五"时期战略性新兴产业发展回顾》

分领域来看，节能环保和生物领域的企业营收增速位居前两位。前者以先进环保、高效节能和资源循环利用为代表，持续保持良好的增长态势，营收由2010年的315.2亿元增长到2015年的1402.2亿元，年均增长率达34.8%；后者即生物领域也呈现快速发展势头，营收由1567.5亿元扩大至5085.9亿元，年均增长率达26.5%，其产业规模仅次于新一代信息技术领域（图2.7）。其他领域以营收增速排序，新一代信息技术、新能源、高端装备制造和新材料产业分列第三位至第六位。

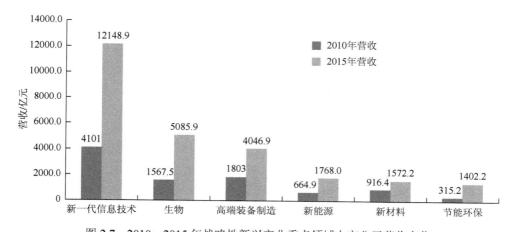

图 2.7　2010～2015 年战略性新兴产业重点领域上市公司营收变化

资料来源：中国工程科技发展战略研究院《中国战略性新兴产业发展报告 2017》；由于新能源汽车上市公司数量较少，代表性不足，故其数据未在图中显示

2.2　产业政策对战略性新兴产业发展的影响

2.2.1　战略性新兴产业成长过程中的市场失灵

战略性部门的识别标准一般有两种：一是看该部门是否有大量的"租"存在，即该部门的资本或劳动回报率是否特别高；二是看该部门是否存在着外部经济。但很难用某一企业的研究开发活动或经验对其他企业所产生的技术外溢进行衡量，因为外溢是没有市场价格的。从技术产品的角度考察，战略性新兴产业存在以下特征：

第一，技术产品的公共性与外部性。技术产品作为公共产品的一种，具有公共产品的两个典型特征——消费或使用的非竞争性和收益的非排他性，这两个特征使得在公共产品领域市场失灵普遍发生。技术产品往往可以无限复制使用，且通常存在正的外部性，当新产品进入市场后，蕴含在新产品中的新知识和新技术随之溢出和扩散，在知识产权保护机制相对不够完善的情况下，大量模仿者一拥而上，以极低的成本分享本应属于研发者的收益，使研发者处于竞争不利地位，极大地削弱了技术创新的积极性，导致创新供给不足、行业发展缓慢。

第二，技术创新的不确定性和信息不对称。战略性新兴产业高度依赖于技术创新的特点，决定了其从构想到研发再到产品商业化进而市场化的期间面临着诸多风险和不确定性，包括资金供给、知识技术、市场需求、知识产权保护、配套机制以及政府政策导向等。另外，技术创新者在获取资金、引进人才和技术等方面面临着极大的信息不对称，这也将引发资源浪费、配置效率低下。

第三，协调失灵。战略性新兴产业具有全局性，其发展依赖于多方面、多部门、多领域及多地区的协同发展，在市场机制下往往会发生协调失灵。在自由的市场机制下，产业链上下游各企业可能会发生利益目标不一致的情况，双方之间的博弈将会为战略性新兴产业的发展方向带来极大的不确定性，在一定程度上阻碍产业发展。例如，风电产业在进军现有电力市场时困难重重。各地方政府可能会以行政区为边界，齐头并进地进入战略性新兴产业的各个领域，展开同质化竞争和资源争夺，这严重影响了产业的发展效率。这些协调失灵尤其是地方政府之间、不同监管机构之间的失灵不会因为一项政策的实施彻底解决。

第四，在位者惰性。在战略性新兴产业各领域中，传统技术企业与新技术企业所生产的产品往往存在着较大的相互替代性，新技术企业的进入对在位企业构成威胁。为了维持其现有的市场份额和在市场中的竞争地位，在位企业往往会构筑起行业进入壁垒，阻止新企业进入。即使在位传统企业出于长远发展有意考虑新技术的投资研发，不免也会出于对高昂的沉没成本和资产专用性的考虑减少其至放弃研发投入。不仅如此，对拥有新技术的战略性新兴产业的企业来说，一旦其技术或产品在市场中缺乏竞争对手，厂商便处在垄断地位，就可能产生短视行为，只顾享受垄断利润，不能抓住进一步开发的时机，不愿意从事进一步的研发活动。

第五，市场作用的局限性。一方面，虽然市场经济鼓励不同所有制形式的资本参与战略性新兴产业投资，国有经济、混合所有制经济、民营经济都可以作为产业的所有制形式，但任何事关一国国民经济战略的重要产业都不会让外国资本完全控制，这是市场经济在政治上的界限，需要由国家进行干预。另一方面，在市场机制下，市场经济的主体是企业，而企业的目标是企业价值最大化，它们只关心产品的市场需求、消费者偏好以及影响企业发展的大环境和政府政策，并不关心事关战略性新兴产业全局的基础科学研究和公共基础设施投资的问题。因此，单纯靠市场机制无法很好地推动战略性新兴产业各领域、各生产环节及社会配套制度的全面协调发展。

以新能源汽车产业为例进行具体分析。现阶段传统汽车技术产业已进入成熟期，配套设施完善，市场需求显著；而新能源汽车产业尚处于生命周期萌芽期，市场需求相对不足且配套设施服务不健全，相对于传统汽车产业竞争力较弱。鉴于此，多数在位企业考虑到较高的沉没成本和退出壁垒，选择继续发展和改良市场确定、投入确定的传统技术，以迎合市场上多数消费者的消费偏好，降低生产经营风险；一部分厂商出于长远发展考虑，将自身的一部分投资重心转向成长曲线斜率更大的新技术研发和市场开发。但在自由的市场机制下，由于在位企业无法精准预测未来的政策环境和市场需求，考虑到巨大的不确定性，即使是有意投资于新技术的企业也无法放开手脚，这将导致传统汽车产能进一步扩大，进而挤占新能源汽车市场；同时，新技术需要较高的资金投入，企业及投资者面临着较大的投资风险，投资意愿低。由此可见，目前以分裂性技术为本质的战略性新兴产业（如新能源汽车产业），与传统产业技术相比非竞争性显著，在完全市场机制下，产业无法自动实现轨道跃迁和技术替代，需要政府实行政策干预[10]。

传统汽车产业技术与新技术的轨道跃迁示意图如图 2.8 所示。

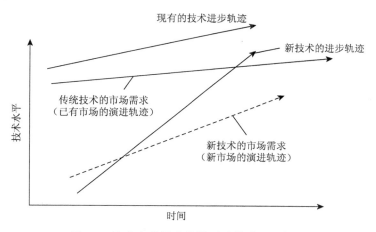

图 2.8　汽车产业技术轨道跃迁的过程示意图

新能源汽车的购置成本和使用成本都远远高于传统汽车，消费者使用新能源汽车而放弃传统汽车，就会使得消费者的机会成本大大增加，如果这些成本没有得到合理的补偿，在这种情况下消费市场就会失灵，这将大大降低消费者购买新能源汽车的积极性。在新能源汽车产业发展过程中，主体缺位或投资能力不足，如基础设施营运商缺位或数量太少、营运商投入能力不足、配套基础设施供应不足，导致使用成本增加，对消费者的市场预期造成消极影响。上述影响都会使得消费者选择继续使用传统汽车，这就会导致新能源汽车市场失灵，表现为市场机制配置资源所产生的私人生产活动水平低于社会要求的水平。

综上所述，战略性新兴产业具有创新性、导向性、全局性、成长性高及市场需求潜力大等特征，同时不可忽视的是市场机制的固有缺陷，这致使战略性新兴产业在市场机制下很难实现良好的自我发展，往往会出现市场失灵。在战略性新兴产业研发创新的负外部性影响下，适当的政府干预可以促使产业技术资源优化配置，保证产业健康有序发展，实现社会资源配置的帕累托最优。

2.2.2　战略性新兴产业政策及政策功能

1. 政策功能

孙早和席建成[11]在《中国式产业政策的实施效果：产业升级还是短期经济增长》中指出：与只强调产业政策负面效应不同，罗德里克认为产业政策是一种战略性合作。我们不应该把产业政策看成一种简单的针对外部性的补贴措施，而应视之为政府与私人部门之间的相互合作，即政府既要与私人部门保持一定的距离，避免过程中的腐败和寻租，又要与私人部门保持密切的联系，以克服在政策实施的过程中信息外部性和协调失灵带来的障碍。Nunn 和 Treflep[12]研究发现，产业政策的效果与制度完善度关系密切。以保护特定行业的技术发展为目标的关税政策为例，这一政策对长期经济增长的促进作用取决于特定的国家制度，制度越完善，政策实施的过程中发生寻租的可能性越小，政策效果也就越显著。进一步地，Aghion 等[13]将产业政策效果与部门特征联系，发展了一个有关产业政策与企业发展之间关系的理论框架。如果将产业政策的目标定位于促进部门中企业之间的竞争，那么产业政策会鼓励企业创新，从而提高产业技术水平；反之，企业会逃避竞争，单纯追求企业的规模扩张。

通过以上作用，产业政策能够直接影响战略性新兴产业的发展，包括营造良好的市场环境，优化产业组织结构，提升产业综合竞争力。首先，战略性新兴产业需要一个良好的发展环境，使其能快速发展和壮大，保证健康发展。其次，有效的产业政策能够使战略性新兴产业优化资源结构，吸引创新性元素融入其发展过程中，使战略性新兴产业能够朝着科学化的方向发展。最后，战略性新兴产业是一种从无到有的发展过程，有效的产业政策能保证企业之间的公平竞争，提升战略性新兴产业的专业化水平。

日本和韩国的发展生动地体现了产业政策的上述功能。对日本、韩国来说，产业政策是政府介入经济生活的主要杠杆，在市场发育程度不高时，产业政策不仅可用于弥补市场机制的缺陷，还可以促进市场发育，实施赶超战略，增强产业竞争力。在产业政策的成功运作下，日本、韩国创造了举世瞩目的成果。各个发展阶段要采取适合当时经济发展的产业政策，日韩两国均在不同的发展阶段实施了恰当的产业政策，推动了产业发展。日本在第二次世界大战后初期，率先发展电力、煤炭等基础产业，使工业生产迅速得到恢复；在经济高速增长时期，重点扶持收入弹性较大的重化学工业发展。同样，韩国在经济恢复时期，首先发展和日常生活密切相关的轻工业；而在 1973 年则发布《重化学工业化宣言》，开始重点发展重化学工业[14]。

2. 支持行业发展的政策体系

借鉴发达国家科技革命与新经济发展的经验，新兴行业的发展需要具有系统性的政策支持环境。具体政策包括财税政策、产业政策、金融政策和人才政策。

财税政策，包括具体的政策手段，如财政支出政策、税收优惠政策、政府采购政策，以及具体到不同阶段的财税支持政策。

产业政策，包括科技创新政策、政府直接投资、协调配套政策以及创新商业模式政策等。

金融政策，包括多层次资本市场构建、创业投资和股权投资基金、债券市场以及银行对战略性新兴产业的相关支持政策。

人才政策，包括人才引进、人才培养、人才考评以及知识产权战略等相关政策。

总之，支持战略性新兴产业发展的各项政策是一个有机体系，单独几个政策很难发挥其应有作用。各种政策的有效性取决于构建一个协调配套的政策体系，有效整合各种资源，不断完善财税政策、金融政策、人才政策、区域发展的产业政策及外贸政策等[15]。

3. 政策工具的选择

政策工具，指被设定为旨在实现一定政策目标的各种措施、策略、方法、技术、机制、行动、作为以及配置的人力资源、设备、资源等手段。一般而言，基于政府作用能力和问题的复杂性来选择政策工具。产业结构政策的工具主要是"信息和劝诫"，属于混合型政策工具，适用于政府作用较弱和问题复杂性较低的情况[7]。结合政策系统复杂性和政府能力两方面，政府工具选择可以分为如表 2.5 所示的几个模式。

表 2.5　政策工具选择的综合模型

		政策系统复杂性	
		高	低
政府能力	高	市场工具	直接规定，受管制的公共企业
	低	自调节，基于社会或家庭工具	混合工具

基于以上分析结果，可以选择实行不同的政策工具。本章将引入 Howlett 和 Ramesh 的政策工具三级分类方法，把新兴产业政策体系中运用的政策工具根据

强制性级别由低到高分为三个级别：①自愿性政策工具：没有或很少有政府参与，在自愿的基础上完成。包括家庭和社区、自愿性组织、私人市场。②混合型政策工具：允许政府在一定程度上卷入非国家行动者的活动。主要包括信息和劝诫、补贴、产权拍卖、税收和使用费等。③强制性政策工具：借助国家或政府的权威及强制力，迫使目标团体及个人采取或不采取某种行为。具体如图2.9所示。

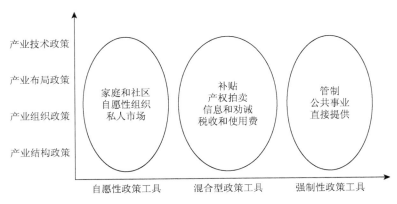

图 2.9 产业政策与政策工具的二维分析框架

图 2.9 选取政策功能作为战略性新兴产业分析框架的 Y 维度，依据区域战略性新兴产业的特征，将产业政策按照功能分为四类，分别为产业结构政策、产业组织政策、产业布局政策和产业技术政策。具体来说，产业结构政策的核心是促进产业结构的合理化，提高产业结构的转换能力，从推动产业结构合乎规律的转换中求速度、求效益，主要的作用是解决"要做什么"的问题。产业组织政策是政府为实现产业结构目标而对某一产业或企业采取的鼓励性或限制性的政策措施，解决"怎么做"的问题。产业布局政策即产业空间配置格局的政策，是解决"在哪里做"的问题。产业技术政策是指政府制定的用以引导、促进和干预产业技术进步的政策的总和，解决"用什么去做"的问题[16, 17]。

2.2.3 战略性新兴产业的政策支持体系

结合前面对战略性新兴产业的相关政策与政策工具分析，并借鉴发达国家的经验可以看到，各国政府相关的政策体系通常包括四部分内容（表2.6）：一是行政手段，包括颁布的禁令或强制性要求，其本质是强制性的，控制方法可以是数量性的（排放条件、限制价格等）或技术性的。这类措施主要包括法律、规章等。

二是经济手段，即人们所说的环境经济工具，它会影响相关各方所做选择的成本和效益，包括税收政策、可交易排污许可/认证及其他各种各样的补助和补贴。三是信息与宣传，这能够带来行为和态度上的变化，但不同于行政和经济手段，因为它对接受者并不是强制性的，也不对其施加任何经济压力，可能引起的变化则是自愿的。四是研究开发（和示范），这类措施可以说是一种长期的政策措施形式。以日本政府为例，它在把新能源的开发列入重要议事日程的同时，不仅制定了长期可持续发展的产业发展目标，还采取了相应强制性与激励性互为补充的政策手段，力争从各个方面推进并不断完善新能源的开发与利用。其主要政策措施有：确定新能源开发利用的发展目标；加强技术开发与储备；制定新能源推广大纲和行动方案；通过计划来推动新能源技术的发展。

表 2.6　　各国推进战略性新兴产业发展的政策体系

行政手段	经济手段	信息与宣传	研究开发
法规	税收政策	信息传播	研究
规章	财政投入政策	能源标准	开发
规划	政府采购	政策宣传	示范
计划	金融政策	公共信息平台	
标识	产业政策		
标准	可交易排污许可/认证		

各国政府在促进战略性新兴产业发展的过程中，尤其注重以市场化为基础的政策运用。在关键技术研发方面，政府十分重视与私营部门合作，以推进新技术产业化。通常，这类技术是以政府部门先期投入为引导，而后产业界和企业跟进，实现技术产业化和商业化。在这一过程中，公私部门合作尤为关键。在过去几十年时间里，美国政府通过制定可持续能源发展路线图，投资优先支持太阳能光伏电池、风力发电装备和氢能技术等关键技术研究，引导企业界抢占这一领域的技术制高点，使美国在国际竞争中始终保持领先地位。澳大利亚政府同样重视公私合作伙伴关系（public-private partnerships，PPP），通过加强公共部门研究机构与私营企业之间的合作，实现"共担风险、共享成果"，有效带动了企业投资"绿色产业"技术研发的积极性，这也加速了关键技术的成果转化和产业化进程。在出台激励、引导战略性新兴产业发展的公共政策措施方面，各国政府也都以"市场化手段"为主，即主要通过采取各种财税激励、能源标识、引入排放权交易等市场规制措施，鼓励市场主体参与相关领域的投资。政府公共政策的恰当引导，能使以追求利润最大化为动机的企业，把发展战略性新兴产业作为其"理性选择"。

2.3　战略性新兴产业政策支持的相关案例

促进战略性新兴产业发展的政策工具具有不同的表现形式，一般可以分为供给型、环境型和需求型三大类。其中，供给型政策工具指政府通过对人才、技术、资金、公共服务等支持直接扩大技术的供给；环境型政策工具指政府通过目标规划、金融支持、税收优惠、法规管制、产权保护等政策来影响科技发展的环境因素；需求型政策工具指通过政府采购、贸易政策等措施降低市场的不确定性，拉动技术创新和新产品开发[9]。下面以需求型政策工具与供给型政策工具最普遍采用的两种方式——政府采购与政府补贴，结合案例说明不同政策工具的形式及实现功能。

2.3.1　发达国家战略性新兴产业政府采购的相关案例

我国财政部于 2003 年 1 月颁布实施的《中华人民共和国政府采购法》将政府采购定义为：各级国家机关、事业单位和团体组织，使用财政性资金采购依法制定的集中采购目录以内的或者采购限额标准以上的货物、工程和服务的行为。政府集中采购目录和采购限额标准依照该法规定的权限制定。采购是指以合同方式有偿取得货物、工程和服务的行为，包括购买、租赁、委托、雇用等。货物是指各种形态和种类的物品，包括原材料、燃料、设备、产品等；工程是指建设工程，包括建筑物和构筑物的新建、改建、扩建、装修、拆除、修缮等；服务是指除货物和工程以外的其他政府采购对象。目前我国的政府采购项目主要为货物和工程。而世界贸易组织的《政府采购协议》中将政府采购定义为：成员国的中央政府及次中央政府租赁购买货物、服务、工程及公共设施的购买行为。世界各国都结合本国的实际情况对政府采购进行定义，主要从两方面进行定义：一是资金来源，二是采购实体，即如果采购资金是来自公共财政资金，采购实体是政府部门，那么就可以判定这种采购行为属于政府采购。

一般而言，技术创新是指从新设想的产生到研究、发展、试制、生产制造，再到首次商业化的全过程。其中，创新成果的市场化是非常重要的一个环节。总体来说，政府采购对技术创新的作用机制主要从以下三个方面体现：一是政府采购可以在技术创新初期创造一个虚拟的市场，拉动市场需求，引领重大技术发展；二是政府采购可以根据国家的战略需求，通过与供应商之间的协商，对采购产品的相关规格进行明确要求，选择需要重点支持的项目，从而对技术创新发挥方向性引导作用；三是创新的风险与高成本是创新的重要障碍，政府采购市场可以充当技术创新产品的实验场，在创新活动的最终环节上予以间接支持，分担技术创新的风险，助力那些有发展前景但暂时不能被市场接受的科技成果实现创新全过程。

发达国家通常非常重视通过政府采购促进自主创新。其中，购买高新技术产品对本国经济发展起到了重要的推动作用。美国是最早使用政策采购促进创新和新兴产业发展的国家，也是应用最成功的国家，其政策对美国电子、半导体和计算机等产业的发展起到了关键的促进和扶持作用。例如，20 世纪 60~70 年代集成电路发展初期，政府采购比例一度达到 94%。美国政府对本国高新技术的公共采购加速了企业技术创新成果转化、商品化和产业化的过程，其"硅谷"和"128 号公路高技术产业带"的迅速崛起很大程度上归功于美国政府的政府采购政策。而且，在 20 世纪 70 年代初期，美国政府实施实验性激励技术计划，美国联邦标准局连同美国国家科学基金会，通过政府采购刺激工业产业界参与研发项目，并在采购合同上明确提出促进技术创新的政府采购细则。

除美国之外，欧洲发达国家也很重视利用政府采购政策来促进企业创新。2004 年，法国、德国、英国三国政府向欧盟议会提交了一份关于"构建创新型欧洲"的报告文件，呼吁在整个欧洲进行政府采购以带动创新，提出要构建创新友好型市场，主要从建立和谐的制度规则、恰当的标准应用、有竞争力的知识产权制度和促进需求的公共采购制度几个方面着手。2006 年，欧盟委员会发布体现国家战略意图的政府文件，高度重视政府采购对创新市场的重要作用。其中，欧盟提出了 PCP 作为促进创新的政策工具。PCP 是指在创新产品商业化之前，政府部门与供应商签订长期合同，就采购产品的技术参数、产品规格等各种约束条件达成一致，到达某个时间点时供应商按期提供产品或者服务。PCP 过程主要分为三个阶段，第一阶段是可行性分析阶段，第二阶段是产品研究和试生产阶段，第三阶段是商业化测试阶段。随着时间推移，参与竞争的企业数量一般会逐渐减少，但到第三阶段仍然要保持两家以上企业竞争，这也体现了 PCP 过程中嵌入的竞争促进创新机制。

此外，有关学者对芬兰创新商业化的研究表明，48%创新成功的项目主要得益于公共采购。芬兰、法国等欧盟国家则又将技术细分成发展性技术和适应性技术两种类型，政府采购则会根据不同的技术类型采取不同采购方式和采购合同。捷克 2013 年政府采购的费用为 4750 亿捷克克朗，占 GDP 的 12%。自 2010 年以来捷克政府采购占 GDP 的比例逐年下降，主要是因为紧缩政策。

1. 英国 PCP 采购案例

人们通常认为西方发达国家的政府采购发端于英国。英国政府在 1782 年设立了国家文具公用局采购政府部门办公用品，英国当时设立专司政府采购机构是为了满足政府日常管理职能需要，提高政府资金使用效率，因此，它考虑的是商品的价值因素和质量因素，以最低廉的价格获得质量最佳的产品，满足使用者的需要。总体来看，按照其在不同阶段的作用、范围调整和发展情况，可以将英国政府采购分为四个时期，分别为萌芽阶段、迅速成长阶段、范围扩大阶段和现代化阶段。英国的政府采购更注重与小企业合作，促进中小企业技术创新，以此来激励新兴产业创新发展。

2011 年，为了应对政府和公共部门面临的挑战，加强研发投入对未来商业利益的基础性作用的意识，英国技术战略委员会提出《小型企业创新研究计划》。其中，2011 年 1 月 10 日发起的"掀起浪潮：手语沟通系统"行动是此次计划采取的行动之一。该产品主要是帮助残疾或有交流障碍的学习者通过移动设备进行沟通交流。英国政府将此次行动分成概念测试和发展推广两个阶段完成。第一阶段政府采用 11 项评价标准严格审查了三家获得资金支持的企业，第二阶段发展成功入选的两家公司，将产品应用于教育和社会领域，投入极具潜力的市场当中。最终 Gamelab 和 Technabling 两家公司一直致力于改进技术，用以实现能够囊括所有英语的手语语言，对现存高新技术产品的原型进行改进，使其成为普通消费者能够消费的成熟产品。英国政府与小企业合作，以严格的审查标准确保政府采购的质量，同时也扩大了该高新技术产品在市场上的应用和推广。

2. 美国政府采购案例

美国是世界上实行政府采购制度较早的国家之一，政府采购的历史较长，制度也相对完善。美国的政府采购范围划分为货物与服务，而工程则被分解在货物和服务当中。这种分类与我国政府采购划分为货物、工程和服务的做法有所不同。在长期的政府采购实践中，美国积累了大量经验，并形成了自己的特色，即法规化的采购制度、完善化的采购信息系统、多样化的采购方法、绿色化的采购行为和政策化的采购目标。借鉴美国政府采购的实践经验，将有利于优化我国政府采购行为，促进政府采购多元化目标的实施。

首先，美国政府采购的政策高度统一。《联邦财产及管理法案》和《联邦政府采购条例》是政府采购法规体系的核心，统一规范了政府各机构的采购政策、标准、程序和方法，所有政府部门的运行经费必须纳入预算，采购活动均由联邦政府采购政策管理办公室（OFPP）负责，并且该机构不负责有关法律法规的具体执行和监督工作。在美国，没有部门集中采购和分散采购之分，政府采购就是集中采购，部门自行采购需经授权。以美国半导体和计算机工业发展的早期为例，其产品主要是由国防部和国家航空航天局出面采购。1960 年集成电路产品刚刚问世，所有集成电路产品都是由联邦政府购买。随着产品逐渐走向成熟，政府购买量才逐步递减。政府的有力支持促进了这一新生产业的发展，激励了高新技术成果的转化，促进了高新技术的产业化，西部硅谷地区和东部 128 公路沿线高新技术产业群的快速发展就是典型的例证。

其次，美国通过政府采购积极支持本国的科技创新，带动国内品牌发展。通过政府采购，美国扶持了 IBM、惠普、得克萨斯仪器公司等一批国际 IT 业巨头。高新技术产品的推广不确定性大、周期长，为鼓励企业不断进行技术研发，为其减小风险，就迫切需要政府以政府采购的方式提供大力支持。在美国长期的政府采购实践中，为扶植本国的民族工业，联邦政府经常提前购买一些处于研发期，但对于国家科技发展十分重要的高新技术产品。

自 20 世纪 90 年代初期起，美国经济的迅速发展很大程度上得利于政府技术采购对新兴科技产业的大力支持。在这之前，美国联邦政府采购实行完全分散的采购模式，产生了许多问题，如重复采购、过度采购和采购效率低下等。在这之后，确立了联邦政府集中采购的管理体制，联邦政府还要求各州政府的采购法规要符合联邦法规的框架，从而在全国范围内推动了集中采购的实施。美国国民需求和民间承包机构日益壮大，合同模式也逐步走向规范。1994 年颁布了《联邦采购合理化法案》等，采购合同和程序更加高度规范化。例如，1960 年集成电路产品问世时，联邦政府购买了全部的集成电路产品，这一行为极大地支持了集成电路产品的再生产；美国 IBM 之所以下定了开发 IBM650 计算机的决心，是因为政府提出计划采购 50 台（预计全部销售量 250 台）产品；在克林顿政府的"全面经济计划"中，为发展刚起步的科技创新市场，仅计算机相关新产品的政府购买支出就达到 90 亿美元。有数据表明，在 1958～1997 年，美国政府支持高科技小企业的项目多达 28 个。利用政府采购政策鼓励小企业进行科技创新，对地区经济发展、解决失业问题都起到了重要的作用[18, 19]。

2.3.2 战略性新兴产业政府补贴的相关案例

《论 WTO〈SCM 协定〉下补贴的认定》中指出，政府一般通过三种政策性工具影响宏观经济：一是为某些领域的生产提供转移支付；二是对收入、商品或服务征税，一方面减少私人收入，另一方面增加公共支出的来源；三是管制或控制措施，用以指引从事或减少某些经济活动。依据《SCM 协定》有关补贴的定义，上述前两种政策工具均有可能成为补贴，只是第一种涉及政府积极的财政资助行为，第二种涉及政府消极的行为，即政府对特定企业或产业采取减免税收的情形下才构成补贴。政府补贴通常意义上来讲是指政府向企业提供的财政捐助或价格及收入的支持，以直接或间接的方式从其领土输出某种产品，或者减少向领土输入某种产品。政府补贴可以通过直接的创新资源补充机制影响企业创新行为，它能够补充企业自身所缺乏的创新资源，从而降低企业自身创新努力的不确定性。

同时，政府补贴也是一种信号，传递政府认可该企业的信号，进而帮助企业获得更多有利资源[20]。

从宏观意义的角度而言，通常情况下，政府补贴的模式主要包含税收优惠、财政补贴以及要素支持三种模式。其中，税收优惠模式有很多，如优惠企业所得税、减免个人所得税、企业营业税以及房地产税等多种形式。对高新技术和新能源产业实行税收优惠有利于提高资源效率，提升技术创新的能力，同时能扩大企业技术研发和再创新的规模。财政补贴模式中，价格补贴是重要表现形式。就价格补贴的对象而言，对生产者进行价格补贴能促进企业降低生产成本，提高收益，扩大企业的生产规模从而实现规模效益，实现良性循环；对消费者的补贴可以扩大消费者的需求空间，尤其对价格偏高的新能源产品而言，价格补助能有效地扩大消费者的购买规模，提高新能源产品的市场占有率。要素支持模式指的是政府机构对企业进行生产所需要的土地、技术、资金、设备等生产要素所提供的政策扶持，特别是新兴技术产业。对生产要素的支持，有助于解决新能源产业在发展过程中基础要素的瓶颈问题，提升技术创新程度[21]。

1. 光伏产业政府补贴案例

1）光伏产业的发展现状

（1）市场表现。

随着全球能源形势趋紧，太阳能光伏发电作为一种可持续的传统能源替代方式，近年得到迅速发展，并首先在德国和日本等国家得到大面积的推广和应用。光伏产业是战略性新兴产业，发展光伏产业对调整能源结构、推进能源生产和消费方式变革、促进生态文明建设具有重要意义。从全球来看，2011 年全球光伏电池产能已达到 33GW①，实际产能达到 63GW，产能过剩率近 50%；从国内情况来看，2011 年我国光伏电池产能已达到 35GW，可以满足全球光伏电池的安装需要。从目前经济发展状况分析，全球光伏发电市场在接下来的几年会有所增长，但需求增速不会太快，产能仍将严重过剩。特别是欧洲作为全球主要的光伏发电市场，近两年可能会有较大回落[13]。目前，光伏发电中的太阳能电池仍然是以晶体硅太阳能电池为主，其市场份额占整个太阳能光伏发电市场的 90%，大面积商品化的太阳能电池转换效率可达到 18%～19%。中国作为目前世界上经济发展最迅速的经济体之一，已形成较为完整的光伏制造产业体系，目前中国光伏产能已处于世界领先，产业链也比较完善。全球多晶硅产量 20 万吨，我国产量接近 9 万吨。但"十二五"以来，受多晶硅价格暴跌的影响，中国多晶硅行业也开始走向理性，同时，政府积极整顿行业秩序。

---

① 数据来源：2015 年全球光伏行业年度分析报告

（2）产业特点。

太阳能是一种自然资源，将太阳能进行采集、转换，使其变为可控电能的系统，这项技术由美国贝尔实验室于 20 世纪 50 年代初研究成功，最初仅用于航天等高科技领域。20 世纪 70 年代爆发的全球性能源危机，促使该技术向民用方面迅速推广。经过三十多年的不断改进与发展，目前已经形成一套完整而成熟的技术，随着全球可持续发展战略的实施，该技术得到了许多国家政府的大力支持，目前在美国、欧洲、日本等发达国家和地区已经实现了普及应用，在我国沿海经济发达地区也有了较广泛的应用。我国是一个太阳能资源较为丰富的国家，国家计划委员会（现国家发展和改革委员会）、原国家经济贸易委员会、科学技术部、住房和城乡建设部等部委曾多次发文，要求各地大力推广、使用包括太阳能光伏发电在内的多种可再生能源。然而时至今日，人们对太阳能应用的认识还停留在"热水器"阶段，太阳能光伏发电也只在少数沿海发达省份得以应用，内陆太阳能资源虽然充足，但目前仍未得到有效利用。

太阳能光伏发电是新能源的重要组成部分，被认为是当前世界上最有发展前景的新能源技术之一。近几年光伏发电快速发展，光伏市场开始由边远农村和特殊应用向并网发电和与建筑结合供电发展，光伏发电已由补充能源向替代能源过渡。预测到 21 世纪中叶太阳能光伏发电将占世界总发电量的 10%～20%，成为人类的基础能源之一。光伏发电过程是利用太阳能将光子转化为电子的一个纯物理过程，转化过程不排放任何有害物质。光伏供电系统工作原理就是在太阳光的照射下将太阳电池组件产生的电能通过控制器的控制给蓄电池充电，或者在满足负载需求的情况下直接介入负载给负载供电；如果光照不足或者在夜间则由蓄电池在控制器的控制下给直流负载供电，对于含有交流负载的光伏系统而言，还需要增加逆变器将直流电转化为交流电。光伏系统的应用具有多种形式，但是其基本原理大同小异。对于其他类型的光伏系统只是在控制机理和系统部件上根据实际的需要有所不同[22]。

综合来看，光伏产业的主要特点如下：第一，储量充足。世界上潜在水能资源有 4.6TW①（$1TW=10^{12}W$）经济可开采资源却只有 0.9TW；风能实际可开发资源达 2～4TW；生物质能 3TW；海洋能不到 2TW；地热能大约 12TW；太阳能潜在资源 120 000TW，实际可开采资源高达 600TW。第二，安全清洁。太阳能不会造成环境污染，是理想的绿色能源。运行可靠、使用安全；发电规律性强、可预测（调度比风力发电容易）；无燃料消耗、零排放、无噪声、无污染、能量回收期短（0.8～3.0 年）。第三，适用范围广。采集太阳能对地点的地理位置要求不高；相对而言，水电站或风电站对地理位置要求则比较高；生产资料丰富（地壳中硅元素含量位列第二）、建设地域广（荒漠、建筑物等）、规模大小皆宜。

---

① 数据来源：美国能源部报告（2005 年 4 月）

（3）技术水平。

利用太阳能发电的众多国家和地区中，比较发达的是欧洲、美国和日本。自1969年世界上第一座太阳能发电站在法国建成，太阳能发电的比例在欧美国家和地区中逐渐提高，太阳能光伏技术也得到了不断发展。其中，欧盟是世界上光伏发电量最大的地区。在2008年，这个区域占全球光伏发电量的80%。而德国和西班牙的光伏发电总量约占欧盟的84%，是名副其实的光伏发电强国。这些成就要归功于欧盟近20年来持续推动光伏产业发展。欧盟预计在2020年，太阳能光伏发电占欧盟总发电量的12%。日本也是太阳能发电的强国，而且使用范围非常广，一般家庭都可以使用太阳能光伏装置发电。他们的做法是通过政府补贴，鼓励家庭购买家用的光伏发电装置。每个家庭通过光伏发电装置产生的剩余电量可以卖给政府或电力公司。这使日本的光伏发电量不断提高，也使日本的能源利用率大幅提升。美国虽然在光伏发电技术上起步较早，但由于以往美国政府对光伏发电并不重视，以致美国的光伏发电的发电量和技术革新不如欧盟和日本。但随着美国奥巴马政府出台一系列鼓励发展新能源的政策，美国在光伏发电产业上大有后来居上的势头。现在，美国的不少州出台了《可再生能源配额标准》。以加利福尼亚州为例，凡在住宅、商业建筑或公用建筑屋顶上安装太阳能设备的家庭或企业，都可获得州政府的多项补助，其中包括享受30%的减税优惠，减少30%的安装成本等[23]。

中国作为目前世界上经济发展最迅速的经济体，在光伏发电领域的技术和应用只是处于世界的下游水平。其中的主要原因是国内还没有掌握电池所需要的多晶硅提纯技术，该技术被国外的大企业所垄断，因而国内生产太阳能光伏电池的成本很高。光伏产业主要有两大技术路线：晶硅电池和薄膜电池。晶硅太阳能电池是目前发展最成熟、商业化程度最高的产品，市场占有率达90%以上①；薄膜电池的技术还在初期发展阶段。在国际光伏发电市场的带动下，我国光伏电池制造产业快速发展，已经形成了从硅材料、器件、生产设备到应用系统等较为完整的产业链。光伏电池转换效率不断提高，制造能力迅速扩大。无论是装备制造还是配套的辅料制造，国产化进程都在加速。但是，目前我国光伏企业的自主研发实力普遍不强，主要的半导体原材料和设备均靠进口，技术瓶颈已严重制约我国光伏产业的发展。在整个光伏产业链中，封装环节技术和资金门槛最低，致使我国短时间内涌现出170多家封装企业，总封装能力不少于200万千瓦。但由于原材料价格暴涨、封装产能过剩，这些企业基本上没有多少利润，产品质量也参差不齐。

在世界范围内，太阳能电池产品正由第一代向第二代过渡，第二代产品的薄

---

① 陈斯琴. 中国光伏产业国际竞争力比较研究. 对外经济贸易大学. 2016

膜太阳能电池的硅材料用量少得多，其成本已低于晶体硅太阳能电池。在专家看来，薄膜太阳能电池今后将和晶体硅太阳能电池展开激烈竞争。中国科学院电工研究所研究员、中国可再生能源学会副理事长孔力认为，我国在晶体硅太阳能电池的后续研发，以及薄膜太阳能电池的研发等方面与国外存在较大差距，至少落后 10 年。世界光伏技术不断突破，产业成本不断下降。《中国光伏发展报告 2007》称，随着技术的不断进步和产业规模的不断扩大，光伏发电的成本有望在 2030年以后与常规电力相竞争，成为主流能源利用形式。

（4）产业链发展。

我国的光伏产业链如图 2.10 所示。光伏产业链包括上、中、下游。上游：硅矿中硅料的采集，高纯硅多晶硅片、硅棒、硅锭的生产；中游：光伏电池和组件的制作；下游：光伏发电系统的集成与运营。在产业链中，从多晶硅到电池组件，生产的技术门槛越来越低，公司数量也就越来越多。因此，整个光伏产业链的利润主要集中在上游的多晶硅生产环节，下游盈利能力较弱。

图 2.10　光伏产业链

资料来源：百度百科（光伏产业链）. http://image.baidu.com/search/index?tn=baiduimage&ct=201326592&lm=-1&cl=
2&ie=gb18030&word=%B9%E2%B7%FC%B2%FA%D2%B5%C1%B4&fr=ala&ala=1&alatpl=
adress&pos=0&hs=2&xthttps=000000

目前，中国（不含港澳台）多晶硅生产获取的利润在最终电池组件产品利润总额中的比例最高，约达到 52%；电池组件生产的利润占比约为 18%；而电池片和硅片生产的利润占比分别约为 17% 和 13%。自 2008 年以来，多晶硅价格开始出现较大幅度的回落，2008 年国内多晶硅现货价格由 2007 年的 500 美元/千克回落至 100～150 美元/千克。多晶硅产能扩张速度过快，而需求增长相对缓慢是导致价格下跌的主要因素。

多晶硅价格下跌将增厚电池片生产商的利润，不过，纯硅片业务也存在很大风险。不论是上游的多晶硅供应商，还是下游的电池片制造商，制造硅片都不存在技术性难题。当上下游同时进军硅片业务时，硅片业务这一链条的利润将受到大幅挤压。光伏产业最初在我国发展的特点可以概括为"三头在外"，即上游硅片、硅料靠进口，下游组件靠出口，关键的技术和设备也靠国外。随着近几年国内光伏行业的快速发展，光伏产业链逐渐向两头延伸，现在我国已经形成了完整的光伏产业链。目前，行业已到国内光伏企业引领全球技术进步的阶段：由于光伏行业的核心是将太阳能转化为电能，所以如果要提高效率、降低成本，进而达到完全平价上网，就必须要在光伏电池和组件的产业链上实现技术革新，以达到提质增效的规模化应用。

2）光伏产业的补贴模式

为鼓励和扶持光伏产业的发展，中国政府相继出台了一系列文件。这些文件包括：2007 年 9 月，国家发展和改革委员会发布《可再生能源中长期发展"十一五"规划》；2009 年 3 月，财政部、住房和城乡建设部联合发布《关于加快推进太阳能光电建筑应用的实施意见》；2009 年 7 月，财政部、科技部和国家能源局联合发布《关于实施金太阳示范工程的通知》；2012 年 2 月，国家工业和信息化部正式下发《太阳能光伏产业"十二五"发展规划》；2012 年 9 月，国家能源局发布《关于申报分布式光伏发电规模化应用示范区的通知》；2013 年 8 月，国家发展和改革委员会发布《关于发挥价格杠杆作用促进光伏产业健康发展的通知》等。同时，各地方政府，依据中央部门的政策精神，出台了关于光伏产业的地方性政策文件。这些政策文件规定了项目初始投资补贴、税费贷款优惠、项目用地安排等各方面政策，对光伏产业发展起到了重要的推动和保障作用。

在国务院及其相关部门纷纷出台政策，大力推进全国光伏发电市场发展的背景下，截至 2015 年年底，我国已有至少 12 个省级、27 个地级和 26 个县级政府出台地方光伏发电补贴政策。同时，对于消费者，政府也给予了企业和个人相应的补助。总之，依据索比光伏网对光伏产业补贴政策数据统计，虽然各地根据自身能源优势、发展目标等出台了各自的扶持政策，但各地以及行业的补贴内容和标准都不尽相同[①]。

然而，多种补贴方式并存让光伏产业获得巨大发展动力的同时，也导致了与补贴初衷背道而驰的结果。由于各地方政府补贴方式不尽相同，企业又有国家政策的支持，同一个项目有时候可以通过不同的补贴来源获得三份补贴资金。因此，混乱且缺乏监管的政府补贴模式导致了我国不尽如人意的补贴效果。

3）光伏产业的补贴效果

自 2004 年无锡尚德太阳能电力有限公司制造了太阳能的财富神话，光伏产业就被认为是中国在新能源领域不可多得的有国际竞争力的产业，并且光伏产业的发展有利于发展低碳经济，所以，政府进行了大力支持，如 2009 年的"太阳能屋顶计划"和"金太阳示范工程"。2004～2011 年，中国光伏装机容量增长迅猛，

---

① 阳光工匠光伏网. 全国太阳能光伏发电补贴扶持政策汇总. https://www.solarbe.com/topnews/201406/10/1386.html

2009～2011 年增长率均在 100%以上（图 2.13）。尤其是 2011 年，国家颁布的上网电价补贴措施，有效地刺激了光伏应用市场的发展，2011 年中国新增光伏装机容量呈现爆发式增长。

　　截至 2015 年年底，我国太阳能光伏发电累计并网容量达到 4158 万千瓦，同比增长 67.3%，约占全球的 1/5，超过德国成为世界光伏第一大国（截至 2015 年年底，德国光伏发电装机容量为 3960 万千瓦）。"十二五"期间，太阳能发电装机容量年均增长 177%[24]（图 2.14）。

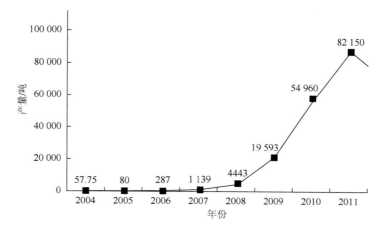

图 2.13　2004～2011 年中国新增光伏装机容量及其增长率

资料来源：2019—2014 年中国光伏发电产业市场前瞻与投资战略规划分析报告. 前瞻产业研究. 2018.

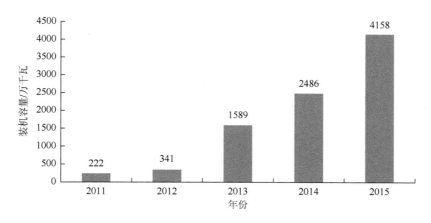

图 2.14　2011～2015 年我国太阳能光伏发电逐年装机容量

资料来源：2019—2014 年中国光伏发电产业市场前瞻与投资战略规划分析报告. 前瞻产业研究. 2018.

　　宏观看来，虽然我国光伏产品产量大、增速快，但近年来我国光伏产业遭到大量持续的反补贴调查,光伏产业不断面临危机。例如,2007~2011 年的贸易额分别同比增长 11.91%、0.54%、2.13%、1.23%、0.17%,但在 2012~2013 年,光伏产品贸易额分别为−0.35%和−0.47%的负增长,同时,光伏产品价格暴跌、工厂数量骤减等。这种发展历程与政府的过分干预密切相关,过度的政府干预导致公司不追求掌握核心技术,只追求产量以争取补贴,产品附加值过低,进而过分依赖政府补贴政策。因此,我们有必要从我国政府补贴的效应入手,分析这些负面效果产生的原因,并提出合理的解决措施,促进我国光伏产业健康发展。

4)典型企业案例

由于行业数据中变量过多,代表行业中企业绩效的平均值不能确切地体现政府补贴政策的真实影响效果,我们以具有典型光伏产业运作模式的浙江向日葵光能科技股份有限公司(以下简称"向日葵公司")为例。向日葵公司创立于 2005 年,自成立以来专注于太阳能电池片及组件的研发和生产,公司创始人抓住了欧洲国家新能源市场巨大需求的机会,最先积累了光伏产业生产管理等方面的实战经验。但是从该公司主营业务收入来看,公司除了 2010 年净利润达到了 25 亿元左右之外,公司的盈利自 2011 年起持续低迷,特别是 2012 年净利润亏损达 36 亿元,成为当时行业内的亏损之王,是一家极具代表性的企业,因此通过分析其在政府政策下企业运营情况的变动,可以帮助我们找出负面效应产生的具体原因。

首先,表 2.10 列出了向日葵公司 2010~2014 年国内和国外的主营业务收入状况。从图 2.15 可以看出,向日葵公司的主营业务收入在 2010 年达到了最高峰,为 23 亿元,净利润达到 25 亿元。最初向日葵公司主要的市场是德国、西班牙、意大利等对太阳能发电支持力度较大的国家和地区。后来随着一些新兴市场如中国、美国、加拿大等相继推出一系列鼓励政策,公司向这些新兴市场拓展。从表 2.10 的最后一列可以看出这一变化,公司国外市场收入占其主营业务收入的比例在 2011 年之前缓慢增长,2011 年达到了高峰,占比为 99.64%。2013 年、2014 年持续下降,直到 30.56%。这说明公司的市场逐渐在向国内转移。

表 2.10　向日葵公司 2010~2014 年主营业务收入　　　（单位：元）

年份	来自国内的主营收入	来自国外的主营收入	收入合计	国外占比
2010	130 245 122.70	2 187 877 104.25	2 318 122 226.95	94.38%
2011	6 966 098.57	1 925 134 322.97	1 932 100 421.54	99.64%
2012	73 083 298.29	1 118 172 591.72	1 191 255 890.01	93.87%
2013	493 100 724.74	579 729 026.63	1 072 829 751.37	54.04%
2014	1 100 943 969.31	484 621 004.68	1 585 564 973.99	30.56%

注：财经数据来源于 Wind 数据库中向日葵公司财务年报

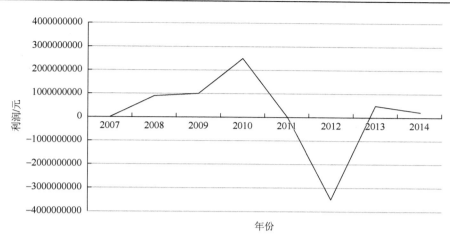

图 2.15　向日葵公司 2007～2014 年利润变化

资料来源：Wind 数据库中向日葵公司财务年报

　　与表 2.10 和图 2.15 相对应的是向日葵公司 2007～2014 年获得的补贴情况（图 2.16）。向日葵公司八年来每年的补贴有些差异，对比图 2.15 和图 2.16 可知，2011 年的补贴是净利润的 2.03 倍，但公司的利润却以深 V 形的趋势上下波动。由图 2.15 和图 2.16 可以看出，政府补贴的变化趋势和向日葵公司净利润水平呈现相反的方向，说明政府补贴在一定程度上支撑着企业的发展。

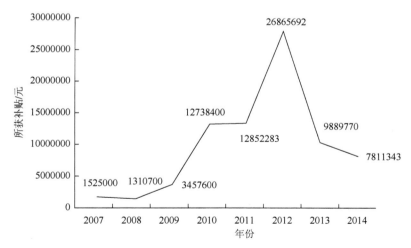

图 2.16　向日葵公司 2007～2014 年获得的补贴情况

资料来源：Wind 数据库中向日葵公司财务年报

　　由上述现象可知，政府补贴的出现增加了向日葵公司的依赖性，2006 年以来政府逐渐加大光伏产业补贴力度，向日葵公司的利润却与补贴额反向变化。具体原因如下：首先，政府的强补贴政策吸引企业扩大规模以获取更多优惠，这样的企业把大量资金投入规模的扩张，而不是技术研发上，长此以往企业生产的产品并没有自己的核心竞争力，而是以出口低附加值产品获得更大市场为目标。由于该企业对政府补贴的依赖性极大及研发技术缺失，大量的补贴导致的高产量只会造成产能过剩的结局。

同时，如表 2.11 所示，2010～2014 年的向日葵公司获得的政府补贴大多是与生产、原料、低价劳动力等以低廉价格的比较优势参与国际贸易的补贴，这三种类型补贴占该企业获得的总补贴份额的一半以上，在 2010 年甚至达到了 90%。政府的补贴在一定程度上帮助光伏企业降低了产品价格，提升了国际竞争力，但由于欧美宏观经济市场较为低迷，在对外贸易环境严峻的情势下，如此的补贴政策更会提高被反补贴调查的概率。

表 2.11　向日葵公司获得的政府补贴类型

年份	总补贴数	与生产相关补贴数	与税收优惠相关补贴数	与促进出口相关补贴数	三种补贴占比
2010	20	15	0	3	90%
2011	8	2	1	3	75%
2012	15	6	2	3	73%
2013	11	6	0	2	73%
2014	9	4	0	1	56%

注：数据根据 Wind 数据库中向日葵公司（300111）财务年报整理得到

综上所述，2011 年以后向日葵公司逐渐将大量的国外业务转移向国内，在此之前，该公司的主营业务集中在欧洲，是一个典型的对外依赖型企业，核心零件来自国外进口，同时光伏产业的迅速膨胀导致生产出的大量产品只得出口国外，所以当国外市场发生变动时，国内的企业就要受到威胁。同时，行业迅速膨胀，以低价路线打开国外市场，必然遭受反补贴调查。NPD Solar buzz 最新出版的 Market buzz 报告显示，2012 年全球太阳能光伏的需求为 29GW，相比于 2011 年的 27.7GW 仅增长了不足 5%，同时，我国政府补贴持续增长。向日葵公司自 2010～2012 年获得的补贴不减反增，在光伏需求出现明显下滑的情况下，我国政府补贴仍以 109%的增幅大规模增加。这样与全球需求走势相反的补贴政策导致过剩产能、光伏产品的价格信号失灵，进而增大了企业被进口国进行反补贴调查的概率。

5）光伏产业政府补贴的思考

值得我们思考的是，美国和欧洲对本国（地区）的光伏产业也进行了政府补贴，为何没有出现同样的负面效应？为何中国的光伏产业政府补贴政策导致了不断增高的反补贴调查概率？对比我国与欧美的政府补贴政策可知，补贴方式的不规范是主要原因。美国和欧盟对本国（地区）的补贴着重于研发补贴和终端补贴，因而国内技术飞速进步，专利增多。而我国政府补贴政策种类繁多，加之各地方政府补贴方式五花八门，一个项目有时可以拿到三个不同资金来源的补贴，巨大补贴的诱惑导致大多数企业的光伏产品缺乏真正的技术竞争力。仍以向日葵公司为例，该公司支付给高技能尖端人才的薪酬和补贴费用在 2011 年增加了两倍，随后保持这一高费用，但公司的专利数量没有增加许多，技术也没有较大进步，可见相比欧美的补贴，我国补贴并没有使用在提升竞争力的方向。

　　向日葵公司的发展历程演示了我国光伏产业发展的轨迹，也揭示了政府通过补贴政策干预光伏企业的现状与结果。光伏企业业绩对政府的依赖性是企业核心竞争力不强的基础，只拥有大量的低附加值产品根本无法让一个企业在国际市场立足，而补贴方式的不恰当是我国光伏企业遭遇反补贴调查的重要原因。各国政府对光伏产业给予了多种多样的补贴支持，但是各国政府对补贴的合规性存在认知差异。我国政府尤其是地方政府对补贴的众多属性并不了解，这给欧美国家采取反补贴措施提供了正当的理由。

　　合理的补贴应该鼓励正外部性，能够带动光伏产业健康发展。对于迟迟不肯建设的光伏项目要取消其补贴申领资格，对于那些恶劣欺骗国家补贴的项目则应立即冻结其补贴资金并进行处理。政府致力于行业法规和政策的制定，旨在营造公平的投资和经营环境。例如，国家能源局在推进分布式光伏发电应用示范区建设的过程中，针对 30 个分布式光伏发电应用示范区，可以规定不符合标准的企业不得入区，不符合标准的企业不获得政府的税收优惠；同时，对于列入预算中的财政补贴交由第三方机构审核、评价和验收；最后，针对光伏产业内部不同的细分行业，制定不同的普遍性补贴或者普惠性税收减免方式。普遍性补贴就是不具有专项性的补贴。普惠性减税税种包括增值税、所得税和其他税等。光伏产业的补贴应该是普遍性，政府只选定支持的产业，不需要替代市场选定被补贴的企业，也不需要帮助企业设定具体技术路线。2013 年以来我国对分布式光伏发电的补贴政策尽管缓解了光伏企业的暂时困境，但依然有很多问题没有解决，如光伏发电并网的接入费补贴方式、定额补贴的范围、不同领域分布式光伏发电补贴的区别对待、各级地方政府对分布式光伏发电补贴政策的显著差异等。因此，在光伏产业内实施普遍性补贴或者普惠性税收减免是推广分布式光伏发电系统的有效方式[25]。

　　2. 新能源汽车的补贴案例

　　1）新能源汽车业的发展现状

　　我国目前对新能源汽车的探索与投入已经经历了一段时间。从被称作我国"新能源汽车元年"的 2008 年起，国家一直陆续出台相应的政策法规以推进新能源汽车产业的发展，尤其是自"十二五"以来，新能源汽车产业进入发展快车道，即使就目前整个大范围的汽车市场来看，其数量和占比都还比较小，但潜力已经慢慢释放出来。本节将从市场表现、产品结构、技术水平和产业链发展四个方面分析新能源汽车产业的发展现状。

（1）市场表现。

自 2011 年起，我国新能源汽车产销量逐步攀升。2012 年新能源汽车产销量首度突破一万辆；尤其是 2013 年启动了第二轮新能源汽车推广应用，2014 年和 2015 年同比增速均超过 300%。2014 年，我国新能源汽车销售占汽车销售比例突破 1%，标志着新能源汽车进入产业化初期阶段；2015 年，新能源汽车销量突破 33 万辆，占全球新能源汽车销量近 60%的份额，我国已经成为全球最大的新能源汽车市场（图 2.17）。

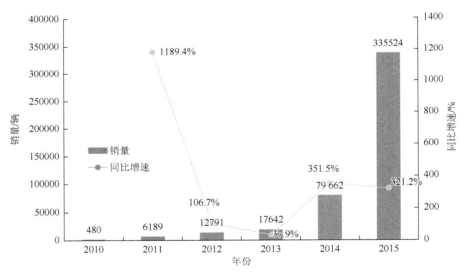

图 2.17 2010～2015 年中国新能源汽车销量及同比增速

资料来源：中国汽车工业协会数据统计资料

从区域市场分布来看，2010～2015 年，新能源汽车的区域覆盖面有明显的扩大趋势，消费者对新能源汽车的接受度大幅提升，销量超过 100 辆的城市从 2011 年的 7 个增加到了 2015 年的 80 个[①]。但总体来看，新能源汽车推广区域仍较为集中，限号、限购等城区（如北京、上海、深圳等）是其主要销售地，2015 年销量超过一万辆的包括北京、上海、深圳等 8 个区域（图 2.18），且这 8 个区域累计销

① 数据来源：中国汽车工业协会数据统计资料

量占全国总销量的 47.1%，政府应继续出台有关政策在全国范围内广泛推广新能源汽车。

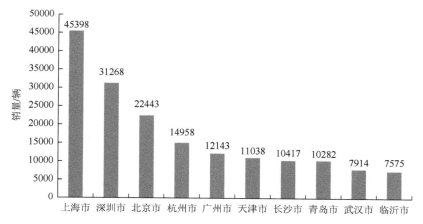

图 2.18　2015 年新能源汽车销量前十名城市分布

资料来源：中国汽车工业协会数据统计资料

（2）产品结构。

区别车型（乘用车与商用车）考察，2011～2015 年中国新能源乘用车累计销售 29.5 万辆，新能源商用车累计销售 15.7 万辆。增长速度上，二者均呈现快速增长态势，尤其是 2014 年和 2015 年，二者同比增速均超过 200%，其中新能源商用车从 2014 年起增长迅猛，2015 年同比增速更是达到 537.5%。从二者所占市场比重来看，乘用车是新能源汽车市场的主力产品；同时，商用车所占比重也有逐年扩大的趋势，到 2015 年其占比已超过乘用车与商用车总量的三分之一（图 2.19）。

从技术路线分布来看，"十二五"之初，我国以纯电动汽车（battery electric vehicles，BEV）为发展的主要着力点，插电式混合动力汽车（plug in hybrid electric vehicles，PHEV）则占比较小，仅为 10%左右。随着技术研发的突破，PHEV 快速发展，新能源汽车产品结构优化完善，2014 年 PHEV 同比增速达到 882.0%，占比超过三分之一，表明市场对 PHEV 的需求不断扩大（图 2.20）。

（3）技术水平。

经过十多年研发和示范运行，尤其是"十二五"期间的大力推进，我国新能源汽车产品、技术自主化水平不断提高，在电池、电机、电子控制和系统集成等关键技术方面取得重大进展，整车动力性不断提升，动力电池能量密度、驱动电机效率等关键技术进步迅速。同时，仍有一些技术指标与国际先进水平相比相对落后，有待进一步发展。在整车技术方面，主要整车企业通过合作研发或自主开

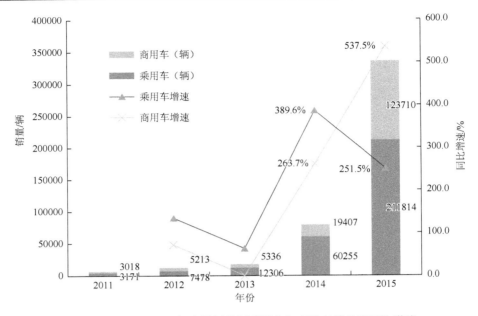

图 2.19　2011～2015 年中国新能源乘用车和商用车销量及同比增速

资料来源：中国汽车工业协会数据统计资料

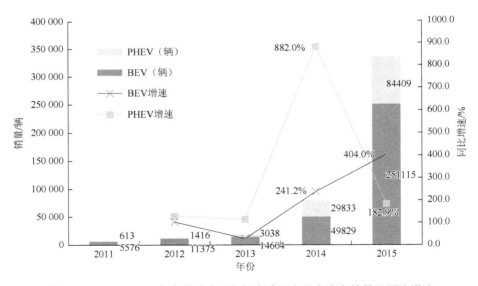

图 2.20　2011～2015 年中国纯电动和插电式混合动力汽车销量及同比增速

资料来源：中国汽车工业协会数据统计资料

发的方式，已经基本掌握整车控制、动力系统匹配与集成设计等关键技术，开发出多个新能源整车产品平台。整车产品技术水平不断升级，续驶里程、最高车速等性能持续提升，整车可靠性、安全性也不断提高。另外，电动汽车充换电设施技术方面，建立了电动汽车充换电设施仿真平台，研发了基于交流和直流能源供给模式的多种变换容量的充换电设备接口技术、充换电过程控制技术、电能计量技术、安全可靠性技术，开发了无线充电系统样机，开始在整车上进行示范。

　　值得关注的是，动力电池技术水平显著提升。我国"十二五"期间在加大磷酸铁锂电池研发与产业化的同时，加强了三元材料等高性能动力电池的研发与产业化，到"十二五"末，动力电池单体能量密度达到 180 瓦时/千克，成本下降至 1.5 元/瓦时，三元材料动力电池已经成为纯电动乘用车的主要电池类型，配套占比接近 50%。到"十二五"末，我国动力锂电池技术有了大幅提升，正负极材料技术及产业水平已进入世界前列，部分企业已经作为国际主流供应商给国内及国际上主要电池企业进行供货；大规模生产技术趋向全自动化、绿色化；性能集成技术趋向智能化、模块化。但中国在先进电池材料与机理等基础研究方面，以及电池一致性和良品率等方面与国际领先水平相比还存在差距。

　　在电机驱动技术方面，驱动电机基础技术达到国际水平。到 2015 年年底，我国新能源汽车在车用驱动电机的共性基础技术上取得了一系列突破，如导磁硅钢、稀土永磁材料、绝缘材料、位置传感器等材料和器件，并在车用驱动电机产品中得到了良好应用。我国电机产品性能与国际水平差距进一步缩小，水平基本相当，典型 A0 级纯电动轿车电机峰值功率达到 80~90 千瓦，峰值转矩达到 260~280 牛·米。但我国电力电子集成控制器水平与国际先进电驱动系统技术水平仍存在较大差距。

　　（4）产业链发展。

　　"十二五"期间，我国新能源汽车的快速增长带动了相关上下游产业的发展，包括车用动力电池、正负极材料、电机、充电设施等在内的产业链体系已经初步建立。随着新能源汽车销量的迅速增长，国内主要动力电池企业均快速布局车用动力电池产业，大力扩充车用动力电池产能，"十二五"末我国主要动力电池企业产能已达到 330 亿瓦时。2015 年，为我国新能源汽车提供配套的动力电池供应商超过 140 家，总配套量达到 156 亿瓦时。我国电池材料产业具有良好基础，"十二五"期间，锂电池正极材料行业不断发展壮大，2014 年市场规模已达 95 亿元，较2010 年增长了 66.7%[①]。

　　2015 年为我国新能源汽车提供配套的驱动电机供应商超过 154 家，总配套量近 40 万套。我国新能源汽车采用的驱动电机和控制器国产化程度较高，技术水平

---

① 数据整理自国家信息中心

接近国际水平，在共性基础技术上已经取得一系列突破。充电设施建设步伐不断加快，充电应用环境有所改善。截至 2015 年年底，共建成充换电站 3600 座，公共充电桩约 4.9 万个（图 2.21），私人充电桩 5 万个左右，车桩比总体达到 4∶1，充电应用环境较之前得到一定改善，但总体来看依旧不足，政府应继续出台有关政策加快充电基础设施配套步伐。

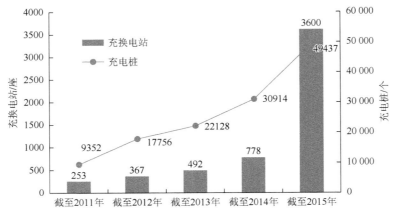

图 2.21　2010～2015 年公共充电基础设施累计建设情况

资料来源：中国汽车工程研究院

2）新能源汽车的补贴模式

新能源汽车政府补贴政策的施行，有助于培育新能源汽车产业、促进技术进步和扩大市场供给和需求。新能源汽车市场一般可以分为生产者和消费者两个部分，生产者包括整车企业、供应商（零配件和关键技术等），新能源汽车的配套设施（如充电站）基建商也应该纳入供应商的范围。补贴具体分配给谁，对于各行为主体和市场的影响效果是不同的。我们将从消费者补贴和生产者补贴两个方面，对新能源汽车政府补贴的实施效果进行分析。

首先对补贴政策支持新能源汽车发展的机理进行分析（图 2.22）。在完全竞争市场模式下，通过市场机制的调节作用，社会资源配置可以达到帕累托最优状态，即处于最高点 B 点。但是，在新能源汽车产业中，由于新能源汽车技术研发溢出、排他成本高、外部性、传统汽车行业规模经济、基础设施建设主体缺位、基础设施供应不足和高风险性等因素的制约，新能源汽车市场极有可能处于失灵状态，无法进行社会资源的优化配置。实际的新能源汽车数量会发生偏移，落在左侧的 A 点，与社会所要求的新能源汽车数量 B 点不一致。此时，政府应该通过补贴政策的调节，促使新能源汽车数量从 A 点向最高点移动，趋近于社会所要求的资源配置状态，即政府实施新能源汽车补贴政策的理论依据。

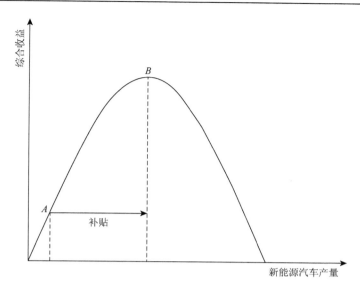

图 2.22　补贴政策促进新能源汽车发展分析

（1）消费者补贴视角。

近年来，面对新能源汽车高昂的制造成本以及市场需求之间的多重矛盾，国家和地方政府相继出台了相关补贴政策，特别是对消费者的补贴政策，建立了新能源汽车财税政策，对私人购买新能源汽车进行不同程度的补贴。例如，2010 年我国出台了《私人购买新能源汽车试点财政补助资金管理暂行办法》，对私人购买新能源汽车给予一次性补助，地方政府与中央补贴相叠加，私人购买新能源汽车可获得的最高补贴额度达到 12 万元/辆。

从 2010 年 5 月 31 日起，我国政府开始对私人消费者购买新能源乘用车实行财政补贴政策，具体补贴内容可以根据时间分为三个阶段，如表 2.12 所示。从总体趋势来看，随着产业发展开始步入正轨，政府补贴力度有逐渐退坡趋势，补贴范围也从试点城市逐步扩大到全国范围。

表 2.12　对消费者购买新能源用车的补贴阶段

阶段	时间	财政补贴政策
第一阶段	2010～2012 年	国家对消费者购买排量在 1.6L 以下的节能环保型乘用车和新能源汽车统一按 3000 元/千瓦时进行补助，最高补助 6 万元/辆，具体金额按每辆汽车的动力电池组所载能量确定，补贴资金由省级财政部门拨发给 25 个试点城市
第二阶段	2013～2015 年	国家为了促进京津冀等雾霾比较严重的城市进行新能源汽车消费，分别对不同种类的新能源汽车发放了购买补助，并规定，乘用车根据动力电池工作的行驶里程补贴、纯电动公交客车根据车长补贴、纯电动专用车根据电池容量补贴、燃料电池汽车定额补贴。补贴资金统一发放给生产商，每个季度预拨一次，年终结算

阶段	时间	财政补贴政策
第三阶段	2016~2020 年	在新能源汽车产销情况取得较大进展的基础上，国家为了继续稳定市场，不再限定试点城市，实施了递减的补贴政策，其中，纯电动乘用车根据蓄电池的续驶里程补贴、纯电动专用车根据电池容量补贴、纯电动公交客车根据能量消耗量补贴，超级电容汽车和燃料电池汽车等车辆定额补贴。资金统一发放给生产商，每个季度预拨一次，年终结算

注：资料来源于 2012 年 6 月国务院印发的《节能与新能源汽车产业发展规划（2012~2020 年）》

除了中央财政补贴，各个地方政府根据本地的实际情况对新能源汽车追加了不同比例的补贴。通过整理文献可知，补贴消费者一般采用退款的方式，可以扩大消费需求，而不会直接影响市场价格，是目前我国补贴政策采取的主要方式。对消费者进行补贴，直接影响是可以降低消费者的购买成本和使用成本，此时消费者收入增加，将会带来新能源汽车市场需求的增加，表现为市场需求曲线向右上方移动。

如图 2.23 所示，S、D 分别表示新能源汽车的供给和需求曲线，当政府没有对消费者进行补贴时，市场在供给曲线 S 与需求曲线 D 的交点达到均衡，均衡价格为 P^*，均衡数量为 Q^*。当政府对消费者购买或使用新能源汽车进行补贴后，市场供给曲线向右平移到 D'，需求曲线右移的垂直变动幅度为消费者受补贴后分摊到每辆汽车的补贴额 t'。需求曲线向右平移使得市场均衡产量增加为 Q'，均衡价格增加到 P_a。即政府对消费者使用新能源汽车进行补贴会增加消费者对新能源汽

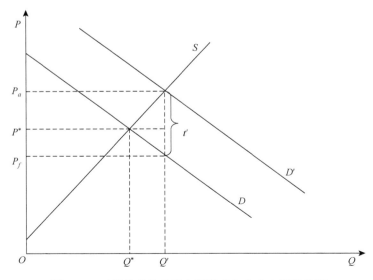

图 2.23　对消费者的补贴在消费者与企业之间的分配

车的需求，从而使市场价格增加，对于生产企业而言，价格和销售量的增加使其福利增加，即生产企业从对消费者的补贴中获得收益。从图中可知，均衡价格的上升幅度（P_a-P^*）小于补贴额 t'。所以，政府对消费者实施补贴，补贴并没有全部被消费者得到，而是通过市场作用在消费者和生产企业之间进行分配。

（2）生产者补贴视角。

Kanagaraj 等[26]指出，新能源汽车的销售价格并非是影响消费者购买决策过程中最为重要的因素，新能源汽车配套设施的完善程度以及产品售后服务等因素才是影响消费者购买的关键要素，因此政府采取给予消费者税收优惠或补贴的措施在实际操作过程中效果并不十分理想。由此，张海斌等[27]认为在新能源汽车市场开拓的过程中，汽车销售企业扮演着重要的角色，其销售努力（如雇佣更多的市场营销人员、增加广告投入和完善产品售后服务体系等）在一定程度上将决定着市场开拓以及产业发展的程度；而企业提升销售努力意味着成本增加，那么销售企业可能仅会选择使自身利润最大的努力水平，而在产品开发和技术研发上有所懈怠，不利于新能源汽车产业的发展，因此，政府可考虑通过对销售企业，即生产者进行补贴来激励其提高努力水平，以增加产品销售量，进而开拓新能源汽车市场。

政府补贴生产者，可以减少出厂成本、降低价格，进而可以扩大消费需求。根据经济学理论，补贴政策对于生产者和消费者的利益影响与产品需求弹性和供给弹性相关联。由于新能源汽车产业发展受关键技术、配套设施和市场需求等因素的制约，在短期内生产者无法迅速扩大生产，此时新能源汽车的供给是缺乏弹性的。因此，生产者是补贴政策的主要受益方。

如图 2.24 所示，S、D 分别表示新能源汽车的供给和需求曲线，当政府没有补贴时，市场在供给曲线 S 与需求曲线 D 的交点达到均衡，均衡价格为 P^*，均衡数量为 Q^*。当政府对新能源汽车生产企业进行补贴后，市场供给曲线向下移动到 S'，其下降幅度为单位产量的补贴额 t。供给曲线下降使得市场均衡数量增加为 Q'，均衡价格下降为 P_c。即政府对新能源汽车生产企业进行补贴会使企业增加新能源汽车的供给，从而使市场价格降低，而对于消费者来说，价格下降使消费者的福利增加，即消费者从对生产企业的补贴中获得收益。在政府实施补贴之后新能源汽车的价格 P_f 等于 P_c+t，而不是 P^*+t。因此，政府对生产者实行补贴后，补贴并没有全部被企业得到，而是经过市场机制的调节将一部分补贴转移给了消费者。

3. 我国政府补贴的具体措施

自我国确定新能源汽车战略以来，有关其产业发展实施了一系列相关政策，用以确保该产业的生长和发展。2010 年 6 月，财政部、科技部、工业和信息化部、国家发展和改革委员会联合发布《关于开展私人购买新能源汽车补贴试点的通

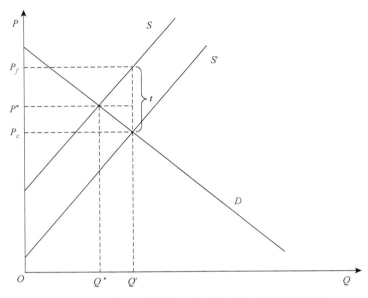

图 2.24　对生产者的补贴在企业与消费者之间的分配

知》，新能源汽车补贴实施细则首次出台。随着新能源汽车发展逐渐迈向正轨，为了从经济角度培育产业需求，提升产业空间，国家不遗余力地给予财政扶持的同时，考虑到市场活力已被激发，政府提高了补贴门槛，补贴政策呈现逐步退坡趋势。2015 年 4 月，财政部、科技部、工业和信息化部、国家发展和改革委员会联合发布《关于 2016—2020 年新能源汽车推广应用财政支持政策的通知》，规定2016～2020 年补贴范围扩大至全国，而且退坡速度加快，2017～2018 年的补贴在2016 年基础上下降 20%，2019～2020 年在 2016 年基础上下降 40%。随后，2016年 12 月，财政部等四部委联合发布《关于调整新能源汽车推广应用财政补贴政策的通知》，在保持 2016～2020 年补贴政策总体稳定的前提下，调整新能源汽车补贴标准。具体补贴标准如表 2.13 所示[①]。

表 2.13　《关于调整新能源汽车推广应用财政补贴政策的通知》的补贴标准　单位：辆/万元

车辆类型	纯电动续驶里程 R（工况法、公里）				地方财政单车补贴上限（万元）
	100≤R＜150	150≤R＜250	R≥250	R≥50	
纯电动乘用车	2	3.6	4.4	—	不超过中央财政单车补贴额的50%
插电式混合动力乘用车（含增程式）	—	—	—	2.4	

注：资料来源于《关于调整新能源汽车推广应用财政补贴政策的通知》

---

① 资料来源：节能与新能源汽车网，http://www.miit.gov.cn/newweb/n1146290/n4388791/c5449767/content.html

在国家政策支持体系框架下，各地方，尤其是示范城市（区域）也积极出台了相关的支持政策（表 2.14），根据本地的实际情况对新能源汽车追加了不同比例的补贴，修改原有补贴政策以适应中央的补贴"退坡"政策，更好地促进新能源汽车在相应城市（区域）的推广应用[①]。

表 2.14　2017 年新能源汽车补贴政策汇总

省区市	政策名称	补贴标准
北京市	《关于调整北京市示范应用新能源小客车相关政策的通知》	按照中央财政单车补助额的 50%确定市级财政补助标准，国家和本市财政补助总额最高不超过车辆销售价格的 60%
山西省	《关于调整新能源汽车补贴政策的通知》	按照国家同期补助资金的 50%给予省级营销补助，取消省级电动汽车推广应用补贴
西安市	《进一步加快新能源汽车推广应用的实施方案的通知》	公共服务区域按 1:0.5、非公共服务区域按 1:0.3 给予地方财政补贴。地方财政补贴（地方各级财政补贴总和）不超过中央财政单车补贴额的 50%。个人购买新能源汽车给予 10 000 元/辆财政补贴，用于自用充电设施安装和充电费用
甘肃省	《调整省级新能源汽车推广应用财政补贴政策》	省级财政按照调整后的中央财政补贴标准的 35%执行，市（州）、县（市、区）财政按照调整后的中央财政补贴的 15%执行，省、市、县补贴比例总和为中央财政补贴的 50%。中央财政和地方财政新能源汽车财政补贴总额不超过购车价款的 50%
江苏省	《关于做好 2017 年新能源汽车推广应用地方财政补助工作的通知》	纯电动乘用车补贴 0.9 万元，插电式混合动力乘用车补贴 0.5 万元，客车最高补贴 5 万元，专用车补贴 1.5 万元。燃料电池乘用车、客车、专用车分别补贴 5 万元、10 万元、7 万元
天津市	《天津市推广应用新能源汽车地方补助管理办法（2017 年）》	天津市推广应用新能源汽车地方补助管理办法（2017 年）第七条新能源乘用车和专用车地方补助标准按照财政部、科技部、工业和信息化部、发展改革委《关于调整新能源汽车推广应用财政补贴政策的通知》（财建〔2016〕958 号）中，国家补助标准的 50%执行；新能源客车地方补助标准按照上述国家补助标准的 25%执行（附件 1）。对每款新能源汽车，国家和地方补助总额不得高于车辆指导价格的 50%
上海市	《上海市鼓励购买和使用新能源汽车暂行办法（2016 年修订）》	2016~2017 年纯电动乘用车按续驶里程 100≤R<150 补贴 1 万元，R≥150 补贴 3 万元。插电式混合动力乘用车（续驶里程 R≥50）补贴 1 万元
宁波市	《2016—2017 年宁波市新能源汽车推广应用资金补助管理办法》	2016 年纯电动乘用车按续驶里程不同分别补助 1 万元、2 万元、3 万元；插电式混合动力（含增程式）乘用车补贴 1 万元。微型车（2 座）按此补贴标准 50%进行补助。2017 年补贴标准在 2016 年基础上下降 20%
芜湖市	《芜湖市新能源汽车推广应用财政补助资金管理办法(2016—2020 年)》	2016 年纯电动乘用车按续驶里程不同补贴 1~2 万元/辆。物流车按照国家补助标准 30%的比例给予市级配套补贴，市级补助最高不超过 1.5 万元/辆。2017~2018 年补助标准在 2016 年基础上下降 20%
青海省	《青海省新能源汽车推广应用购置补贴管理办法》	燃料电池乘用车 10 万元/辆，燃料电池轻型客车、货车 15 万元/辆，燃料电池大中型客车、中重型货车 25 万元/辆

① 资料来源：根据各地方政府网站发布的新能源汽车补贴政策整理

续表

省区市	政策名称	补贴标准
内蒙古自治区	《关于加快新能源汽车推广应用的实施意见》	内蒙古自治区按照国家同期补贴标准1∶0.5的比例给予购置补助
吉林省	《吉林省新能源汽车推广应用补贴资金管理办法》	2016年补贴标准依据国家同期补贴标准50%核定，2017年补贴标准依据国家同期补贴标准25%核定。省内各级财政补贴总和原则上不超过新能源汽车购置价格（扣除国家补贴）与同类传统汽车的差价部分。对按照上述补助标准计算出现的超出部分，相应核减省级补贴金额
湖南省	《湖南省2016—2020年新能源汽车推广应用奖补政策》	新能源乘用车，按照当年中央财政补助标准的10%给予省级财政购置奖补。新能源客车按照当年中央财政补助标准的25%给予省级财政购置奖补

4）典型企业案例

为了研究新能源汽车政府补贴的效果如何以及政府补贴对新能源汽车生产企业会产生何种影响，我们选取郑州宇通客车股份有限公司（简称宇通客车）旗下的新能源汽车为例进行分析。宇通客车于1993成立于郑州东区国际物流园区新能源园区，是一家集客车产品研发、制造与销售为一体的大型现代化制造企业，宇通客车14年蝉联中国大中型客车销售冠军，销量保持世界第一。2016年1月8日，宇通客车凭借"节能与新能源客车关键技术研发及产业化"项目，在国家科学技术奖励大会上荣获国家科学技术进步奖二等奖，成为汽车行业首个因主导新能源项目而获奖的整车企业。

宇通客车在2015年完成客车销售67 018辆，同比增长9.2%；新能源客车合计销售20 446辆，同比增长176.1%。在海外市场，宇通客车2014年实现销量7018辆，同比增长7.3%。2015年宇通客车实现营业收入312.11亿元，同比增长21.31%，企业规模、销售业绩在新能源汽车行业继续位列第一。根据年报的披露信息，不少上市新能源汽车企业的业绩利润都来源于政府补贴。具体到宇通客车的情况，我们收集了该企业的财务报表数据以及宇通客车的官网资料，整理成表2.15～表2.17。

表2.15 宇通客车2015年政府补贴及收入情况

车型类别	政府补贴/万元	收入/万元	补贴占比/%
纯电动	523 450	926 211	56.52
插电式	162 200	471 432	34.41

资料来源：Wind数据库宇通客车财务年报

首先，就宇通客车所获得的财政补贴占其收入的比重进行分析。由表2.15可以看出，宇通客车 2015 年获得的政府补贴占其营业收入的 34%以上，尤其是纯电动细分发展重点，政府补贴占当年利润的 56.52%，说明宇通客车主要依靠政府补贴来发展自身的新能源汽车业务。

表 2.16　宇通客车 2015 年的产销量情况

车型类别	产量			销量		
	2015 年/辆	2014 年/辆	同比增长率/%	2015 年/辆	2014 年/辆	同比增长率/%
纯电动	13 885	1721	706.80	14 067	1880	648.24
插电式	6560	5570	17.77	6501	5615	15.78
普通混合动力	1	114	—	0	14	—
合计	20 446	7405	176.11	20 568	7509	173.91

资料来源：Wind 数据库宇通客车财务年报

由表 2.16 可知，从生产者的角度来看，宇通客车的生产量同比涨幅大幅增加，尤其是纯电动新能源汽车的生产，同比增长高达 706.80%，而插电式汽车的生产同比增长 17.77%；销量的同比增长率分别为 648.24%和 15.78%。说明宇通客车的生产及销售量同比增长较快，受政府补贴的扶持，保持较好的经济增长态势。

表 2.17　宇通客车及同行业典型企业 2016 年利润及政府补贴情况

企业名称	营业收入/亿元	同比增长率/%	净利润/亿元	同比增长率/%	新能源汽车补贴/亿元
宇通客车	358.50	14.86	40.44	14.39	6.81
安凯客车	47.57	18.28	0.51	27.62	5.81
中通客车	92.57	30.13	5.85	46.56	0.45

资料来源：Wind 数据库宇通客车财务年报

根据宇通客车 2016 年年报资料，公司净利润为 40.44 亿元，同比增长 14.39%，并且获得的新能源汽车推广应用补贴高达 6.81 亿元，占净利润的 16.84%（表 2.17）。再看 2015 年的年报可以发现，宇通客车共实现 67 018 辆客车的销量，其中 20 568 辆新能源汽车，占总销量的 30.7%，全年总共获得净利润 35.35 亿元。但是，新能源汽车获得的补贴金额为 68.56 亿元，接近净利润的 2 倍，即如果没有新能源汽车补贴，宇通客车 2015 年的利润应该为 35.35–68.56=–33.21 亿元＜0，说明该企业亏损 33.21 亿元。

综上所述，政府补贴与宇通客车的盈利状况紧密联系，尤其体现在新能源汽车方面，相比 2015 年，宇通客车 2016 年的产量增长了 70%以上，销量增长了 170%以上。相比于同行业其他典型公司的财务数据来看，安凯客车及中通客车获得的新能源汽车政府补贴对其净利润的影响较大，显著提高了企业的经营业绩。由此可知，政府补贴对新能源汽车生产企业的销售规模和盈利情况有着极大的正向影响。

5）新能源汽车政府补贴的思考

由于新能源汽车产业不成熟、消费者使用习惯等原因的制约，新能源汽车难以通过市场机制得以快速推广。现实生活中，消费者对新能源汽车购买意愿并没有转化为实际的购买行为，需要更多强有力的政府刺激政策。与国外相比，我国使用新能源汽车的地区还不够广泛，主要集中在经济发展比较快的城市，原因可能在于相关财税支持政策存在一些问题，主要表现如下：

第一，需要调整补贴内容。目前，我国对新能源汽车的补贴政策主要集中在购买环节，很少考虑后续运营使用，然而，对于当前应用新能源汽车比较广泛的公交车公司和出租车公司来说，购置一批新能源汽车投入日常运营所需付出的成本较高。因此，我国政府应该增加使用环节的财政补贴，以扩大新能源汽车的推广范围。然而，补贴正逐步退出。根据国家财政部、科技部、工业和信息化部、发展和改革委员会联合发布的《关于2016—2020年新能源汽车推广应用财政支持政策的通知》，2017～2018年补助标准在2016年基础上下降20%；2019～2020年补助标准在2016年基础上下降40%。

第二，补贴方式有待细化。我国把大多新能源汽车的财政补贴资金直接拨给生产厂商，消费者购买新能源汽车，支付金额是汽车售价扣除财政补贴的余额。国外的做法是把补贴资金直接发放给消费者，由消费者根据自己的需要选择购买新能源汽车种类，性能高、售后服务好的产品就会受到大众喜爱，这既可以促进企业不断更新技术、进行产品创新，又可以无形中优化企业的产品服务，从而实现生产商和消费者的双赢。但是，新能源汽车产业长期依赖补贴不是解决之道。相比于国外税收环节的支持，我国对新能源汽车的资金补贴的力度已经很大。在正常的市场环境当中，企业盈利的来源应该是消费者，但由于当前企业把用于创新、吸引消费者的资源投入争夺政府补贴的过程当中，一旦财政吃紧、补贴减少，新能源汽车行业就会迅速衰落，难以生存。

2.4 本章小结

本章共分为三小节。首先，对战略性新兴产业的概念进行总结概括，根据国内外研究及发展现状系统论述了战略性新兴产业的特点及特征；其次，分别从战略性新兴产业发展的政策需求、战略性新兴产业政策实现的政策功能、战略性新兴产业政策国外经验三个方面，结合具体的案例分析，阐释了产业政策对战略性新兴产业发展的影响。本章通过对战略性新兴产业内上市公司的经营数据进行分析，总体上概括了我国近年来战略性新兴产业的发展现状。在此基础上，进一步结合发达国家的经验，分析了战略性新兴产业的相关政策和典型案例。基于以上分析可知，战略性新兴产业具有战略性和新兴性特征，虽然具有较好的社会效益和经济收益预期，但在发展初期，投资风险大、不确定性较强，完全靠市场机制很难有效发挥作用，其成本与效益的不对称需要通过政府活动来进行弥补或矫正。而发达国家发展新科技革命变迁的经验也告诉我们，战略性新兴产业的发展，需要有系统、科学，并与市场机制高度融合的产业政策支持。

参 考 文 献

[1]　Maryann F，Iryna L. The geographic context of emerging industries[R]. North Carolina：Georgia Institute of Technology，2009.

[2]　Porter M E. Competitive advantage，agglomeration economies，and regional policy[J]. International Regional Science Review，1996，19（1-2）：85-90.

[3]　Low M B，Abrahamson E. Movements，bandwagons and clones：industry evolution and the entrepreneurial process[J]. Journal of Business Venturing，1997，12（6）：435-457.

[4]　McGahan A M，Baum J A C. Context，technology and strategy：forging new perspectives on the industry life cycle[J]. Advances in Strategic Management，2004，（21）：1-21.

[5]　刘洪昌. 中国战略性新兴产业的选择原则及培育政策取向研究[J]. 科学学与科学技术管理，2011，32（3）：87-92.

[6]　刘玉忠. 后危机时代中国战略性新兴产业发展战略的选择[J]. 中国科技论坛，2011，（2）：45-49.

[7]　薛澜，林泽梁. 世界战略性新兴产业的发展趋势对我国的启示[J]. 中国软科学，2013，（5）：18-26.

[8]　孙国民. 警惕战略性新兴产业发展的误区[J]. 中国经济问题，2013，（3）：45-50.

[9]　孙国民. 战略性新兴产业概念界定：一个文献综述[J]. 科学管理研究，2014，4（32）：43-45.

[10]　汪涛，赵国栋，王婧. 战略性新兴产业创新政策研究：以 NEVI 为例[J]. 科研管理，2016，37（6）：1-9.

[11]　孙早，席建成. 中国式产业政策的实施效果：产业升级还是短期经济增长[J]. 中国工业经济，2015，（7）：52-67.

[12]　Nunn N，Trefler D. The structure of tariffs and long-term growth[J]. American Economic Journal：Macroeconomics，2010，2（4）：158-194.

[13]　Aghion P，Dewatripont M，Du L，et al. Industrial policy and competition[J]. Social Science Electronic Publishing，2011，7（4）:1-32.

[14]　甘旭峰. 日韩产业政策经验对中国实施"十大产业振兴规划"的启示[J]. 亚太经济，2009，（5）：71-74.

[15]　黄曼，朱桂龙，胡军燕. 创新政策工具分类选择与效应评价[J]. 中国科技论坛，2016，（1）：26-30.

[16]　周城雄，李美桂，林慧，等. 战略性新兴产业：从政策工具、功能到政策评估[J]. 科学学研究，2017，35（3）：346-353.

[17]　许冠南，王秀芹，潘美娟，等. 战略性新兴产业国外经典政策工具分析——政府采购与补贴政策[J]. 中国工程科学，2016，18（4）：113-120.

[18]　杨朕堡. 美国政府采购的历史与现状[J]. 中国政府采购，2011，（3）：66-69.

[19]　吴婷婷，赵绍成. 美国政府采购实践经验及其对中国的启示[J]. 湖南科技学院学报，2008，29（11）：103-105.

[20]　邓广磊. 论 WTO《SCM 协定》下补贴的认定[D]. 上海：华东政法大学，2007.

[21]　魏政，于冰清. 我国光伏产业发展现状与对策探讨[J]. 中外能源，2013，18（6）：15-25.

[22]　马一鸣. 太阳能光伏发电的应用技术[J]. 沈阳工程学院学报，2008，4（4）：301-305.

[23]　王峥，任毅. 我国太阳能资源的利用现状与产业发展[J]. 资源与产业，2010，（2）：89-92.

[24]　王利，周悦刚，徐晓敏. 我国光伏发电成本变化分析[J]. 中国电力企业管理，2016，（5）：46-49.

[25]　吕久琴，吴慧颖. 正面清单下我国光伏企业政府补贴的后果——以向日葵公司为例[J]. 生产力研究，2016，（5）：141-146.

[26]　Kanagaraj J，Velan T S，Mandal A B. Biological method for decolourisation of an azo dye：clean technology to reduce pollution load indye waste water[J]. Clean Technologies and Environmental Policy，2012，14（4）：565-572.

[27]　张海斌，盛昭瀚，孟庆峰. 新能源汽车市场开拓的政府补贴机制研究[J]. 管理科学，2015，（6）：122-132.

第3章　战略性新兴产业政策不确定性的理论分析

政府通过经济政策影响企业的外部环境，进而影响企业的经营决策。经济政策不确定性是一种经济风险，会影响个体的消费行为和企业的投资行为，引发宏观经济波动。国外大多数学者认为经济政策的不确定性主要是关于"谁将做出经济决策，将采取什么经济政策行动，何时颁布，过去、现在和未来的政策行动的经济影响，以及由政策不作为造成的不确定性"。2008年全球金融危机余波尚存，各国政府加大了对金融市场和实体经济的宏观调控力度以促进经济增长。政府频繁干预市场所引发的经济政策不确定性受到了学术界的广泛关注。Pástor 和 Veronesi[1]认为上升的经济政策不确定性通过影响股票的风险溢价、股价波动及其联动性，进而影响整个金融市场，在经济下行期，这种影响更加显著。这种不确定性也影响了企业的经营决策。Gulen 和 Ion[2]则认为经济不确定性的增加抑制了企业投资行为，增加了企业的债务成本，降低了企业债务评级。基于战略性新兴产业的发展模式，本章进一步评价中央及地方政府对该产业实施的相关政策，旨在讨论战略性新兴产业政策是否存在不确定性，以及诱发不确定性的原因。

3.1　产业政策有效性的争论

早在1983年，奉行自由市场主义的欧美国家和地区，对产业政策的有效性颇有争议，并在学界爆发了有关"产业政策的辩论"。克鲁格曼认为无论是面向已经成熟的产业，还是新兴的高科技产业，政府通过挑选赢家来干预资源配置的行动，总是难免受到政治因素的左右。1986年，克鲁格曼在其有关"贸易和产业政策"的可行性一文中提出疑问：首先，政府如何能识别战略性行业？人们常常会把高利润率和高附加值的行业视为战略性产业，每个地方的政府都愿意向这些行业砸钱，但是，高利润率和高附加值可能与高政府投入有关系。其次，政府如何能成功地实施战略性的政策？一般的做法就是实施优惠政策，也就是将有限的资源（人、财、物、地等）向目标产业倾斜，但具体落实起来会不会宠坏了某些产业？再次，战略性产业是有风险的，肯定有不少利益集团会找到不少借口，宣称自己应该得到政府的扶持，而这样的扶持实际上不利于整个国家……普林斯顿大学经济学系教授格罗斯曼（G. M. Grossman）也指出，战略性贸易政策作为小贴士（tips）有时是有用的，但并不是灵丹妙药，更不是高瞻远瞩的大战略。战略性出口鼓励以及类似的贸易产业政策是否能产生有利于施政国的绩效，是很难判定的。

总之，西方倡导自由市场的经济学家认为，有能力"挑选赢家"的政府（或官员）无疑具有全知全能型的至高素质，这种政府的形象遭到怀疑。最常见的疑问是，政府有无能力搜集足够的信息去挑选赢家？市场中虽然存在信息不完备，但是否政府就拥有完备的知识？罗德里克区分了两种产业政策的认知和实践模式：战略选择模式和政策过程模式。在战略选择模式中，施政目标是选择战略性产业，占领经济制高点；施政焦点是对战略选择的社会经济后果进行分析；施政手段包括庇古税①、税务优惠、政府补贴或保护主义措施（关税与非关税保护）等。在政策过程模式中，施政目标是政府与企业进行战略合作，发现产业发展的机会和成本；施政焦点是设计正确的政策过程和治理模式；施政手段包括协商、沟通、咨询、学习。基于此，他提出，看待产业政策的正确方法是把它视为一个发现的过程，即企业与政府共同发现潜在的成本和机会，并参与战略合作的过程。实际上，对"挑选赢家"式的政府主导型产业政策的质疑，也对国际组织推展产业政策的努力产生了深刻的影响。联合国的一项研究提出，以"挑选赢家"来概括产业政策，根本就是一种误导性的说法，因为事实上根本并不存在所谓的"赢家"，而一个政府决定予以扶持的产业最终是否在国际竞争中有活力取决于很多因素，并非这个产业天生就是赢家。因此，产业政策的绩效可度量性和可问责性至关重要。既然不再着重于"挑选赢家"，在罗德里克看来，任何一个经济体要搞好产业政策，关键在于以下三点：

（1）嵌入：政府与企业界建立制度化的合作伙伴关系，政府既不是高高在上且高瞻远瞩的独立的政策制定者，也不是受到特定产业特殊利益捕获的租金设置者，而是能在这两者之间行事。

（2）激励：政府必须对锁定的产业同时给予胡萝卜和大棒，一方面要提供支持，另一方面要将所有政府支持与某种可度量的绩效指标联系起来，并且明确失败标准和终止条款。

（3）问责：政府的问责机制必须健全，就此产业政策的公开透明是重中之重。罗德里克基于三个来自非洲、亚洲的国家（萨尔瓦多、乌拉圭和南非）的案例，对这三点的重要性进行了考察。

罗德里克将上述第一点与发展型政府文献中所谓的"嵌入型自主性"联系起

---

① "庇古税"是指，通过对产生外部不经济的厂商征税或对产生外部经济的厂商给予补贴，使得私人成本等于社会成本，以改进资源配置和利用效率的修正性税。由英国经济学家庇古（A. C. Pigou，1877—1959）于1928年提出

来，显示出主流经济学家对发展政治学和发展社会学研究成果的尊重，在经济合作与发展组织（Organization for Economic Co-operation and Development，OECD）2013 年的全球发展报告中就得到了充分体现。这份报告详细讨论了发展中国家对产业政策再兴浓厚兴趣的新潮流。依照报告的总结，成功的产业政策必须做到以下几点：强化信息搜集、过滤和整合的能力；明确产业发展的绩效指标，并且在政策实施过程中加以利用；在政府与产业界之间建立合作伙伴关系，从而使投资产生协同作用；在技能提升、基础设施建设和长期融资等方面改善协调能力。该报告特别警告说，产业政策失败的风险很高。首先，信息不对称会减弱政府的计划能力；其次，政府并不擅长进行快速的调整；最后，产业政策的退出尤为艰难，因为利益集团的阻挠无处不在、无时不有。因此，产业政策的复兴能否推动发展中地区的经济发展，有赖于新的制度建设。

除了激励机制建构，政府对不同政策工具的选择，也会对产业政策的施政或发展型政府的绩效带来不同的影响。实际上，政府工具的选择在公共管理学的语境中已成为新治理模式的具体内容。就此而言，日本经济学家青木昌彦（1938—2015）等早在 20 世纪 80 年代末期对"东亚奇迹"进行考察时就提出了一种"以绩效为基础的租金"或名为"相机性租金"（contingent rent）的政策工具。其主要形式依然是优惠性补贴或优惠信贷，但这些租金给予哪些企业，并不取决于政府官员的自由裁量，而是取决于受租者的客观绩效；如此一来，"相机性租金"就成为基于市场竞争而给予最后赢家的一种奖励。基于市场竞争绩效的"相机性租金"，与破坏和扭曲市场机制的"政治性租金"（如"跑部钱进式"补贴）相比，对企业的激励机制大有不同。另一位以分析"汉江奇迹"而闻名的新发展主义大家、麻省理工学院政治经济学教授爱丽丝·阿姆斯登（Alice Amsden，1943—2012）也强调扶持性政府干预措施的有条件性，即必须对相关企业设定明确的、可执行的惩戒性条件，而且政府必须就减少甚至取消租金的惩戒性行动建立起可信的承诺，而这种可信的承诺恰恰是政府能力的一项内容[①]。

3.2　战略性新兴产业政策不确定性的表现

当前，我国经济社会发展进入新常态。新常态下，经济增长速度换挡，亟待增长模式转型，战略性新兴产业对促进进入新常态中的我国经济转型升级具有重要支撑作用。自 2010 年 10 月国务院公布了《国务院关于加快培育和发展战略性新兴产业的决定》，中央财政设立多项专项基金以支持新兴创业投资、产学研协同

---

① 顾昕.重建产业政策的经济学理论. 比较（产业政策专题）

创新、区域聚焦发展等。国家采取多种手段和方式扶持战略性新兴行业发展，但从实际情况来看，基本上是以政府直接补助为主。为了保证产业政策实施的有效性，前提是正确甄别产业政策的实施对象，选择产业的实施工具，把握产业政策的实施时机，确定产业政策的实施强度。然而，在各级政府政策制定的过程中，出现了产业政策实施对象、实施工具、经济后果等不确定性问题。结合战略性新兴产业的产业结构政策、产业组织政策、产业布局政策、产业技术政策四个维度，产业政策不确定性具体表现在以下几个方面。

3.2.1 对战略性新兴产业的认识不清晰

目前社会各界对战略性新兴产业的认识不够清晰，内涵和外延的把握尺度也不相同。一方面，由于战略性新兴产业本身是个时间范畴的新兴概念，需要一个认识不断深化、统一的过程。另一方面，战略性新兴产业行业选择标准，各界出发点不一样，角度也不同，各地战略性新兴产业的培育和规划出现重复布局的苗头。具体分析如下。

1. 战略性新兴产业政策实施对象的宽口径

国外学者认为，新兴产业是尚未成熟的新创或新出现的成长产业。从组织生命周期和演化视角看，新兴产业发展存在高风险且处于生命周期的初级阶段；从业务、就业增长以及组织模式转变视角来看，"新兴产业"是销售和就业方面全新和快速增长的产业领域，如20世纪初的汽车行业、20世纪80年代的个人电脑软件产业。相比于国外，我国冠以"战略性"新兴产业的这一提法，主要是由于战略性和新兴性两个特征。而相关的数据统计系统用于统计新兴产业相关指标值，与国外概念使用相吻合。因此，部分地区对战略性新兴产业存在一定的认识偏差。相对于国家层面的选择标准而言，地方政府一般倾向于适度扩大战略性新兴产业范围。战略性新兴产业实施对象的"宽口径"目的在于争取更多的优惠政策，并确保未来5～10年的产业规模发展目标的实现，但是却有违国家发展战略性新兴产业的初衷。例如，部分地区将林业、矿业、服务外包、文化创意也列入战略性新兴产业；部分地区认定的行业类别多达二十余项，未来还有进一步扩大的计划；部分地区将生物医药、生物制造、生物农业、生物环保、生物服务统一为生物产业；部分地区将互联网、传感网、半导体照明、光伏等行业从信息网络中单列出来。同时还出现了多数领域尽可能将本领域的细分行业纳入新兴产业范围中来的现象，如新材料领域的有关金属新材料、无机非金属材料等都被统一纳入进来[3]。

国家统计局2012年发布的战略性新兴产业分类标准中，对行业重复性以及产品（服务）重复性具有原则上的说明。一方面，我国战略性新兴产业的七大发展方向是相互独立的，要求对应行业类别在同一个战略性新兴产业大类中只出现一次，但是由于国民经济行业分类的详细程度不能满足战略性新兴产业分类的需要，因此会出现对应国民经济行业分类条目在七大产业之间存在重复，即部分企业会被划入两个或两个以上的战略性新兴产业的大类中。另一方面，战略性新兴产业中包含的产品和服务不得重复，即一项产品或者服务不能同时属于两个或两个以上的产业类别，这种产品的唯一性可以保证数据汇总时不出现重复计算的差错。但是，由于传统产业在转型升级的过程中并没有严格的标准和要求，产品功能的描述存在功能夸大性，因此，在战略性新兴产业的产品与服务中亦包含了重复项，造成了统计上的宽口径问题。

战略性新兴产业政策实施对象的"宽口径"还明显地表现为，在战略性新兴产业政策实施过程中盲目追求高尖端，但过多集中于相关高端产业中如原材料制造、装配等低端环节，尽管生产或装配的最终产品具有明显的创新性，但生产或装配过程对于技术创新的要求并不高，并不会创造出由创新所带来的外部效应。战略性新兴产业政策实施对象被低端化和范围扩大化。以生产空客 A320 的空中客车（天津）总装有限公司为例。装配的最终产品空中客机代表着高新技术，从属于战略性新兴产业七大产业之一高端装备制造产业中的航空装备产业，然而空中客车（天津）总装有限公司负责的装配环节属于产业的低端环节，产业附加值并不高，并不具有战略性科技创新能力。这种仅关注产品所代表的技术水平，而忽略了企业实际从事的产业层次的发展培育模式，最终将使战略性新兴产业的培育趋于低端化，从而难以实现政策实施的原始目标[4]。

2. 相关政策颁布时间的不确定

战略性新兴产业政策法规不确定性首先来自政策颁布时间的不确定性。在战略性新兴产业政策正式出台之前，坊间一直预期要实施"九大产业振兴规划"，随后演化为"十大行业振兴计划"。在此期间，从战略性新兴产业概念界定到产业内涵发展再到重点产业领域的确定，均存在很大程度的不确定性。振兴七大战略性新兴产业的政策于 2010 年制定，然而如何实施政策的具体条例和规划出台较慢，在这个过程中，政策将如何实施并将产生何种影响仍然存在较大程度的不确定性。与新技术收益相关的技术标准、法律法规或政策没有颁布时，企业很难判断其是否会颁布、颁布时机以及具体内容对新技术预期收益的影响。由于政策法规出台并非连续发生，研究中一般被处理为离散过程，并受到当地政府换届等多重政策实施主体层面的因素影响。战略性新兴产业在 2008~2011 年从出现政策预期到政策实施规划细则和条例出台期间，政策存在极大的不确定性，并且该政策不确定性影响了该领域企业的投资支出。

3. 战略性新兴产业政策地区间趋同化严重

战略性新兴产业虽然经过"十二五"时期的发展仍然处于发展初期，地方各级政府产业政策经验还不够充足，出现了"中央鼓励发展什么，地方政府就跟着发展什么"的现象，战略性新兴产业政策地区间趋同化严重。

2010年10月开始，国务院陆续发布相关文件，提出大力发展节能环保、新一代信息技术、生物、高端装备制造、新能源、新材料、新能源汽车等七大战略性新兴产业。就各个省区市的产业发展重点方向而言，19个省区市囊括了所有七大战略性新兴产业，除了七个沿海省份根据自身发展实际提出重点发展海洋开发产业外，基本都是按照国务院发布的决定来选择。新能源产业和生物产业是全国所有地区的一致选择，新材料产业是除西藏以外其他地区的共同选择，除江西、甘肃以外的其他地区均选择了节能环保产业，除辽宁、西藏以外的其他地区均选择了高端装备制造产业。地区间产业政策严格遵循国家产业发展的指导方针，导致地区主要选择产业的布局雷同、无序竞争和产业趋同化现象，将不可避免地产生地区产业同构和部分产业的产能过剩。其中，各省区市战略性新兴产业的具体发展方向如表3.1所示。

表 3.1　各省区市战略性新兴产业发展方向

省区市	节能环保	新一代信息技术	生物	高端装备制造	新能源	新材料	新能源汽车	海洋开发
北京	√	√	√	√	√	√	√	—
天津	√	√	√	√	√	√	—	—
河北	√	√	√	√	√	√	√	√
山西	√	√	√	√	√	√	√	—
内蒙古	√	√	√	√	√	√	√	—
辽宁	√	√	√	—	√	√	—	—
吉林	√	√	√	√	√	√	√	—
黑龙江	√	√	√	√	√	√	—	—
上海	√	√	√	√	√	√	√	—
江苏	√	√	√	√	√	√	√	√
浙江	√	√	√	√	√	√	√	—
安徽	√	√	√	√	√	√	√	—
福建	√	√	√	√	√	√	√	√
江西	—	—	√	√	√	√	√	—
山东	√	√	√	√	√	√	√	√

续表

省区市	节能环保	新一代信息技术	生物	高端装备制造	新能源	新材料	新能源汽车	海洋开发
河南	√	√	√	√	√	√	√	—
湖北	√	√	√	√	√	√	√	—
湖南	√	√	√	√	√	√	—	—
广东	√	√	√	√	√	√	√	√
广西	√	√	√	√	√	√	√	—
海南	√	√	√	√	√	√	√	√
重庆	√	√	√	√	√	√	√	—
四川	√	√	√	√	√	√	—	—
贵州	√	√	√	√	√	√	√	—
云南	√	√	√	√	√	√	—	—
西藏	√	—	√	√	√	√	—	—
陕西	√	√	√	√	√	√	√	—
甘肃	—	√	√	√	√	√	—	—
青海	√	—	√	√	√	√	—	—
宁夏	√	√	√	√	√	√	—	—
新疆	√	√	√	√	√	√	√	—

注：资料根据 2010～2015 年中央与地方正式发布的战略性新兴产业政策整理得到；不含港澳台地区

3.2.2　战略性新兴产业政策体系的不完备

当前，国家还没有针对战略性新兴产业的全面系统的发展规划、扶持政策和具体的促进措施，只是对个别产业和个别项目有一些零星的行业或项目优惠政策，无法全面有力地支持战略性新兴产业的发展。中国发展战略性新兴产业，成败关键在于核心技术的掌握，应围绕解决重大问题为抓手，抓产业创新联盟，抓体制和机制改革，清除各种障碍，在财税、金融等方面创造条件扶持战略性新兴产业，同时加强国际合作，引导国内外包括风险投资基金和私募基金等在内的各种社会力量进入战略性新兴产业。然而，当前支持战略性新兴产业发展的体制机制存在约束，没有形成系统的财税政策支持体系，发展环境有待优化，市场环境亟待培育。促进战略性新兴产业的财税、知识产权、价格、投融资、人才、进出口等政策比较零散，还不健全、不系统，特别是财政在市场准入、示范应用、政府采购、财政补贴、市场秩序等方面，扶持力度有待加强。

在支持战略性新兴产业发展的税收政策上，我国现行政策支持点主要集中在成熟企业上，对大量出于创业阶段的科技企业税收政策支持较为缺乏。还有一些技术性企业，受制于国家专利技术申请的保护机制还不健全，虽然拥有自己的技术秘密，往往不选择申请专利，因此无法迈入高新技术企业的门槛。税收政策不完善主要体现在以下几个方面：

首先，现行税收优惠政策，在设计上侧重于产业链下游，忽视前期基础研发。针对应用技术研究和研究成果的税收优惠较多，但对科技开发项目开发和转化环节的税收优惠较少，导致企业研究开发新产品投入不足，并造成自主创新的基础缺乏和技术"空心化"现象。

其次，我国现行的高新技术税收优惠主要局限于税率式与税额式的直接优惠，方式单一。虽然这种优惠方式具有操作简便、透明度高、激励性强的特点，但一般在高新技术企业成立初期使用，这是由高新技术企业成长特点所决定的，该阶段企业很难或很少获利，所以，该项政策难以给正在进行研究开发与成果转化阶段的企业带来实际利益。尽管现行税收优惠政策中也存在间接优惠方式，但是，对鼓励企业加大科技投入，促进企业科技创新和高科技产业化支持力度偏小。

最后，现行企业所得税税收优惠过渡政策的设计减免税期，基本是从企业开办之日起，或者取得第一笔生产经营收入年度计算两免三减半。技术企业在创业初期所发生的基本上是科技研发和相关的管理、人员等费用，一般不发生收入和盈利，尤其是生物医药企业，研发周期更长，按照现行的税收优惠期设计，还没盈利，就已经过了免税期了。

3.2.3   战略性新兴产业政策实施工具的不确定

基于产业组织与产业技术政策的角度，中央与各个地方政府在战略性新兴产业政策具体的实施工具中存在手段、类型、实施方式及效果上的诸多不确定。战略性新兴产业政策实施工具方面的不确定性，具体体现在以下几个方面。

1. 中央和地方政府在政策工具使用上的差异

按照 Rothwell 和 Zegveld 对政策工具的分类，政策工具箱包括供给型、需求型和环境型三种。供给型政策的作用在于直接改善相关要素的供给，主要包括人才培养、资金支持、技术支持与公共服务等多个方面。需求型政策旨在引导需求，减小新产品在市场上的不确定性，主要包括政府采购、用户补贴、价格指导和应用示范等政策措施。环境型政策在财税、金融、法规等方面提供有利的政策环境，主要包括税收优惠、金融支持、法律规章、知识产权、目标规划等多个方面。朱艳鑫[5]基于战略性新兴产业政策工具的研究表明，地方政府的政策工具以供给型政策为主（48.2%），环境型政策次之（36.3%），需求型政策最少（15.5%）。而与国家部委的政策类型相比，自 2011 年以来，在中央部委发布的相关政策中，中央部委的政策工具以环境型政策为主（57%），供给型政策次之（22%），需求型政策最少（21%），如图 3.1 所示。从占比数据可以看出，中央部委的产业政策重点在环境型政策，即希望构建和完善产业生态系统，然而，地方政府的产业政策着力点是供给型政策，即着力加大要素投入。中央部委着力于环境型政策，希望通过构建有利的政策环境，为产业的发展提供良好的空间，政策实施周期相对较长；地方政府的供给型政策，主要在于政府加大提供要素供给，政策实施周期短、见效快。地方政府偏好供给型政策反映了地方政府产业政策制定的"短、平、快"心理。

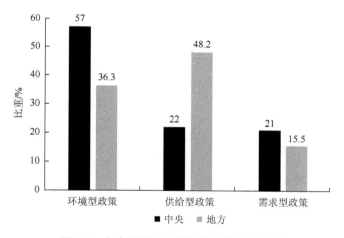

图 3.1　中央和地方政府政策工具选择比重

2. 政策工具运用不合理导致的政策模糊

根据 Howlett 和 Ramesh 的方法，区域战略性新兴产业政策体系中运用的政策工具根据强制性级别由低到高可分为三个级别：自愿性工具、混合型工具和强制性工具；依据政策功能可将区域战略性新兴产业政策分为产业结构政策、产业组织政策、产业布局政策和产业技术政策。通过对战略性新兴产业政策功能和政策工具强制性理论的分析，可形成基于政策工具视角的战略性新兴产业政策分析框架。地方政府的产业政策经验不足，容易导致政策制定过程中政策工具的运用不合理。周城雄等[6]对战略性新兴产业政策工具进行政策效果评价，并以佛山市为典型案例进行案例调查（表 3.2）。研究发现，7 份佛山市战略性新兴产业政策相关文件覆盖了自愿性政策工具、混合型政策工具、强制性政策工具，政策功能涉及战略性新兴产业的产业结构政策、产业组织政策、产业布局政策和产业技术政策。在产业组织政策中，"信息和劝诫"和"私人市场"工具使用较多，政策工具主要介于混合型和自愿性工具之间，强制性政策工具的使用较少。较少的强制性政策工具的使用对于较为成熟的产业来说是适当的，但战略性新兴产业正处于发展的初级阶段，需要政府的强制性扶持和引导，以克服市场本身的缺陷。因此，弱化政府的力量，把政策工具的强制性放在较低的位置，并不利于战略性新兴产业的发展，会使得产业组织政策软弱无力，政府的政策目标难以落实。在产业布局政策中，强制性工具的运用明显增加，政策的强制性明显提高，但是，其中仍然有较多"信息和劝诫"政策工具的使用，说明在产业布局政策方面，政府的态度不够明确和坚决，这有可能造成布局的混乱。

表 3.2　佛山市政策工具按功能分配比例

	自愿性政策工具			混合型政策工具				强制性政策工具			小计	百分比/%
	家庭和社区	自愿性组织	私人市场	信息和劝诫	补贴	产权拍卖	税收和使用费	管制	公共事业	直接提供		
产业结构	0	0	11	51	3	0	0	2	1	4	72	25.35
小计		11			54				7			
产业组织	2	7	28	40	16	1	0	3	12	3	112	39.44
小计		37			57				18			
产业布局	0	0	3	16	6	0	1	10	3	5	44	15.49
小计		3			23				18			
产业技术	0	5	6	20	15	0	2	0	4	4	56	19.72
小计		11			37				8			

3. 政府补贴政策实施层面的不确定

战略性新兴产业目前处于"技术示范和商业化示范"阶段，在与传统产业竞争中暂时处于劣势，政府的财政补贴可以引导更多的社会资金进入新兴产业领域，这是促进新兴产业商业化和培育市场需求的重要手段。但是，由于财政补贴政策补贴对象、激励手段不合理等因素，政府的财政补贴政策在实施层面给政策施行带来不确定性因素。

　　创新型经济的发展、技术改造等需要大量的投资,在战略性新兴产业政策实施过程中,政府支持企业创新的政策力度很大,政府补贴就是政策支持的重要工具之一。然而,现在政府刺激企业进行技术创新的补贴政策大多是直接补贴生产者,"生产端"的补贴模式容易导致产能过剩甚至产生腐败,缺乏对企业创新的内生激励,从而导致政策的创新促进效果不理想。以新能源汽车补贴政策为例。我国是较早启动新能源汽车财政补贴政策的国家之一。2009~2015 年底,中央财政已累计为新能源汽车推广应用安排补助资金 334.35 亿元。新能源汽车财政补贴资金主要用于新能源汽车制造商的"生产端"激励,集中于"生产端"的激励手段导致企业创新的内生动力缺乏,转而出现了企业为了寻求补贴而进行大规模量产甚至骗补现象,如财政部于 2016 年 9 月 8 日曝光的苏州吉姆西客车制造有限公司等 5 家新能源汽车生产企业意图骗取国家财政补贴超 10 亿元事件。如果转向"需求端"的补贴模式,即将对技术创新生产者的补贴激励转为对消费者的补贴,则可通过消费者市场选择对低效率企业进行淘汰,从而对高效率企业提供支持。因此,政府进行补贴政策手段优化,激励手段逐步从"生产端"到"需求端"的转化,通过市场化手段对企业技术创新投资进行引导,将优化补贴政策实施效果。

3.2.4　战略性新兴产业政策经济后果的不确定

　　发展战略性新兴产业是我国经济结构优化、产业结构调整升级的重大战略选择。战略性新兴产业的一个关键特征是具有创新能力,即开发新产品和服务的能力、通过引导消费创造新需求的能力。只有持续不断地创新,才能在市场竞争中占据领先地位,保持赢利的可持续性和稳定性。战略性新兴产业的创新是否有效率,最终要看其走过从研发投入到技术创新再到产品创新的路径后,最终能否带来收益和利润的增长。

　　战略性新兴产业的创新性可通过技术效率指标来测定,采用的主要方法为投入产出法,具体可划分为三种投入产出关系[①]:第一种是研发投入与技术创新产出之间的关系,即投入一定的人力、财力和物力,是否有相应的新技术产生,如专利或专有技术等,以衡量研发资源配置的效率。第二种是技术投入与产品创新产出之间的关系,即测定产业的新技术转化和应用能力。第三种是新产品投入生产与利润产出之间的关系。有了新产品,还需要有与之相适应的生产技术和方式,需要有相应的销售渠道和模式。只有这样,才能产生实际的利润。从战略

---

　　① 葛结根. 合理确定战略性新兴产业的评价标准. 人民日报,2013-05-20

性新兴产业的创新性和可持续发展角度出发，我们从以下几个角度分析其经济后果的不确定。

1. 微观企业创新效率的不确定

"十二五"期间，战略性新兴产业相对于其他工业行业呈现出快速发展的领先态势，产业规模急剧增长，资本市场表现亮眼。2010～2015年，战略性新兴产业上市公司营业收入逐年上升，由2010年的10 725.5亿元上升至2015年的26 033.7亿元，持续保持两位数的增长态势（图3.2）。同时，战略性新兴产业上市公司的利润总额从2010年的946.1亿元增长至2015年的2365.9亿元，利润总额占上市公司的比重也呈上升趋势，由2010年的4.30%上升至2015年的6.80%（图3.3）。

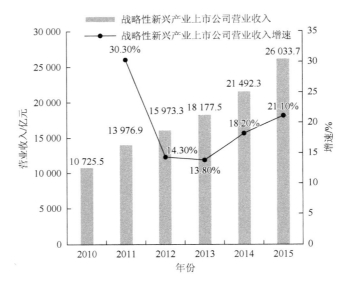

图3.2 "十二五"期间战略性新兴产业上市公司营业收入及增速
资料来源：国家信息中心战略性新兴产业数据统计

综合前人研究可知，产业综合实力水平的提高，关键在于生产率。适宜的政策扶持应当能提高企业的生产率水平。然而，有研究表明政府补贴与全要素生产率（total factor productivity，TFP）变化率之间存在逆向变动关系，即政府补贴未促进企业TFP变化率提升，甚至呈显著抑制作用[7]。补贴是目前政府支持战略性新兴产业发展的一大主要路径。"十二五"期间，战略性新兴产业上市公司政府补贴逐年上升，由2010年的2740万元增加至2015年的44 718万元，企业R&D（研究与开发，research and development）投入也由2010年的9050万元逐年增长至2015年的2.871亿元（表3.3）。然而，资金支持的行为缺乏效率，政府补贴支持的逐年增加

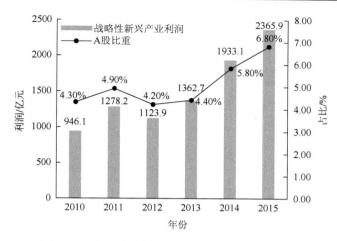

图 3.3　"十二五"期间战略性新兴产业上市公司利润及占 A 股比重

资料来源：国家信息中心战略性新兴产业数据统计

并未带来企业 TFP 和竞争力的提高。2006～2015 年战略性新兴产业 TFP 变化率呈现下滑态势，TFP 年均增长率由政策前的 13.2%下滑至政策后Ⅰ期的 6%和政策后Ⅱ期的–3.4%，其中，政策Ⅰ期比政策前下降 7.2 个百分点，政策Ⅱ期比政策Ⅰ期下降 9.4 个百分点（表 3.4），下滑趋势趋于扩大[8]。

表 3.3　战略性新兴产业上市公司政府补贴和企业 R&D 投入

项目	2009 年	2010 年	2011 年	2012 年	2013 年	2014 年	2015 年
政府补贴/万元	1740	2740	3340	4690	4790	5470	44718
政府补贴年增长率/%	—	57.47	21.90	40.42	2.13	14.20	717.51
企业 R&D 投入/万元	6230	9050	12000	17000	18400	22200	28710
企业 R&D 投入年增长率/%	—	45.26	32.60	41.67	8.24	20.65	29.32

注：根据国家信息中心战略性新兴产业数据统计战略性新兴产业上市公司数据的年度均值

表 3.4　2006～2015 年战略性新兴产业 TFP 变化率及其分解指标的变化趋势

项目	TFP 变化率		技术进步率		技术效率		纯技术效率		规模效率	
	指数	增长率	指数	增长率	指数	增长率	指数	增长率	指数	增长率
政策前均值（2006～2008 年）	1.132	13.2%	1.139	13.9%	0.994	–0.6%	1.06	6%	0.937	–6.3%
政策后均值Ⅰ（2009～2011 年）	1.06	6%	0.982	–1.8%	1.08	8%	0.933	–6.7%	1.157	15.7%
差值Ⅰ	–0.072	–7.2（百分点）	–0.157	–15.7（百分点）	0.086	8.6（百分点）	–0.127	–12.7（百分点）	0.22	22（百分点）

项目	TFP 变化率		技术进步率		技术效率		纯技术效率		规模效率	
	指数	增长率	指数	增长率	指数	增长率	指数	增长率	指数	增长率
政策后均值Ⅱ（2012～2015年）	0.966	-3.4	1.127	12.7	0.858	-14.2	0.985	-1.5	0.87	-13
差值Ⅱ	-0.094	-9.4（百分点）	0.145	14.5（百分点）	-0.222	-22.2（百分点）	0.052	5.2（百分点）	-0.287	-28.7（百分点）
全样本均值	1.05	5	1.08	8	0.973	-2.7	0.992	-0.8	0.981	-1.9

注：1. 采用基于 DEA 的非参数 Malmquist 指数法，测算战略性新兴产业全要素生产率变化率及其分解指标，将企业年均固定资产余额和年均从业人数作为投入指标，将企业净利润和主营业务收入作为产出指标，TFP 变化率=技术进步率×技术效率，技术效率=纯技术效率×规模效率；增长率（%）=（指数-1）×100%；

2. 统计战略性新兴产业上市公司数据的年度均值。政策前均值、政策后均值Ⅰ和政策后均值Ⅱ分别指 2006～2008 年、2009～2011 年和 2012～2015 年各年指标的几何平均值；差值Ⅰ是政策后均值Ⅰ与政策前均值的差值；差值Ⅱ是政策后均值Ⅱ与政策后均值Ⅰ的差值；全样本均值是各指标 2006～2015 年的几何平均值

2. 政府补贴的经济后果不确定

自 2010 年 10 月国务院公布了《国务院关于加快培育和发展战略性新兴产业的决定》，中央和地方采取政府补贴、税收优惠等方式，设立多项专项基金以支持新兴创业投资、产学研协同创新、区域聚焦发展等。虽然政府对企业研发投资的补贴方式有很多，如直接补助、税收抵免以及所得税减免等，但主要分为直接补贴和间接补贴。综合政府补贴效果的文献来看，政府的研发补贴具有激励效应和挤出效应，研发补贴对微观企业行为具有极大的不确定性[9]。

以太阳能光伏行业上市公司为例，分析政府的研发补贴对企业研发投资的影响，从而考察研发补贴的不确定性表现。从表 3.5 可以看出，太阳能光伏行业上市公司补贴的覆盖面较高，从 2007 年的 93.6%上升至 2011 年的 100%，且 2009～2011 年，样本中的所有上市公司均受到了政府的补贴。政府补贴占公司利润的比重从 2007 年的 3.69%上升至 2011 年的 43.40%，政府补贴成为企业利润越来越重要的一部分，说明企业利润越来越依赖于政府补贴，企业的盈利能力较差（表 3.5）。2011 年之前，在政府补贴政策的大力支持下，国内光伏产业上市公司的产能迅速增加，在悖离市场需求的基础上非理性扩张，不可避免地导致产能过剩问题。近年来，随着"骗补"现象的出现，政府补贴幅度有所减小，逐渐引导光伏产业健康稳定地发展。正如陈青山等[9]研究发现，光伏行业政府的研发补贴对光伏企业的研发投资总体上具有激励作用，但是效果非常有限，即由于较低的政府研发补贴占比和较低的研发补贴弹性共同作用，企业的研发投入水平较低。

表 3.5　太阳能光伏行业上市公司补贴收入覆盖面分析

项目	2007	2008	2009	2010	2011	2012	2013	2014	2015
上市公司数目	47	48	52	67	67	136	136	143	156
获得补贴的上市公司数目	44	45	52	67	67	134	134	142	152
总补贴的覆盖面/%	93.6	93.8	100	100	100	98.5	98.5	99.3	97.4
获得研发补贴的上市公司数目	34	38	44	60	64	96	108	128	134
研发补贴的覆盖面/%	72.3	79.2	84.6	89.6	95.5	70.6	79.4	89.5	85.9
样本公司总补贴加和/万元	39 371.53	60 480.00	106 600	146 060.00	724 940.00	4 698 708 776.43	5 112 405 066.15	3 879 089 718.32	4 478 918 840.73
样本公司研发补贴加和/万元	12 613.48	16 538.40	26 215.00	49 975.00	112 560	74 351 105.68	89 546 211.24	84 703 411.82	3 847 391 284.18
样本公司总利润/万元	1 069 640	858 030	1 134 610	1 860 070	1 670 400	29 988 561 615.7	33 427 065 697.19	48 502 573 934.56	5 920 107 551.69
政府补贴占公司利润比重/%	3.68	7.05	9.40	7.85	43.40	15.7	15.3	8.00	7.57

注：上市公司数据来源于同花顺 iFin 软件太阳能光伏概念股；相关财务数据来源于 CCER 经济金融数据库、Wind 数据库

一般而言，战略性新兴产业正处于发展的萌芽期或成长期，不会出现大范围、长时间的产能过剩，但风电、光伏发电等战略性新兴产业的产能过剩问题，引起了人们对于战略性新兴产业政策的广泛讨论。战略性新兴产业政策制定的初衷是弥补市场失灵，优化资源配置，但终究不是替代市场的作用，这就要求战略性新兴产业政策在制定和实施过程中，与市场需求接轨，充分理解和促进市场需求。2016 年是我国经济发展的去产能之年，供给侧结构性改革将"三去一降一补"五大任务中的"去产能"置于首位，国务院就钢铁、煤炭化解产能过剩问题也出台了若干政策文件。我国七大战略性新兴产业同样面临着产能过剩和产业失衡发展的问题，如新能源产业中的风能设备产业和光伏太阳能产业迅速膨胀成为产能过剩和重复建设行业；海洋战略性新兴产业逐渐成为沿海各地区竞相投资的热点和规划建设的重要领域，然而伴随着投资项目增多，产业相同领域重复布局、规划趋同弊端的出现，结构性产能过剩的问题加剧。

中央和地方政府大力扶持战略性新兴产业的发展，但对产值的过度追求不可避免地导致战略性新兴产业的粗放式增长。为了短期内实现产值上升的目标，不少地区往往沿袭传统行业的发展模式。在全国各地一度涌现出战略性新兴产业园区建设和引资竞争的高潮。在粗放式的发展思路下，大量土地被占用，一些产业虽然被归纳为新兴行业，但是技术含量较低，甚至高能耗、高污染、低效益的项目不断上马。因此，战略性新兴产业的发展需要注重市场需求与产业效益、发展规律的契合，给予适度的补贴，避免微观企业出现产能过剩、过度扩张等问题。

3. 创新技术能力的不确定性

为了更好地消除市场需求不确定性对微观企业投资决策的影响，战略性新兴产业政策采用技术创新的方式推动产业的可持续性发展，以提高产业的综合竞争力，但由于市场需求的高度不确定，企业的自主创新意识不足。2010 年以来，国家出台多项鼓励和扶持战略性新兴产业发展的优惠政策，并且大部分扶持政策考核指标中对企业专利申请数目有明确的规定。政策的初衷是鼓励企业提高自主创新能力，然而企业为了获得政策的支持，申请专利过程中也具有明显的迎合倾向。国内学者研究证明了产业政策在实施过程中出现了策略性创新行为。受产业政策激励的公司，专利申请量显著增加，但只是非发明专利显著增加。统计发现，2001～2010 年受产业政策激励，上市公司专利申请量年度均值为 30.88 件，其中发明专利申请量为 8.73 件，非发明专利申请量为 20.4 件，发明专利申请量不及非发明专利申请量的 1/2[10]。

　　根据国家统计局数据整理，2010～2015 年，我国战略性新兴产业发明专利共计申请 1 000 715 件，发明专利授权 414 065 件，这六年战略性新兴产业发明专利申请、授权量总体呈现增长态势[①]。具体来看，战略性新兴产业发明专利申请量年均增长率为 20.08%，授权量年均增长率为 13.82%。就公司层面来讲，2015 年我国战略性新兴产业上市公司研发强度达到 6.21%，较 2010 年的 3.81%提升 2.4 个百分点，超出 2015 年上市公司总体的 3.50%研发强度 2.71 个百分点（图 3.4）。同期，战略性新兴产业企业发明专利申请量快速增长，由 2010 年的 132 992 件增加至 2014 年的 276 523 件,增长率达 107.9%。其中,以 2012 年最高,增长率达 34.44%,其余年份的增长率稳定在 14.32%到 17.78%之间[②]（图 3.5）。"十二五"期间，战略性新兴产业创新投入持续提升，相关领域上市公司研发强度逐年提升，大幅高于上市公司总体水平。

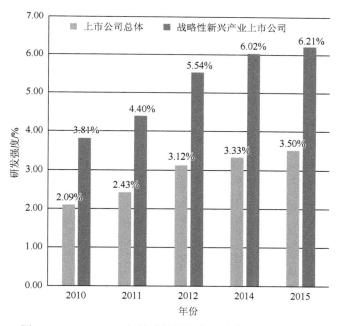

图 3.4　2010～2015 年战略性新兴产业上市公司研发强度

资料来源：战略性新兴产业发明专利统计分析总报告（2015 年）

　　由于战略性新兴产业七大发展方向存在规模经济与规模不经济的区别，行业间的需求量也存在较大差异。就七大战略性新兴产业而言，新一代信息技术产业近五年的发明专利申请总量居首位，五年申请总量占战略性新兴产业合计

[①] 发明专利申请、授权是指 2010～2014 年公开的发明专利申请、获得的发明专利

[②] 数据来源：《战略性新兴产业发明专利统计分析总报告（2015 年）》

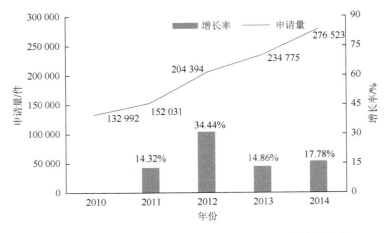

图 3.5 2010~2014 年战略性新兴产业企业发明专利申请量
资料来源：战略性新兴产业发明专利统计分析总报告（2015 年）

量的 26.63%，顺应时代的潮流和科技发展的需要；生物产业占 25.09%，位居第二；节能环保产业排名第三（占 21.47%），前述三个产业的发明专利申请量之和超过战略性新兴产业七大产业合计量的 70%，具有支柱性地位。新能源汽车产业相对于其他战略性新兴产业发明专利申请量最少，居于七大战略性新兴产业的末位（表 3.6）。值得注意的是，生物产业的发明专利申请量近年来增长迅猛，在 2014 年，已经超过了新一代信息技术产业的申请量。所以，不同的细分行业存在较大的需求差异，应该根据市场需求提升自主创新能力。

表 3.6 2010~2014 年七大战略性新兴产业发明专利申请量 单位：件

产业	2010 年	2011 年	2012 年	2013 年	2014 年
节能环保	31 917	36 049	51 194	57 758	70 559
新一代信息技术	44 394	50 625	61 924	70 963	79 016
生物	38 851	43 233	57 604	65 961	83 577
高端装备制造	8 662	10 105	13 707	16 045	18 106
新能源	9 542	12 504	16 781	19 156	19 395
新材料	17 725	19 851	30 109	34 354	39 321
新能源汽车	2 675	3 512	4 753	6 341	6 261

资料来源：战略性新兴产业发明专利统计分析总报告（2015 年）

综上可以看出，我国战略性新兴产业整体上的自主创新能力还偏弱，原始创新技术较少，原因可能在于战略性新兴产业市场需求高度不确定，或者新兴企业为了迎合更多的政府扶持申请专利而忽视了企业实质性的进步。以中国节能环保产业为例，企业的整体科研实力特别是在基础研究领域长期滞后，一些核心技术尚未完全掌握，部分关键设备仍需要进口，一些已能自主生产的节能环保装备产品性能和效率有待提高。例如，节能产品中，余热锅炉的部分关键合金钢材以及配套件、半导体照明芯片制成设备和关键原材料目前仍依赖进口。企业追求"数量"而忽略"质量"的策略性创新行为仅仅是增加了创新"数量"，并未显著提高创新"质量"，即非发明专利申请量的激增带来了创新数量的增加，但并不能体现科技创新能力的提高，同时体现科技创新能力的发明专利的申请量并未得到同等显著提高。企业为"寻扶持"而采用的策略性创新，最终会使政府旨在提升研发水平的产业政策陷入无效的境地，并不能带来科技创新和技术进步。以移动互联网为例，当前全球已形成苹果、谷歌和微软三大专利阵营体系，虽然中国移动互联网企业在手机外观设计方面的专利数量上占据优势，但是在芯片、射频等核心技术方面的专利仍显不足。核心专利缺失已成为制约中国新一代信息技术产业并跑、领跑世界先进水平的重要因素。

因此，战略性新兴产业政策的实施应该更好地结合市场需求和细分行业自身的特点，并针对行业间规模经济的差异，制定合理有效的扶持细则，真正提高新兴企业的科研实力和创新能力，以消除技术外溢性和市场失灵等不良现象。

4. 行业内竞争程度的不确定

战略性新兴产业政策扶持发挥作用的立足点应当是弥补市场失灵，促进尚处于起步和成长期的战略性新兴产业发展，但同时其作用机制应当是促进竞争而非鼓励垄断。产业政策的推出是对市场的干预，政府补贴等措施将在不同程度上影响市场势力，因而，产业政策对于市场竞争程度的干预存在不确定性。

中国战略性新兴产业的平均资本密集度为 4.4322，契合于战略性新兴产业资本密集度的最优值，大部分战略性新兴产业处于产业政策的有效实施区间。从产业周期来看，战略性新兴产业尚处于起步和成长期，一般具有较高资本和技术门槛，企业一旦进入将具有较强的市场势力。由表 3.7 可以看出，不同产业间存在行业竞争度的显著差异。智能装备业和高能复合材料产业 2007 年的行业竞争度仅为 2.9225、2.4567，行业竞争度明显不足。然而，高端计算机制造产业在同期则为 4.3902，呈现高度竞争状态。对于资本密集度较高、行业竞争度显著不足的战略性新兴产业，适宜施加竞争兼容型补贴政策，使补贴以更均衡的方式向企业发放。对于资本密集度较高、行业竞争度已超出平均最优值的战略性新兴产业，则不宜再实行补贴政策，如高端计算机制造产业。较高的行业竞争度从侧面反映出它们同处于战略性新兴行业，但中国企业主要参与的只是资本技术门槛并不高的加工装配环节[11]。不同于新能源产业 2007 年 1.8412 的行业竞争度，太阳能设备产业在 2013 年的行业竞争度高达 4.0001，呈现出高资本密集度、高行业竞争度的非战略性新兴产业特征，从侧面反映出由于中央和地方政府持续过度的补贴政策，太阳能设备产业得以快速发展，行业竞争度持续提高，以至于产业低端化发展问题严重，率先出现产能过剩、资源利用率低等现象。

表 3.7 战略性新兴产业资本密集度与行业竞争度

战略性新兴产业分类（2012）		国民经济行业分类（GB2002）			
		2007 年		2013 年	
二位码	三位码	行业竞争度	行业资本密集度	行业竞争度	行业资本密集度
		2.6640	4.4322	4.0604	5.6632
01 节能环保产业	011 高效节能设备制造	2.7978	4.3077	2.9602	5.7002
02 新一代信息技术	022 高端计算机制造	4.3902	4.5134	4.5901	6.0210
03 生物产业	031 生物药品	2.3587	4.9829	4.0021	5.0600
04 高端装备产业	045 智能装备	2.9225	4.3598	4.3200	6.0200
05 新能源产业	054 太阳能设备	1.8412	5.4501	4.0001	6.2210
06 新材料产业	069 高能复合材料	2.4567	4.3755	3.6002	4.6000
07 新能源汽车	071 新能源整车	3.0534	5.2439	4.9500	6.0200

注：1. 数据来源于 Wind 数据库新兴产业上市公司财务数据
2. 计算公式：行业竞争度以行业利润率表示，并对数化且倒数处理；行业资本密集度=行业资本总和/总劳动人数

产业政策存在一个以行业竞争程度等行业异质性为特征的最优实施空间，如果政策补贴越偏离最优实施空间，实施效果可能越会背离政策制定者的初衷。行业竞争度在一定范围内会正向促进企业的生产率[12]，但是当行业竞争度超过 3.79 时，就会产生负效应，即当行业竞争度高过最优值并进一步提高时，应尽快弱化直至退出补贴政策。根据新结构经济学理论，当企业所处行业的资本密集度与社会平均资本密集度一致时，行业将具有显著比较优势而快速成长；当前后严重脱节时，企业一般呈现较低生产率状态。考虑到两大行业异质性：行业竞争度和行业资本密集度，我们可以得出产业政策的最优实施空间。当行业竞争度低于社会层面最优值时，应该通过施加竞争兼容型补贴刺激行业竞争、鼓励企业进行创新以提高行业生产率；当行业竞争度高于最优值，政府应该减少干预、退出补贴政策，同时考虑到全社会要素禀赋结构变迁的速度较慢，行业资本密集度为补贴目标产业选择提供了一个基准[12]。

3.3 战略性新兴产业政策不确定性的具体原因

3.3.1 战略性新兴产业行业层面因素

1. 技术与战略的不确定性

在战略性新兴产业行业中，企业的生产技术还不成熟，还有待于继续创新与

完善。同时，企业的生产和经营并没有形成一整套的方法和规模。哪种产品结构最佳，哪种生产技术最有效率等，都还没有明确的结论。此外，不同的新兴产业在环境结构上也存在着不同的差别，企业技术的不确定性，导致了战略的不确定性。在新兴产业行业中，各企业在技术和战略上处于一种探索阶段，表现为新兴行业时期的多变性，从而战略选择也是多种多样的，各企业的产品或市场定位、营销、服务方式都体现出多变这一特点。从具体的经营活动来看，新兴产业行业生产规模小，但生产成本高。只有随着生产规模的扩大、经验的积累、生产组织趋于合理以及规模经济的形成，成本才会下降。同时，企业缺乏制订战略所必需的信息，不了解竞争对手的数目和分布状况，不明确其优势和劣势状态，不清楚购买者的需求规模和偏好，以及市场成长的速度和将实现的市场规模等，在相当一段时间里，该新兴产业的参与者只能在探索中寻求适宜的战略与成功的机会。从这一方面，可以看到日本政府当年得到了很多教训，如在模拟数字电视方面，日本开发出一套独立的系统，但市场需求断层导致了很大风险；再如日本发展第五代神经元计算机，政府投入了大量的资金，最后没有成功，产业化目标没有实现。

从产业周期层面，一个产业的生命周期分为三个阶段，即产业的形成期、成长期和成熟期，目前七大战略性新兴产业还处于产业的形成期，虽然技术创新的强度非常高，但各种技术路线都在探索当中，也就意味着主导技术路线是不成熟的。例如，太阳能多晶硅制备技术一直大量采用西门子法，一吨产量耗电 20 万千瓦时，目前出现的新工艺硅烷法，使每吨产量耗电下降到 7.5 万千瓦时，另外还有许多工艺正在摸索当中。与国际相比较，国内部分战略性新兴产业相当一部分还存在很大的技术差距，特别是关键技术、核心技术以及原始创新技术。我国长期存在经济和科技"两张皮"的问题，在战略性新兴产业当中，这种矛盾更加突出。这里既有体制的问题，又有环节上政策体制不完善的问题，还有在产业化初始阶段，金融各种要素市场发展不成熟等问题。

2. 资金需求的不确定性

由于很高的不确定性、顾客困惑和不稳定的质量等，战略性新兴产业在金融界的形象和信誉可能较差。这种现象不仅影响企业低成本资金的能力和限制企业获取资金的渠道，而且可能约束购买者的贷款能力。例如，战略性新兴产业中的民营企业之所以融资难，主要因为：一是新兴产业多以无形资产为主，民营企业固定资产的数量较低，不足以作为抵押或担保，所以很难从银行处得到贷款；二是缺少有效的风险投资运作机制来支持民营企业从萌芽、成立直至产业化的发展壮大；三是民营企业尚未形成集中的融资联盟，承担金融风险的能力尚不足以将资本市场的青睐从大企业转向自身。从国外实践看，其初始资金投入大多来自于风险投资和民营资本。近年来，国家认识到发展多层次资本市场对创新经济发展的重要性，密集出台了一系列举措。例如，设立战略性新兴产业专项基金，提供政府担保、风险补偿和贴息，鼓励银行向战略性新兴产业提供信贷，积极引导社会资本进入，鼓励符合条件的企业通过发行基金和债券，降低企业发行股票上市的准入门槛和推出新三板等。但就目前而言，政府财政资金对社会资金的引导、撬动作用并未能得到充分发挥，多层次资本市场的发展仍然处于起步阶段，利用市场力量支持种子期、初创期、早中期创新型企业的成效仍很有限。

战略性新兴产业从弱小发展到具有一定竞争力的成熟产业需要一个漫长的过程，这就需要政府长时间的政策扶持。而财政扶持方面，在战略性新兴产业政策具体实施细则出台之前，中央及地方政府将给予多大程度的政策扶持、扶持到什么程度实际上都不明确。受到 2008 年全球金融危机的影响，全球经济走势越来越难以预测，经济发展的不确定性越来越高，各国政府制定了一系列刺激经济增长的振兴政策，战略性新兴产业正是在这样的背景下应运而生。而在金融危机之初，政府已投资四万亿元资金扩大内需，考虑到政府本身的财政收支状况，对战略性新兴产业还会有多大幅度的支持存有很大的未知性。在光伏产业发达的日本、德国，光伏产业发展过程中实行长达二十多年的政府补贴，这种模式是否能为中央以及地方财政所承受，也存在很大的不确定性。地方政府对新兴产业发展给予多大程度的专项资金支持、财政补贴以及税收优惠等，不仅缺乏明确的政策说明，而且在不同地区之间也存在较大差异。

3. 产业链条不完善性

在技术转化与市场化层面，战略性新兴产业的技术转换过程中反映出了系统性缺陷。企业是创新主体的地位还没有体现出来。目前承担国家一些主要创新课题的单位主要以大学科研院所居多，企业在国家创新体系所发挥的作用不强，特别是在国家大型的、面向产业化的科技创新项目中，企业还没有扮演主导的角色，甚至很多领域企业还没有进入国家以产业化为目的的创新项目当中去。

战略性新兴产业创新能力的提升，离不开产业链环节上各部门和各企业的合作。但在我国战略性新兴产业发展过程中，无论是产业链上下游的企业之间，还是同一环节上的同行企业之间，相互协作和联合攻关的合作不足。教育、科研部门与企业之间的协同创新合作不紧密，技术成果的转化率不高。有统计显示，我国新兴产业的技术成果转化率大约为 20%，专利实施率不到 10%，远低于发达国家的水准。另外，人才培养和科学研究方面的以邻为壑、相互拆台屡屡发生，突出地表现为互挖人才和对知识产权的侵犯，更谈不上相互之间的合作攻关了。德勤有限公司曾对我国 150 家大中型制造业企业进行调查，近五分之一的高管认为，中国当下的知识产权保护制度不完善，使得企业在竞争中处于劣势。

例如，光伏产业在发展短短数年时间内，就陷入了产能过剩的困境，作为高端战略性新兴产业，其总体上却未呈现出高技术、高资本等高端化发展趋势，"高端产业，低端制造"成为国内光伏产业现实前进道路的真实写照，中国光伏产业发展再次陷入传统制造业低端化生产这一怪圈。面对中国光伏产业陷入的发展困境，也有部分学者从光伏的产业链角度及产业竞争力方面对中国光伏产业的发展进行研究。丁易伟[13]运用"钻石模型"剖析了中国光伏产业发展现状及其竞争力，指出光伏产业竞争力水平的两大影响因素，一是多晶硅产业发展的局限性，二是政府行为；由此得出结论，认为中国光伏产业目前处于整体竞争力偏弱的境地。产业链不完整、光伏发电价格昂贵和政府对于光伏产业的支持不足是导致该产业发展落后的主要原因。

总之，战略性新兴产业普遍存在着研发周期长、研发难度大、投入高、科技依赖程度高、行业配套落后等特点，这使得配套政策无法具体化、落实化，导致配套的产业政策较难形成有效激励及长远支持。

3.3.2　战略性新兴产业企业层面因素

按企业所有制性质对各战略性新兴产业内企业数量进行统计后发现，民营企业在各行业均占据一半以上的比重。作为战略性新兴产业发展的"主力军"，民营企业却很难摆脱其自身的固有缺陷。部分民营企业，尤其是新成立的企业，势单力薄，企业规模小，管理层结构不合理，治理能力低下，易发生经营决策失误；战略性新兴产业的发展绕不开融资问题，而民营企业融资难也已不是新鲜事，在融资渠道、融资成本等方面均劣于国有企业，民营企业发展环境有待进一步改善；生产经营成本、融资成本较高导致民营企业生存压力巨大，生命周期普遍过短，导致企业经营者重视短期利益，而忽视需要较长投资回收期的新兴产业投资。上述种种均使得民营企业无法很好地贯彻和落实战略性新兴产业政策。以光伏产业链中的太阳能电池生产环节为例，除了几家大型厂商以外，该环节以多家中小民营企业为主力。多数民营企业虽然建立起了现代公司治理结构，但大部分还仅仅是建立了一个治理结构框架，各部门间协调运作效率仍亟待提升；且多数太阳能电池厂商的自主研发和生产能力普遍低下，作为民营企业又不可避免地面临融资难问题，为了维持生存，企业多是购买电池芯片进行简单组装，产品提供单一，不同厂商间产品相互替代性高，竞争压力大。

而在我国具有政策导向作用的国有企业，虽然能够更多地享受到政策优惠，融资成本也相对较低，但由于国有企业内部缺乏激励制度，缺乏合理的创新创业激励模式，薪酬设计不合理，高层管理人员打破目前经营模式的动力不足，导致国有企业更多地愿意维持现状，发展缓慢；另外，国有企业往往背负着较重的社会负担，且我国国有企业目前多面临产能过剩等问题，使得国有企业转型困难，发展战略性新兴产业步伐缓慢。

3.3.3　战略性新兴产业政策制定主体层面因素

1. 政策理解的偏差

一个产业在形成期时，有一个典型的现象就是投资的"蜂聚效应"，因为新的产业有可能带来很大的发展机会，因此，各省都把战略性新兴产业摆在重要的战略地位，地方高度重视，投资增速加快。部分地区打着战略性新兴产业的旗号，掀起新一轮的投资热，即争投资和拉项目，不计产业基础，在人才基础和技术基础等条件缺乏的情况下，力图短期内上规模，出现产业结构趋同和恶性竞争现象。转型升级在实践中发生的偏向，概括起来主要体现在以下几个方面。

一是现在很多地方政府把转型升级的战略路径，简单地理解为提高 R&D 占 GDP 比重，认为这样就加快了技术进步，就进入了以创新为主导的经济发展轨道。R&D 投入规模的增加，并不代表一定走上了以质量、效益为中心的经济发展道路。以这个指标反映转型升级的绩效对于实践有巨大的危害。因为它容易助长不计投入效果的浪费现象，也容易驱使地方和部门不断地、大规模地为这个指标造假。例如，把某些不属于研究开发的支出列入考核内容，某些地区要求那些只具有"世界工厂"性质的外资制造加工企业也要设立研发中心，结果企业只好装模做样地设计了一个仅用于应付检查和套取政府科研投入的假的研发中心办公室。

二是把转型升级的战略路径理解为政府主导的产业政策挑选"输家"和"赢家"的游戏，体现为政府的"上什么产业，下什么产业"的企图。按此理解，产业"新"，就是升级，就是转型；产业"旧"，就是维持旧的发展方式，就是转型升级不力。按此标准，转型升级就是要大力发展战略性新兴产业，鼓励企业发展高端产品，限制传统产业和传统商品。在实践中，往往是政府通过规划、补贴等方式引入若干新兴产业做大做强，实施结构调整。然而，在中国现在的发展阶段中，一些所谓"旧"的产业仍然应该是经济发展的支柱产业。如果对其进行一定的技术改造和信息网络化嫁接，还有可能演化为有竞争力的新兴产业。从实践看，很多企业虽然从事新兴产业，但是如果竞争力不强，必然也是处于产品低附加值、资源高能耗的经营状态。因此以战略性新兴产业占比等指标反映转型升级是有巨大危害的，容易诱使或驱使企业不断地、大规模地丢失传统产业的优势。

三是把转型升级的战略路径理解为"增量调结构"，轻视"存量调结构"。近年来，很多地区采取加大投资手段大力发展新兴产业，期望以"增量带动和稀释存量"对产业结构进行优化调整。但这并不一定适合我国经济发达地区经济总量大，尤其是实体经济比重大、技术改造迫切性强的客观情况。当前宏观层面存在库存压力大、产能过剩等问题，也决定了今后一个阶段以"增量调结构"的方式实施转型升级的政策空间不大。立足"盘活存量"的政策思路，通过改善企业经营环境，将要素集中到优势企业，使存量资产产生经济效益，将是我国发达地区产业结构调整和转型升级的主要方面。

因此，地方政府对于转型升级概念的理解偏差，以及对实现此战略的路径的误解，使中国经济结构调整和转型升级的实践出现了偏误，影响了转变发展方式的实际成效，是中国经济难以确立以质量、效益为中心的发展道路的重要原因之一。

2. 政策制定主体利益差异因素

战略性新兴产业政策的制定主体——地方政府和中央政府之间存在一定的利益差异，为政策的贯彻和落实增加了不确定因素。其矛盾主要体现在以下三个方面。

1）产业政策的中央制定、产业政策的地方政府落实间的矛盾

战略性新兴产业作为产业政策的一种，欲准确把握其深刻内涵，则需要正确理解中国式产业政策产生的制度背景——分权治理模式。在经济改革的初期，为调动地方政府发展经济的积极性，中央赋予地方许多经济自主权，同时在政治领域继续保持中央权威。中央政府与地方政府之间的关系可以概括为政治（相对）集权下的经济（相对）分权。在政治层面，中央政府通过组织和人事制度掌控着地方政府主要官员的升迁和调动。中央政府对地方政府（官员）执政能力的评价主要依据不同地方政府之间展开锦标赛竞争所形成的相对指标体系。对地方政府而言，中央政府的考核目标就是其执政的努力方向。在经济层面，经济（相对）分权给予地方政府发展经济的自主性，默许地方政府结合自身的资源禀赋和基础条件在某些领域先行先试，再根据试验效果制定全局性的政策。在中央政府统一的政策安排下，地方政府可以结合地区的发展实际制定适合本地区的实施细则。例如，财政上的分税制保障了地方政府能够分享经济发展的成果，调动了地方政府发展经济的积极性，增加了地方政府的财政收入。中央赋予地方的双重任务可从两方面解读，一是要求地方政府加快发展地区经济，不断提升总体发展水平，即总量要求；二是要求地方政府推动经济发展方式转型，不断提升经济发展质量，

即质量要求。而且，与财政分权相一致，在政策体系安排上，目前采取的是中央与地方双层政策体系安排。以战略性新兴产业为例，中央层面规划战略性新兴产业政策的目标是，到 2015 年战略性新兴产业增加值占国内生产总值的比重力争达到 8%左右。然而地方政府（包括一些中西部地区）可能会为了政绩而考虑制定过高的目标。例如，湖南省提出，到 2015 年战略性新兴产业增加值年均增长 20%以上，总量达到 5000 亿元，占 GDP 的比重超过 20%；陕西省提出，到 2015 年战略性新兴产业增加值占生产总值比重达到 15%以上；安徽省则提出力争到 2015 战略性新兴产业产值突破 1 万亿元。这就形成了中央与地方之间的双层政策体系，其在政策制定、执行等环节表现得不完全一致对产业发展可能产生一定影响。

除此之外，在不同发展阶段，中央政府在两项任务（要求）上的偏好亦有所侧重。从中央政府设计和实施产业政策初衷出发，产业政策目标在本质上应归入"提升经济发展质量"一类任务要求之中。这种带有双重任务属性的治理模式，使得中国式产业政策的目标与日本、韩国的产业政策相比并不存在显著差异，但中国式产业政策在落实产业政策的主体及主体面临的约束（激励）方面独具特色。地方政府在促进产业升级时，还要兼顾地区经济快速发展及社会稳定，产业政策的实施效果实际上就是地方政府从特定约束条件出发在两者间权衡取舍的结果。

中央政府赋予地方政府的双重任务、地区的经济发展程度以及市场化水平对实现预期的产业政策目标具有重要影响。给定地方政府的双重任务目标，一个地区的经济发展越落后，市场化水平越低，地方政府执行产业政策的动机扭曲程度就越高，产业政策实施效果与预期目标背离程度则越大。也就是说，中央所赋予地方的双重任务目标，一定程度上会扭曲地方政府的行为动机，而地方政府激励扭曲程度则是内生于不同地区的经济发展程度与市场化水平的。

2）政绩考核约束下的地区竞争、官员任期与战略性产业创新的不确定性、长期性的矛盾

改革开放以来最大的制度创新有两个，一是来自经济领域的市场化改革与开放；二是来自中央政府对地方政府的逐步放权，调动地方政府在发展经济等方面的积极性。1979～1994 年，中央政府逐步放开计划经济，推动市场经济发展。在政府关系方面，则实行财政包干制，以此激活地方政府活力，这才有了乡镇企业遍地开花的场景。1994 年开始分税制改革，这一方面是为了解决中央政府财力吃紧，无法充分发挥宏观调控的作用；另一方面，则是进一步推动中央政府放权，将更多的责任划拨地方。此次改革后，周黎安认为，除了国防、外交外，各地方政府具备相对独立的利益，几乎垄断执行权，有效刺激了地方自主投资。但在政治层面，中央政府通过控制省级人事任命权，进行制度设计，实行绩效考核。分税制改革以后许多地方财力下降，推动 GDP 增长可以为地方财力提供保障，以此才能进行公共服务建设，而公共服务能力也是政绩考核的一部分，因而 GDP 自然

成为地方政府追逐的目标。中国式"集权-分权"体制及政绩考核制度决定了激烈的地方政府间的竞争[15]。

从 1998 年《党政领导干部考核工作暂行规定》第三条规定中可以发现,地方政府政绩考核与晋升的核心仍然是 GDP 增长率。GDP 可以简单地概括为投资、消费及国际贸易,而地方政府最能直接掌控的工具则是投资。招商引资成为每个地方政府必抓可抓且能够控制的最有力工具,固定资产投资指标成为地方官员口中出现最多的词语。

而在现阶段的中国,产业政策的有效性不仅深受独特的中央与地方关系的影响,还在很大程度上取决于地方政府与企业的关系,而两组关系的变化又与不同地区的经济发展程度和市场化水平密切相关。对于地方政府与企业之间的关系,也可从两方面理解:一方面,企业是地方经济发展的主体,并向地方政府缴纳税收,提供就业岗位;另一方面,地方政府能够通过组织和人事、财税手段对企业进行直接或间接干预。也可以说,地方政府落实产业政策目标需要依赖企业发展,而企业发展则离不开地方政府支持。这种相互依存的政企关系为中国经济持续高速增长奠定了微观基础。问题在于,若地方政府的行为选择与中央政府的发展目标不一致,这种政企关系就会为政府官员腐败(寻租)和企业行贿提供空间。当中央政府将 GDP 增长作为考核的主要内容时,地方政府官员为了追求政治晋升可能会刻意隐瞒企业通过"坏生产方式"生产的成本,从而导致"政企合谋"的产生。为了落实产业政策,地方政府需要鼓励企业进行技术创新,追求周期长、风险大的长期收益,关闭整顿不符合产业政策要求的高耗能、高污染、低技术水平的企业,最终实现产业升级。

另外,产业升级往往会影响短期内的经济增长,可能导致地区就业率的下降和潜在的社会不稳定性。常见的情形是,地方政府(官员)在任期的限制下,受晋升激励的影响和地区发展水平的约束,更倾向于追求短期经济增长,引导或纵容企业选择促进规模扩张的发展战略。地方政府落实产业政策激励行为的扭曲,使政策的预期目标无法实现。也可以这么认为,产业政策的预期目标是否能够实现很大程度上取决于地方政府面临的激励与约束。地方政府的激励来自于特定的考核目标与晋升制度,约束则与地方经济的发展程度和市场化水平有关。

综上,战略性新兴产业的产业特征决定了中央政府与地方政府在产业政策执行方面难以做到完全融合。这里面有地方政府利益的体现,而其直接来自中央政府的政绩考核安排。在当前政绩考核制度中,指标越来越成为考核的核心,而其中的经济指标则是居于核心位置且可以有效控制的。其他的诸如民生改善等指标考核也许通过经济指标的提高才能有效达到。不仅如此,指标难以涵盖所有可能,这就为政策执行偏差带来可能。战略性新兴产业发展的核心是创新,而创新的不确定性、长期性以及地方政府官员任期制,也是地方政府政策执行偏离中央政策的一个因素。

3.4　本 章 小 结

本章围绕战略性新兴产业政策的不确定性展开讨论。第一节首先引用罗德里克有关"嵌入型自主性"政府的概念，展开对产业政策有效性的争论；在此基础上，第二节通过案例与数据，从政策颁布、实施工具及经济后果几个角度综合分析了战略性新兴产业政策不确定性的表现；第三节论述了战略性新兴产业政策不确定性的具体原因，即战略性新兴产业行业层面因素、企业层面因素和政策制定主体层面因素。

战略性新兴产业作为高投资、高风险、长周期、市场高不确定性的新兴产业，其发展模式值得多方关注。市场机制是拉动战略性新兴产业发展的根本力量，政府扶持是培育战略性新兴产业成长的重要保障。现实中部分地区战略性新兴产业发展可持续性不强、各地区之间出现产业雷同、同构竞争等问题，大多归因于政策的不合理，当地政府缺乏科学考量产业优势、资源优势和市场风险的机制，盲目过度追求"高、大、快"的结果必然导致战略性新兴产业丧失其战略地位。

参 考 文 献

[1]　Pástor L, Veronesi P. Political uncertainty and risk premia[J]. Journal of Financial Economics，2013，110（3）：520-545.

[2]　Gulen H, Ion M. Policy uncertainty and corporate investment[J]. Review of Financial Studies，2016，29（3）：523-564.

[3]　张少春. 中国战略性新兴产业发展与财政政策[M]. 北京：经济科学出版社，2010.

[4]　姜达洋，李宁. 我国战略性新兴产业低端化表现[J]. 经济研究参考，2013，（18）：23-24.

[5]　朱艳鑫，朱艳硕，薛俊波. 地方政府产业政策的文本量化研究——以战略性新兴产业政策为例[J]. 经济问题探索，2016，（2）：127-133.

[6]　周城雄，李美桂，林慧，等. 战略性新兴产业：从政策工具、功能到政策评估[J]. 科学学研究，2017，（03）：346-353.

[7]　任优生，任保全. 环境规制、规模差异与战略性新兴产业研发创新[J]. 山西财经大学学报，2016，38（1）：67-77.

[8]　任优生，邱晓东. 政府补贴和企业 R&D 投入会促进战略性新兴产业生产率提升吗[J]. 山西财经大学学报，2017，39（1）：55-69.

[9]　陈青山，钟春平. 政府的研发补贴是否能刺激企业的研发投资——基于太阳能光伏行业上市公司的微观证据[J]. 征信，2015，33（11）：64-70.

[10]　黎文靖，郑曼妮. 实质性创新还是策略性创新——宏观产业政策对微观企业创新的影响[J]. 经济研究，2016，（4）：60-73.

[11]　黄先海，宋学印，诸竹君. 中国产业政策的最优实施空间界定——补贴效应、竞争兼容与过剩破解[J]. 中国工业经济，2015，（4）：57-69.

[12]　沈坤荣，孙文杰. 市场竞争、技术溢出与内资企业 R&D 效率——基于行业层面的实证研究[J]. 管理世界，2009，（1）：38-48.

[13]　丁易伟. 我国光伏产业竞争力研究[D]. 长沙：湖南大学，2009.

[14]　刘志彪，陈柳. 政策标准、路径与措施：经济转型升级的进一步思考[J]. 南京大学学报，2014，51（5）：48-56.

[15]　周黎安. 行政发包的组织边界：兼论"官吏分途"与"层级分流"现象[J]. 社会，2016，1：34-64.

第 4 章　战略性新兴产业政策不确定性的量化分析

2008 年金融危机之后，全球经济处于深度调整之中，对经济政策不确定性的研究也围绕着这两方面展开。已有的研究在不确定性的测量、成因与影响方面取得了实质性的进展。第 3 章系统阐述了战略性新兴产业政策不确定性的表现，以及产生不确定性的深层原因。经济政策的不确定性包括以下几个方面：政策预期的不确定性；政策执行层面的不确定性或政府改变政策立场的可能性。根据国外的研究，在多党派轮流执政的国家，不同政党的意识形态不同，政策取向也有差异，哪个政党执政和采取何种政策会产生比较高的不确定性预期[1]；同时新政策实施也可能使得市场对私人部门的盈利产生不确定性预期[2]，因此选举年份的经济政策不确定性往往被认为比非选举年份更高。总体而言，经济政策不确定性包括实施何种经济政策、如何实施以及经济政策预期的不确定性等多个方面[3]。经济政策不确定性落实到企业经营层面，具有两方面的体现：一是政策本身的不确定性，二是政策不确定性带来的经济后果。本章结合前面研究的基础，从经济政策不确定性与经济政策效果不确定性两方面，基于宏观经济政策、政策实施主体以及微观企业的政策影响效果三个层面对不确定性量化研究进行梳理，在此基础上，提出针对战略性新兴产业政策不确定性可行的量化研究方法，并由此展开战略性新兴产业政策不确定性的实证计量。

4.1　经济政策不确定性量化衡量的方法

4.1.1　宏观层面经济政策不确定性的衡量

2008 年金融危机发生后，宏观层面经济政策不确定性的研究得到了更多的关注。其研究范围包括经济政策对企业和个人的投资、消费和就业的影响，以及其对宏观经济和资本市场的影响。例如，宏观经济和金融危机的发生会显著提高未来税收、产出、健康支出和货币政策等经济政策的不确定性，反过来经济政策的不确定性又会导致商业和个人推迟他们的投资、雇佣和消费支出的意愿，在一定程度上会延迟经济复苏。以往研究中会将经济不确定性和政策不确定性分开来研究。经济不确定性一般通过具体的指数衡量，政策不确定性则更多从具体的货币政策或财政政策出发，研究政策的偏离和不稳定性以及对经济的不利影响。如 Villaverder 等[4]、Born 和 Pfeifer[5]采用的方法是直接估计政策规则（货币政策和财政政策）的时序模型，并将估计出的时变标准差用于表征政策不确定性。这一方法的优点在于经济含义较为直观，但应用中具有较大的局限性：一是只能单独刻画货币或财政政策的不确定性，难以综合度量包括监管等多种政策的不确定性；二是具有随机波动率的时序模型估计需要区间较长的样本数据才能得到可靠的估计结果，而中国的大多数宏观经济变量序列难以满足要求。

Baker 等[6]认为经济政策是经济不确定性的重要来源，他们采用信息技术化手段，从宏观经济政策层面捕捉和筛选经济政策不确定性的体现。随后大量研究采用该指数进行了分析，并且展开经济政策不确定性对微观企业行为影响的研究。下面就 Baker 等的宏观经济政策不确定性（economic policy uncertainty，EPU）指数法展开论述。

（1）Baker 等[6]的 EPU 指数，是由斯坦福大学的 Bloom 和 Baker 以及芝加哥大学的 Davis 等学者领衔的研究组于 2011 年开始编制的，涵盖了各主要经济体。该 EPU 指数由三个次级指数构成：第一个指数量化媒体报道给经济相关政策带来的不确定性，占 1/2 权重；第二个指数反映联邦和市政支出的经济预测不一致的状况，占 1/3 权重；第三个指数反映今后将到期的联邦政府税法规定数量，占 1/6 权重。

以美国的经济政策不确定性的度量为例，在 10 家具有巨大影响力的美国报纸中，他们用计算机自动挑选出包含以下三项关键词集的文章频率：①E：{经济，经济的}；②P：{国会，赤字，联邦储备，立法，监管，白宫}；③U：{不确定，不确定性}。为了消除报纸版面不同带来的目标文章数的变化，他们将目标文章数除以同月该报纸的文章数。经过标准化（除以 1985 年 1 月至 2009 年 12 月的标准差）以及归一化（除以多份报纸的平均值），得到计算机自动处理的 EPU 指数。此外，他们还采用人工阅读挑选目标文章得到新的一组指数，将两组指数进行对比，发现二者高度相关，从而验证 EPU 指数的可靠性。

Baker 等[6]也构建了中国的 EPU 指数，在方法上与美国的 EPU 指数有几点不同：①基于的报纸是《南华早报》，《南华早报》是香港发行量最大、影响力最强的英文报纸，其对中国经济的跟踪报道非常及时紧密，将其作为新闻报道检索平台可以很大程度上保证检索范围的全面性和检索内容的准确性；②增加了国家词组 C："中国""中国的"，P 采用的是复合词组：{{{政策，支出，预算，政治，利率，改革}和{政府，北京，当局}}，税收，监管，监管的，中央银行，中国人民银行，PBOC，赤字，WTO}。他们将目标文章数除以同月该报纸的文章数，以消除报纸版面不同带来的目标文章数的变化。经过标准化（除以 1995 年 1 月至 2011 年 12 月的标准差）以及归一化（除以多份报纸的平均值），得到计算机自动处理的 EPU 指数。此外，根据人工阅读，500 份抽样文章中的 429 份涉及中国的经济不确定性，只有 8 篇文章被自动搜索方式错误地标记为与中国的经济不确定性有关，这说明了计算机构建 EPU 指数的可靠性。

　　图 4.1 呈现了 2001 年 1 月至 2013 年 3 月的中国 EPU 指数的变化轨迹。利用 Bai 和 Wang[7] 的条件马尔可夫模型，可以测定经济周期状态，低增长状态的平滑概率显示样本期内存在三个明显的低增长区间。可见，低增长区间与政策不确定性较高水平的区间重叠，即 EPU 指数呈现出明显的逆周期特征。进一步地，可以发现 EPU 序列的许多波峰点都对应中国重要的政治经济时点，这些时点往往伴随着大量经济政策的出台，由此可知该指数在很大程度上捕捉了中国经济政策的不确定性。

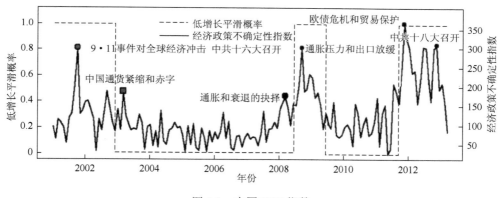

图 4.1　中国 EPU 指数

　　Baker 等[6] 构建的 EPU 指数为之后的实证研究做出了巨大的贡献，但它仍有一些不足：EPU 指数基于的《南华早报》，其内容虽然覆盖内地和香港以至全亚洲，但由于它是英文报刊，并且没有相应中文网站，只有少部分中国经济决策者会阅读。因此，在当代这样一个传播手段复杂、信息来源繁多的时代，《南华早报》对中国经济的影响有限，构建而成的指数很难被认为公正无偏。

　　（2）郭冬梅等[8] 借鉴 Baker 等构建的 EPU 指数的方法，将所有报纸文章进行整理，搭建关键词搜索程序，整理报纸中包含关键词的目标文章数，以此为基础构建 1998 年 1 月到 2016 年 4 月的月度经济政策不确定性（China economic policy uncertainty，CEPU）指数。其中，他们在报纸、关键词选取、构建方法上进行了以下改进。

　　首先，在报纸选取方面，郭冬梅等[8] 扩展了报纸数量，选择政策导向型综合类报纸《人民日报》、《光明日报》和《经济日报》作为中国 EPU 指数的基础报纸来源。这些报纸作为国内的主流报纸，面向全国多维度地传播党的经济政策和相关信息。报纸受众面广，信息量大，是我国市场参与者做决策时主要参考的信息源，这使得 CEPU 更有代表性。其次，在选取关键词方面，他们利用词频统计和同义词分析的方法，选择出现频率较高的同义词汇作为关键词词组：①E：经济；②P：{{{促进，刺激，扩大}消费}，调整利率，利率调整，{{扩大，减少}投资}，{{增加，减少}税收}，税收政策，财政刺激，货币，加强监管}；③U：{试点，试行，示范，不确定，预测，预计，或许，可能，预期，有待，有望}。他们在人工阅读报纸后挑选关键词，而非对英文关键词直译，这使得得到的指数更加符合中国特色，反映中国国情。最后，在构建方法方面，Baker 等[6]构建指数时，采用目标文章与当月全部文章做对比的方法，而郭冬梅等[8]采用目标文章比上当月包含"经济"关键词全部文章的方法。这可以较为有效避免综合性报纸不同版面（如经济版、政治版、生活版等）内容量变动带来的系统性偏差。

总体来看，CEPU 指数和 EPU 指数相关性较强、基本走势保持一致，都能较好地刻画中国的经济政策不确定性。但具体来说，侧重点有所不同，Baker 等[6]基于《南华早报》构建的 EPU 指数，从国际视角出发，更偏向于外媒对中国经济形势和政策调整的主观判断；而郭冬梅等[8]基于国内主流综合类报纸构建的 CEPU 指数更加贴合我国经济发展和政策调整的客观实际，尤其在当前"全面深化改革"稳步推进、供给侧结构性改革的关键时期，CEPU 指数相较于 EPU 指数更能反映我国的经济政策不确定性。

（3）Brogaard 和 Detzel[9]同样测算了经济政策不确定指数，其计算方法与 Baker 等[6]相似，但是其在国际背景下使用了更加具有广泛性意义的 World News 数据库和更加广泛的检索词，能更好地抓取经济政策不确定性。另外，该 EPU 指数，主要通过统计当月报纸与杂志中满足其定义的"讨论中国经济政策不确定性"文章的数量，并据此使用以下公式计算经济政策不确定性指标。

Brogaard 和 Detzel[9]将满足以下三个条件的文章界定为讨论中国经济政策不确定性的文章，第一，文章必须提到中国（China 或 Chinese）或我国（中国杂志）的字样；第二，文章必须讨论经济政策；第三，文章中必须包含以下具有不确定性含义的一个或多个词语：模糊、犹豫、不确定、含糊、可疑、推测、不明确、不清楚、未证实、未决定、未确定、未解决以及变化等。

4.1.2　政策实施主体层面不确定性的衡量

经济中的不确定性来自许多方面，但政策不确定性是经济不确定性的主要因素之一[10]。事实上，许多学者很早从政治不稳定的视角来研究其对发展中国家投资的负向作用[11]。政治的不稳定导致了政策经常性变换以及经济波动的频繁，进而对经济增长起到消极作用[12]。因此，部分学者选取政府换届、官员变更或选举时间等政治不稳定因素，作为衡量政策不确定的代理指标，这也是从政策本身来量化其不确定性影响。国外多数文献选择政府选举作为政策不确定性的估计指标，选举的好处在于其具有很强的外生性和周期性，尤其是那些有固定任期和任职年限的选举，可以有效避免反向因果的顾虑。首先，选举所带来的政策不确定性是毋庸置疑的。不同参选者在政策观点上往往大相径庭，因此官员变更会直接影响现有政策的持续性以及新政策的出台。其次，选举结果本身存在不确定性，继任者名单往往直至选举最后一刻才揭晓，企业很难准确预测。因此，官员换届会直接导致企业对未来一届政府政策不确定性的担忧。

国内大部分研究政策不确定性的文献采用了与选举相似的方法对政策不确定性进行刻画。由于体制不同，我国学者多采用省级领导或市级领导换届作为衡量政策不确定性的方式。换届在一定程度上与选举产生的结果非常近似，尤其是随着干部跨省跨市任职以及从中央或部委派遣至地方任职的比例增加，换届时产生的不可预期性显著提高。基于政府换届选举研究发现，政府换届不仅带来更高的政治不确定性预期，而且不同选举结果可能带来不同的行业管制政策、货币政策、贸易政策等。领导人更替及其政策变化带来的不确定性预期，不仅会对政治家产生影响，而且影响微观企业行为。"晋升锦标赛"强化了地方官员发展经济的积极性，地方官员因此制定了一系列刺激当地经济发展的制度安排。企业管辖区领导人的变动往往影响了政策推行的连续性，推高了地区固定资产投资增长率，而政府会将扩大投资的任务转嫁给企业，但是政策的不确定性增加了投资前景的不确定性，进而影响企业的投资态度。但是官员变更所导致的不确定性都是地方性的，官员变更数据作为严格外生变量，缺少连续性和时变性，也无法描述非变更年份的政策不确定性，因此我们认为以官员变更替代政策不确定性存在一定的局限性。

与此同时，中国经济仍然处于市场经济的初级阶段，政府的各项经济政策仍然对企业制定自身发展决策具有重要影响。这也使得中国企业经营决策对外部经济政策不确定性的敏感性更高。经济政策成为政府塑造企业外部经营环境的重要手段，政府通过经济政策来制定或改变企业的"游戏规则"。一般情况下，政府只有在新政策面临较低的政治成本并且能够较为确定地改善企业盈利时，才会改变现行经济政策。由于经济政策的政治成本对企业来说往往是不可观测的，政治成本就成为经济政策不确定性产生的主要原因[2]，因此，政治成本也成为政策实施主体层面衡量不确定性的主要方面。政治活动是一种为财富转移而进行的竞争，所谓政治成本就是企业因政治活动承受财富转移而产生的损失。这一理念首次被美国两位著名的会计学家 Watts 和 Zimmerman 在 1978 年引入实证会计的理论研究框架。他们在《论建立会计准则的实证研究》一文中认为政治成本包括所有潜在不利政治活动加诸企业的预期成本（财富转移），这些活动包括反垄断、行业管制、补贴、关税等。总的来说，不利管制（如反垄断法案、暴利税征收）的威胁与有利政策（如进口救济）的争取构成了企业政治成本的两大组成部分。

4.1.3 企业微观层面政策不确定性的衡量

企业信息环境是企业层面各种信息活动的集合，当经济政策不确定性影响微观企业行为时，企业的信息活动也会受到影响。基于此，随着宏观经济政策对微观企业经营决策影响的研究不断深入，学术界出现了大量经济政策不确定性对微观企业行为的实证研究。现有研究发现政策不确定性显著影响资本市场股价反应，尤其在新兴资本市场，当对政府政策或者由政治原因导致对政府政策的预期存在不确定性时，市场信心会大幅下降，股价出现普遍下跌且波动幅度更大，增加整个资本市场股价波动。Pindyck[13]认为，产品市场波动性的增加会转化为股市波动性的增加。我国资本市场投资者受政策因素影响显著，与政策相关的不确定性预期加重投资者的非理性预期，导致投资者情绪波动，也带来股价的剧烈反应。例如，自 2010 年我国资本市场首次公开募股（initial public offerings，IPO）出现首次破发现象以后，战略性新兴产业相关上市公司的 IPO 破发比例相对更高，一定程度上反映出市场信心受到冲击，投资者情绪不断趋向悲观。靳光辉等[14]的研究也表明投资者情绪成为政策不确定性影响企业投资的重要媒介。

通过研究政策不确定性对股票市场的影响机制，有学者发现当政策不确定指数升高时，股票市场回报趋于更加波动且相关性增强。Pástor 和 Veronesi[2]的研究也表明，在不确定的环境下，政策变更将导致股价下跌。政策不确定性难以计量，但它通过影响人们的心理预期进而影响人们的投资行为，进一步反映到股价变化上，政策不确定性越高，股价波动率越大。股价波动的变化可以反映投资者修正预期的频率，捕捉政策的影响，是投资者总体预期的综合，能够很好地衡量投资者不确定主观感受，可以更准确地反映不确定性。Bulan[15]使用财政年度内公司股票日收益率的年度标准差测量经济政策总体不确定性，并通过估计双指数模型，将总体不确定性分解为其市场、行业和公司特有的不确定性。衡量不确定性的一个重要问题是，该措施必须是前瞻性的，因为它应该反映未来的盈利能力。但是以上计算的波动性度量是事后估计。在理性预期的假设下，我们可以使用已实现的波动值来代替预期的波动率。这会在误差项上增加一个理性预期误差，这个误差项与每个时间段开始时的可用信息正交。Schwert[16]报道了股票收益波动性的强劲持续性，其中滞后波动率是预测下一期股票收益波动性的最重要的变量。因此，滞后的波动值可以用作估计的有效工具。Bloom 等[17]遵循 Leahy 和 Whited[18]提出的方法,使用公司 i 在会计年度 t 中的每日股票收益的标准差测量经济政策不确定性。使用每年约 265 次观测值的采样频率样本差异较低,因此测量方差的变化应该反映基本过程的变化,而不是极端抽象。但是,股票市场回报的变化可能部分地反映与基本面(如股价泡沫)无关的噪声,为此,Bloom 等[17]不仅通过富时指数的回报来规范公司的每日股票收益,以消除任何总体股市泡沫的影响,还考虑使用公司每月股票收益的年内标准差。虽然基于 12 个月观测值的估计值会受到更多的采样变化的影响,但这将降低日常观测中可能出现的高频噪声的影响。靳光辉等[19]基于股价波动率构建公司层面的经济政策不确定指数。考虑到股价波动是已实现数据,具有较大噪声,所以对股价收益波动率进行一阶自回归,获得股价波动未预期的部分。再剔除衡量公司基本面的指标,以回归残差衡量经济政策不确定性。另外,考虑到行业的异质性,股价波动也会有所不同,参考申慧慧等[20]的方法,对股票收益率波动作行业中位数调整,并将其作为公司层面经济政策不确定性的稳健性替代指标。

4.2 经济政策不确定性的实证研究

4.2.1 宏观层面经济政策不确定性的实证

Baker 等[6]编制的 EPU 指数得到了比较广泛的应用,Colombo[21]基于 Baker EPU 指数研究了美国的经济政策不确定性对欧元区经济状况的影响;Bernal 等[22]使用该指数研究经济政策不确定性对欧元区风险溢出的影响;Wisniewski 和 Lambe[23]利用该 EPU 指数来反映一国出现信用违约的可能性,以此对信用违约掉期(credit default swap,CDS)的价差进行了研究。Pástor 和 Veronesi[2]通过市场超额回报将 EPU 指数以及经济状态变量相联系,发现经济政策不确定性在经济不景气时具有更高的风险溢价。Brogaard 和 Detzel[9]以该 EPU 指数作为风险因子对股票定价进行研究发现,该因素对于股票的超额收益具有显著的预测作用。Sum[24]使用 EPU 指数,讨论了欧元区的经济政策不确定性对股市收益率的影响冲击,研究表明欧元区股市收益率对经济政策不确定性的冲击有积极响应,政策不确定性的变动使得股市收益率降低。Gulen 和 Ion[25]也采用该指数研究政策不确定性对公司投资的影响,发现对于投资不可逆和更加依赖政府支出的企业,经济政策不确定性对投资的抑制作用更加明显。

金雪军等[26]采用这一指数运用 FAVAR 方法分析政策不确定性冲击对中国宏观经济的影响,发现政策不确定性冲击会给 GDP、投资、消费、出口和价格变动带来负向影响,导致实际有效汇率贬值,促使股票价格和房地产价格下跌。同时发现,政策不确定性作用于宏观经济的主要机制为预期渠道。李凤羽和杨墨竹[27]

基于中国 EPU 指数研究了我国企业投资决策对经济政策不确定性的反应，他们发现经济政策不确定性上升会对企业投资行为产生抑制作用，这一现象不仅在 2008 年以后更为明显，而且会受到企业投资的不可逆程度、产权性质、机构投资者持股比例等因素的影响。李凤羽和史永东[28]进一步研究了经济政策不确定性对企业的现金持有量的影响，发现经济政策不确定性越大，企业越倾向于增持现金。饶品贵等[29]采用 Baker 等[6]提供的 EPU 指数，研究中国经济政策不确定性对企业投资和投资效率的影响，发现经济政策不确定性升高时，企业总体投资出现下降，但是投资效率显著提升。饶品贵和徐子慧[30]进一步研究经济政策不确定性对高管变更的影响，发现在外部不确定性高时，企业内部会采取风险对冲的策略，从而降低高管变更的概率，这一情况在风险承担能力弱的企业中更为明显。郝威亚等[31]使用该指数，运用实物期权理论分析了经济政策不确定性对企业创新的影响机制，研究发现，经济政策不确定性增加，致使企业推迟研发投入决策，从而抑制企业创新。张浩等[32]使用该指数实证分析了不同政策不确定性环境下宏观变量冲击对于房价波动的影响，宏观环境向好会引起房价的正向波动，而且这种波动会随着政策不确定性的增加而加大；不同的政策不确定性背景下，宏观冲击对于房价波动的影响存在差异性。较高的政策不确定性程度会延缓个人的购房消费和投资以及房地产企业的供给，甚至引起市场失灵，从而引起房价的无谓波动。

王红建等[33]使用 Brogaard 和 Detzel[9]计算的政策不确定性指数，对经济政策不确定性影响公司现金持有水平的具体作用机制展开研究，他们发现经济政策不确定性与企业现金持有呈显著正相关，且代理问题越严重或企业所处地区的市场化进程越低时，经济政策不确定性与现金持有之间的关系越敏感。

4.2.2 政策实施主体层面经济政策不确定性的实证

Smales[34]基于民意调查数据构建了政治不确定性衡量指标，探讨了澳大利亚联邦选举周期中政治不确定性对金融市场不确定性的影响。其结果表明，选举不确定性的增大会引发更高的金融市场不确定性，而更高的政治不确定性造成需求下降和收益率上升，且伴随着未偿债务及长期政府债券发行量的缩减。Durnev[35]采用各国选举数据，发现在选举年份，企业投资对股票价格的敏感性下降了 40%。他认为这是由于选举年份股票价格反映了选举产生的政治不确定性，因而会降低股票价格的信息含量。Yonce[36]的实证研究发现，1964～2008 年总统大选期间，美国企业的投资支出减少了大约 2%；Cohen 等[37]对美国参议员变更的研究也表明，各州当选的国会参议员会导致当地政府支出的增加进而导致私营企业投资支出急剧减少。Julio 和 Yook[11]的跨国检验证据表明，在国家大选期间，企业会更加谨慎，投资支出平均降低 4.8%，在一定范围内，当选举的结果难以预测时，企业资本支出下降得更为明显。

对于地区经济发展和制度环境极不平衡的我国而言，曹春方[38]以省委书记更替为研究对象验证了政治影响企业投资的中国逻辑，即省委书记更替产生的事实政治权力转移所致的政府干预减少是导致国有企业投资支出下降的主要原因。贾倩等[39]使用官员更替作为政策不确定性的替代变量，检验了区域经济政策的不确定性对企业投资行为的影响，发现地方官员变更增加了本地政策的不确定性，从而显著减少了企业当年的投资。徐业坤等[40]进一步研究表明，不具有本省工作经历的领导上任时引起的企业投资支出下降更多，管制行业企业的投资支出受政策不确定性的影响更大。吴晓飞[41]研究发现省委书记更替对当年的国有经济投资具有显著的负向影响，而省长更替对当年的国有经济投资则具有显著的正向影响。在将更替形式区分为实质性更替与连任的情形后，研究发现地方领导人的实质性更替对国有经济投资的影响十分显著，而连任对于国有经济投资的影响则显著性较低。陈德球和陈运森[42]同样以官员更替作为政策不确定性的替代指标，发现企业为了避免新政府的寻租行为，倾向于采取减少或平滑报告期利润的手段，进行规避政治成本向下的盈余管理。陈德球等[43]发现由市委书记变更引发的政策不确定性会降低企业的创新效率，企业的专利数量会降低，这种影响对有政治关联的企业作用更强，在新任市委书记来自外地和市委书记的非正常变更的样本中更强。另外，陈德球等[44]利用地级城市市委书记变更的数据，从税收视角考察在面对政策不确定时企业是促进还是抑制税收规避行为。实证结果发现，由地区核心官员变更导致的政策不确定性会增加企业的税收规避行为，而且在税收征管强度较低的地区和具有政治关联及终极产权为民营性质的企业中，这种关系更加明显。

4.2.3　企业微观层面经济政策不确定性的实证

（1）Bulan[15]、黄久美等[45]采用股价波动率衡量企业面临的总体不确定性。Bulan[15]实证验证了公司投资资本比率与总体不确定性之间的关系，发现由于资本的不可逆性和来自行业层面的资产专用性，行业不确定性的增加与实物期权行为相一致，对公司投资产生了明显的负面影响。特定企业的不确定性增加也会降低公司投资。黄久美等[45]将总体的不确定性（$\hat{\sigma}_{it}$）分为市场不确定性（$\hat{\beta}_{it}\hat{\sigma}_{mt}$）和公司特有的不确定性（$\hat{\sigma}_{\varepsilon it}$），认为总体不确定性和市场不确定性都对公司固定资产投资具有显著的负影响；市场不确定性对公司固定资产投资的负影响大于总体不确定性对固定资产投资的负影响；不同公司的固定资产投资对公司特有不确定性的反应不同。

（2）Nick 等[17]用公司 i 在会计年度 t 中的每日股票收益的标准差衡量政策不确定性，其研究表明不可逆性较高的经济政策不确定性会降低投资对需求冲击的反应能力。经济政策不确定性增加了实物期权价值，使公司在投资或撤资时更加谨慎。在 2001 年 9 月 11 日和 20 世纪 70 年代的石油危机等主要冲击时期周围观察到的不确定性的一个标准偏差增加，可能会严重降低投资对后续货币或财政政策的反应。在这些高度不确定的时期，对任何给定的政策刺激的反应可能会低于正常水平。

（3）靳光辉等[19]研究利用政策盘点构建的综合指标和各省规模以上工业企业 R&D 经费支出占当地 GDP 的比例的倒数来计量来自行业层面的不确定性与公司层面的不确定性，并构造了不确定性指数。在利用该指数回归政策不确定性与企业投资之间关系的基础上，研究结果发现，政策不确定性降低了企业投资；融资约束预期更强的企业受政策不确定性影响也更强；政策不确定性对企业投资的显著影响只存在于市场化程度较低的组别中。靳光辉等[14]也实证检验了政策不确定性通过资本市场投资者情绪影响企业投资的微观作用机制。研究发现政策不确定性增加了投资者的风险感知和模糊性厌恶水平，从而对其情绪产生负面影响，投资决策可能受到投资者非理性的情绪影响，投资者情绪成为政策不确定性影响企业投资的重要媒介。进一步研究发现，容易受投资者情绪影响的企业，政策不确定性通过投资者情绪对企业投资影响更显著。

4.3 战略性新兴产业政策不确定性的实证研究

4.3.1 战略性新兴产业政策自身不确定性的衡量

战略性新兴产业需要长时间的扶持才能具有竞争力。我国各地区经济发展不平衡，地方政府扶持新兴产业发展的能力存在较大差异，这将严重影响政策实施方面的不确定性预期。国务院于 2010 年公布了《国务院关于加快培育和发展战略性新兴产业的决定》，与此相对应，各省级政府相继制定了发展战略性新兴产业的决定、通知、意见、计划或方案。政策法规制定越全面，可能越有动机发展战略性新兴产业；而各省区市在政策法规中给予的政策优惠越具体，企业面临的政策实施不确定性可能越低。战略性新兴产业的相关政策主要在财政政策、产业政策、金融政策、人才政策四方面。我们拟通过盘点各省区市战略性新兴产业相关政策法规发布多少（主要为是否发布发展"战略性新兴产业的决定、意见、计划、方案"或"战略性新兴产业'十二五'规划"）、政策法规中是否有"具体"的税收优惠规定、政府采购金额、专项资金扶持金额以及其他财政支持金额构建省际层面政策不确定性（uncertainty province1）指标。如果各省区市存在上述相关政策法规，赋值为 0，否则赋值为 1；进一步通过详细阅读相关政策法规，如果政策法规中存在具体的税收优惠规定、具体的政府采购金额和专项资金扶持金额、其他财政扶持方式或扶持金额也较为具体（如财政补贴、土地使用以及行政服务性收费方面的优惠等），赋值为 0，否则赋值为 1；最后将上述五点内容的赋值相加，从而赋值越高，表明政策不确定性越高，相反，赋值越低，表明政策不确定性越低。

4.3.2　战略性新兴产业政策不确定性微观层面的体现

2008 年金融危机之后，西方学者开始关注世界范围内各国政府应对危机的政策不确定性及其对股市带来的政策效应。Pástor 和 Veronesi[2]通过构建一般均衡模型的分析框架，研究政府政策不确定性对股价波动产生的影响，发现政治不确定性会增加股票间的波动性和相关性。当政策变更宣告时，股价会同步下降，且政治不确定性程度越大，股价的下降幅度越大。基于此研究思路，Brogaard 和 Detzel[9]、Ulrich[46]等学者陆续基于经济政策或者货币政策视角，研究政治不确定性对资本市场的影响，发现政策的变更会引发政治的不确定性，其与股价波动呈现显著的正相关关系。在新兴资本市场上，政治不确定性如何反映资本市场股价波动以及通过何种渠道影响股价变化一直颇受争议。靳光辉等[19]基于战略性新兴产业政策推出的背景，考察了政策不确定性可以通过资本市场上投资者感知公司层面信息的能力影响企业投资的微观作用机理，但并未涉及产业政策能否通过信息披露或者行业内竞争渠道影响股价波动。韩乾和洪永淼[47]通过事件研究法，验证了新兴产业发展政策只能带来股票市场收益上升的短期效益，长期来看波动增加。

政策不确定性往往由政府寻租势力过高的选择型产业政策产生。选择型的政策通过事后政府税收优惠、政府补贴，对行业内有序竞争产生行政性干预，会增加行业内企业寻租行为，对行业内企业健康发展产生负向冲击作用，企业经营风险增加。基于前人文献研究，考虑行业内政策不确定性对公司股价的影响，其路径主要体现在现金流波动与信息披露两个方面。

首先，基于现金流波动渠道，依据产业组织理论的经典 SCP（structure-conduct-performance，结构-行为-绩效）范式，进一步考虑产业政策不确定冲击下"政策-结构-行为-信息-绩效"。政策带来的行业内结构性变化会影响公司经营绩效，政策不确定性将影响企业微观经营的三个层面：

第一，产品市场的不确定性。产品的价格是影响企业进行生产投资的重要因素。政策不确定带来的整个市场环境不确定性，使产品的销售及价格具有较大的不确定性。产品的价格变化会导致预期现金流流量大小的变化。按照投资的未来现金流贴现模型，当其他条件不变时，产品价格下降（或销售下降），使得未来预期现金流流量下降，项目的净现值减少，投资减少。

第二，企业运行成本的不确定性。政策不确定性带来的运行成本增加，包括企业经营成本以及代理问题等带来的管理费用增加，使企业现金流波动增加。

第三，企业资金成本的不确定性。政策不确定性带来融资模式的不确定性，包括融资总量、融资结构、融资成本和股利政策的不确定性，企业现金周转循环具有不确定性。利率、资本成本、融资政策、股利政策与现金周转循环之间的相互关联关系导致了财务风险的利率的变化，将导致预期贴现率的变化，预期贴现率的不确定性又会导致财务风险的客观存在。

产品市场环境的不确定性及成本增加会使预期现金流下降，使得投资项目的净现值减少。进一步地，考虑该模式下，产业政策对公司股价的冲击表现在层层递进的两个层面：①政策带来结构层面竞争效应对微观个体公司现金流波动的直接影响；②公司现金流波动带来股价特质波动。考虑功能型产业政策（促进行业内竞争的产业政策）与选择型产业政策对行业有序发展产生正负两方面的效应，政策不确定性影响产品市场竞争程度及股价波动的路径体现在：政策不确定性—行业波动加剧—恶性竞争增强—成本增加—投入减弱—现金流波动增强—特质波动增强—噪声交易增强—股价波动增强。

其次，政策不确定性使市场信息不对称程度增加。根据 Elliott 信息价值链模型可知，信息价值链由经济活动、经营数据、信息披露、知识以及分析与决策五个部分共同构成。通过理性预期数理模型推导影响机理，构建信息生成与信息披露、信息传递与信息解读的冲击路径与关键因素。具体来看：

（1）信息生成与信息披露路径：产业政策—系统性风险—预期未来现金流折现率—分析师预测—企业未来盈利信息—市场信息披露。其中，产业政策冲击影响信息生成与信息披露质量的关键因素，包括公司特征、治理机制中内部人交易与公司自愿披露行为。

（2）信息传递与信息解读路径：市场信息披露—知情交易者—机构投资者交易—个人投资者交易—股价波动。由于投资者对企业未来盈利的学习效应，稳定的产业政策的不确定性会随时间的推移而不断降低，而信息不对称会影响政策的揭示速度或程度，进而将影响到产业政策对市场估值的作用，增强股价同步性。政策不确定性，将进一步通过信息路径增加股价波动。

基于"政策-结构-行为-信息-绩效"的影响路径（图 4.2），借鉴一般均衡模型分析法，将产业政策冲击内生到资产价格定价模型中，能够系统性构建政策不确定体现在股价波动的关联路径，由于代理人了解政策实施及潜在的成本，并假定政策具有异质性，即随着市场环境的恶化，政策变化的概率上升，选择型产业政策实施概率将增加，影响公司股价波动的风险增加。

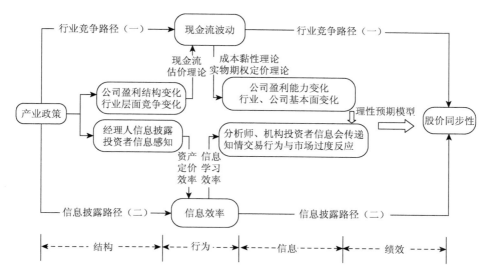

图 4.2　政策不确定性在股票市场价格波动上的反映

4.3.3　战略性新兴产业政策不确定性微观层面的衡量

1. 政策不确定性的计算方法

政策不确定性难以计量，但它通过影响人们的心理预期进而影响人们的投资行为，进一步反映到股价变化上，政策不确定性越高，股价波动率越大。股价波动的变化可以反映投资者修正预期的频率，捕捉政策影响各个方面的信息，是投资者总体预期的综合，能够很好地衡量投资者不确定性主观感受，可以更准确地反映不确定性[15]。但股价波动是已实现数据，可能部分地反映与基本面（如股价泡沫）无关的噪声，用于衡量带有预期性质的政策不确定性具有较大噪声。因此，本章借鉴靳光辉等[19]的方法，使用年度数据对股票收益波动率进行一阶自回归，获得股价波动未预期的部分。再剔除衡量公司基本面状况的相关指标以及市场波动的影响，以回归残差作为公司层面政策不确定性的替代指标。另外，由于各行业在信息和政策影响方面的异质性，可能导致股价波动存在差异，所以借鉴申慧慧等[20]的研究，对股票收益波动率进行行业中位数调整。使用经行业中位数调整的股票收益波动率作为公司层面政策不确定性的稳健性替代指标。

计算公式如下：

$$Y_{it} = Y_{it-1} + \sum_{k=1}^{k} X_{kit} + \varepsilon_{it} \tag{4.1}$$

式中，Y_{it} 表示第 i 家公司第 t 年的股票年化波动率；Y_{it-1} 表示第 i 家公司滞后一期即第 $t-1$ 年的股票年化波动率，通过对股票波动率进行一阶自回归，获取对股价波动未预期部分；X_{kit} 表示衡量公司基本面的相关指标，包括资产负债率、公司规模、企业自由现金流量、全部资产现金回收率、流动资产占比、营业收入同比增长率、应收账款周转率、净资产收益率、速动比率等。进一步剔除衡量公司基本面的相关指标后，ε_{it} 即为回归残差，以此作为公司层面政策不确定性指标。

2. 样本选择与数据来源

本章选取我国七大战略性新兴产业 2009～2016 年 A 股上市公司面板数据为样本，其中，战略性新兴产业具体包括：节能环保、生物、高端装备制造、新一代信息技术、新材料、新能源和新能源汽车行业。为保证数据的严谨性和回归结果的可靠性，按照以下标准对样本进行筛选：①剔除 2009～2016 年被 ST 或 PT 的公司以及连续观测值少于 5 年的样本；②剔除数据缺失的样本；③为避免极端值影响，对 1% 和 99% 以外的极端值进行缩尾处理。最后保留 351 家样本公司，以此作为初始研究样本。上述所有的财务数据均来源于 Wind 数据库，并且战略性新兴产业的原始数据通过手工搜集整理得到。

4.3.4 战略性新兴产业政策不确定性的实证结果

战略性新兴产业可进一步细分为新一代信息技术产业、高端装备制造产业、新材料产业、生物产业、新能源汽车产业、新能源产业和节能环保产业七个产业。我们按照样本公司所属行业将样本公司进行分组，对七大战略性新兴产业样本公司政策不确定性进行描述性统计。如表 4.1 所示，全样本公司面临的政策不确定性均值为 0.092，方差为 0.085。生物产业样本公司面临的政策不确定性均值为 0.097，普遍高于其他产业；新材料产业样本公司面临的政策不确定性均值为 0.086，普遍低于其他产业。新一代信息技术产业样本公司面临的政策不确定性方差为 0.090，最大值为 0.482，最小值为 0.000，说明相较于其他新兴产业，新一代信息技术产业样本公司间所面临的政策不确定性存在较大差异；新材料产业样本公司面临的政策不确定性方差为 0.078，说明新材料产业样本公司间所面临的政策不确定性差异较小。

表 4.1　七大战略性新兴产业政策样本公司不确定性描述性统计

项目	观测值	均值	方差	最大值	最小值	p25	中位数	p75
全样本	2457	0.092	0.085	0.482	0.000	0.032	0.068	0.121
新一代信息技术产业	672	0.094	0.090	0.482	0.000	0.034	0.068	0.115
高端装备制造产业	602	0.090	0.087	0.447	0.001	0.027	0.063	0.117
新材料产业	182	0.086	0.078	0.423	0.000	0.029	0.066	0.117
生物产业	196	0.097	0.080	0.415	0.000	0.036	0.080	0.134
新能源汽车产业	133	0.092	0.079	0.356	0.000	0.037	0.069	0.118
新能源产业	441	0.093	0.084	0.446	0.000	0.032	0.070	0.120
节能环保产业	231	0.095	0.079	0.390	0.000	0.034	0.074	0.134

　　为了进一步分析七大战略性新兴产业样本公司政策不确定性的年度变化，绘制了 2010～2016 年七大战略性新兴产业样本公司政策不确定性趋势图（图 4.3）。通过与 Baker 等[6]的 EPU 指数比较，发现除 2016 年战略性新兴产业样本公司政策不确定性与 EPU 指数趋势显著不同外，其他年份不确定性走势基本相同。按照行业分组，我们可以看出 2010～2016 年七大战略性新兴产业样本公司政策不确定性走势基本相同。

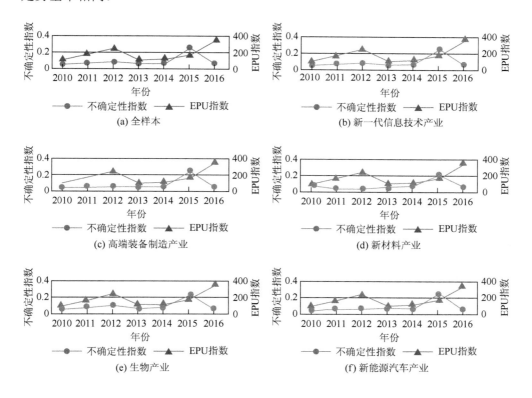

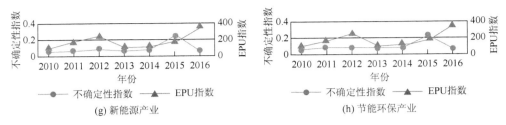

图 4.3　2010～2016 年七大战略性新兴产业样本公司政策不确定性趋势图

年份分组比较显示，2010～2012 年，战略性新兴产业所属的样本公司政策不确定性不断上升。回顾当时的政策背景，2010 年 9 月，国务院审议并通过了《国务院关于加快培育和发展战略性新兴产业的决定》，会议确定了战略性新兴产业发展的重点方向、主要任务和扶持政策。然而在战略性新兴产业政策正式出台之前，从战略性新兴产业的界定，到重点产业领域的确定均存在很大程度的不确定性。2011 年下半年，在经济增速下滑、物价上涨的大环境下，我国战略性新兴产业政策不确定性再度增强。2013 年政策不确定性下降但随后不断上升，直至 2015 年，战略性新兴产业样本公司政策不确定性指数达到最高。2015 年是中国经济运行相对最困难的一年，增速面临下行压力，股市振荡和汇率波动等因素导致政策不确定性不断攀升，到 12 月中央经济工作会议提出一系列政策措施以适应和引领经济发展新常态后，我国战略性新兴产业政策不确定性才冲高回落，2016 年政策不确定性显著下降。

2016 年，经济下行压力加大将迫使稳增长政策加码，但在供给侧改革的大背景下，增长政策信号并不清晰，进一步加大了经济前景的不确定性。但在我国经济增速放缓的大背景下，战略性新兴产业却持续快速增长，国际竞争力进一步提高，企业对行业充满信心，大批新增长热点蓬勃涌现，部分战略性新兴产业技术临近突破，具备较好发展前景，有望形成规模化产业。2016 年 12 月，国务院印发《"十三五"国家战略性新兴产业发展规划》，明确表示"十三五"时期，要把战略性新兴产业摆在经济社会发展更加突出的位置，进一步发展壮大新一代信息技术、高端装备、新材料、生物、新能源汽车、新能源、节能环保、数字创意等战略性新兴产业，要求各地区、各有关部门要高度重视战略性新兴产业发展工作，地方各级人民政府要建立健全工作机制，细化实化政策措施，推动本规划各项任务落实到位。国家发展和改革委员会要会同科技部、工业和信息化部、财政部，发挥好战略性新兴产业发展部际联席会议的牵头作用，共同推动战略性新兴产业发展壮大。

4.4　本　章　小　结

经济政策不确定性的存在对宏观经济发展和企业行为产生诸多方面的深刻影响，学术界对经济政策不确定性的研究也高度关注，但是经济政策不确定性的量化衡量一直是学术界的难点之一。本章分别从宏观层面、政策实施主体层面以及微观层面三个层面详细介绍了经济政策不确定性的测量方法，总结了相关实证研究结果。进一步地，分析了经济政策不确定性影响微观企业股价波动的机理，延伸了产业组织理论中行业结构与微观企业行为的研究范式，将政策对股价波动的影响纳入统一的 SCP 范式中，即"政策-结构-行为-信息-绩效"。在此基础上，采用时间序列模型科学地衡量了战略性新兴产业政策不确定性在股票价格波动层面的体现。研究结果证明，本书采用的股价波动衡量方法，与学术界通用的政策不确定性宏观指数具有一定的拟合度，可以科学地衡量战略性新兴产业的政策不确定性。

参 考 文 献

[1]　Julio B，Yook Y. Political uncertainty and corporate investment cycles[J]. Journal of Finance，2012，67：45-83.

[2]　Pástor Ľ，Veronesi P. Political uncertainty and risk premia[J]. Journal of Financial Economics，2013，110（3）：520-545.

[3]　饶品贵，岳衡，姜国华. 经济政策不确定性与企业投资行为研究[J]. 世界经济，2017，40（2）：27-51.

[4]　Villaverde J F，Quintana P G，Kuester K，et al. Fiscal volatility shocks and economic activity[J]. American Economic Review，2015，105（11）：3352-3384.

[5]　Born B，Pfeifer J. Policy risk and the business cycle[J]. Journal of Monetary Economics，2014，68（1）：68-85.

[6]　Baker S，Bloom N，Davis S J. Measuring economic policy uncertainty[J]. The Quarterly Journal of Economics，2016，131（4）：1593-1636.

[7]　Bai J，Wang P. Conditional Markov chain and its application in economic time series analysis[J]. Journal of Applied Econometrics，2011，26（5）：715-734.

[8]　郭冬梅，伏霖，薛琳，等. 基于中文报纸的经济政策不确定性的测量[D]. 工作论文，2017.

[9]　Brogaard J，Detzel A. The asset-pricing implications of government economic policy uncertainty[J]. Ssrn Electronic Journal，2012，61（1）：3-18.

[10]　Morikawa M. What Type of Policy Uncertainty Matters for Business?[R]. RIETI Discussion Paper，13-E-076，Tokyo：Research Institute of Economy，Trade and Industry，2013.

[11]　Rodrik D. Policy uncertainty and private investment in developing countries[J]. Nber Working Papers，2004，36（2）：229-242.

[12]　Aisen A，Veiga F J. How does political instability affect economic growth？[J]. European Journal of Political Economy，2013，29（568）：151-167.

[13]　Pindyck R S. Irreversibility，uncertainty，and investment[J]. Journal of Economic Literature，1991，29：1110-1148.

[14]　靳光辉，刘志远，花贵如. 政策不确定性、投资者情绪与企业投资——基于战略性新兴产业的实证研究[J]. 中

央财经大学学报, 2016, (5): 60-69.

[15] Bulan L T. Real options, irreversible investment and firm uncertainty: new evidence from U.S. firms[J]. Review of Financial Economics, 2005, 14 (3-4): 255-279.

[16] Schwert G W. Stock returns and real activity: a century of evidence[J]. Journal of Finance, 1990, 3 (45): 1237-1257.

[17] Bloom N, Bond S, Reenen J V. Uncertainty and investment dynamics[J]. Review of Economic Studies, 2010, 74 (2): 391-415.

[18] Leahy J V, Whited T M. The effect of uncertainty on investment: some stylized facts[J]. Journal of Money Credit & Banking, 1996, 28 (1): 64-83.

[19] 靳光辉, 刘志远, 花贵如. 政策不确定性与企业投资——基于战略性新兴产业的实证研究[J]. 管理评论, 2016, 28 (9): 3-16.

[20] 申慧慧, 于鹏, 吴联生. 国有股权、环境不确定性与投资效率[J]. 经济研究, 2012, (7): 113-126.

[21] Colombo V. Economic policy uncertainty in the US: does it matter for the Euro area? [J]. Economics Letters, 2013, 121 (1): 39-42.

[22] Bernal O, Gnabo J Y, Guilmin G. Economic policy uncertainty and risk spillovers in the eurozone[J]. Journal of International Money & Finance, 2016, 65: 24-45.

[23] Wisniewski T P, Lambe B J. Does economic policy uncertainty drive CDS spreads? [J]. International Review of Financial Analysis, 2015, 42: 447-458.

[24] Sum V. The impulse response function of economic policy uncertainty and stock market returns: a look at the eurozone[J]. Journal of International Finance Studies, 2012, 12 (3):100-105.

[25] Gulen H, Ion M. Policy uncertainty and corporate investment[J]. Review of Financial Studies, 2016, 29 (3): 523-564.

[26] 金雪军, 钟意, 王义中. 政策不确定性的宏观经济后果[J]. 经济理论与经济管理, 2014, (2): 17-26.

[27] 李凤羽, 杨墨竹. 经济政策不确定性会抑制企业投资吗? ——基于中国经济政策不确定指数的实证研究[J]. 金融研究, 2015, (4): 115-129.

[28] 李凤羽, 史永东. 经济政策不确定性与企业现金持有策略——基于中国经济政策不确定指数的实证研究[J]. 管理科学学报, 2016, (6): 157-170.

[29] 饶品贵, 岳衡, 姜国华. 经济政策不确定性与企业投资行为研究[J]. 世界经济, 2017, 40 (2): 27-51.

[30] 饶品贵, 徐子慧. 经济政策不确定性影响了企业高管变更吗? [J]. 管理世界, 2017, (1): 145-157.

[31] 郝威亚, 魏玮, 温军. 经济政策不确定性如何影响企业创新? ——实物期权理论作用机制的视角[J]. 经济管理, 2016, (10): 40-54.

[32] 张浩, 李仲飞, 邓柏峻. 政策不确定、宏观冲击与房价波动——基于 LSTVAR 模型的实证分析[J]. 金融研究, 2015, (10): 32-47.

[33] 王红建, 李青原, 邢斐. 经济政策不确定性、现金持有水平及其市场价值[J]. 金融研究, 2014, (9): 53-68.

[34] Smales L A. Political uncertainty and financial market uncertainty in an Australian context[J]. Journal of International Financial Markets Institutions & Money, 2014, 32 (1): 415-435.

[35] Durnev A. The real effects of political uncertainty: elections and investment sensitivity to stock prices[D]. Iowa: University of Iowa Working Paper, 2012.

[36] Yonce A. Uncertain Growth Cycles, Corporate Investment, and Dynamic Hedging[D]. UC Berkeley, 2010.

[37] Cohen L, Coval J, Malloy C. Do powerful politicians cause corporate downsizing? [J]. Journal of Political

Economy，2011，119（6）：1015-1060.

[38]　曹春方. 政治权力转移与公司投资：中国的逻辑[J]. 管理世界，2013，（1）：143-157，188.

[39]　贾倩，孔祥，孙铮. 政策不确定性与企业投资行为——基于省级地方官员变更的实证检验[J]. 财经研究，2013，（2）：81-91.

[40]　徐业坤，钱先航，李维安. 政治不确定性、政治关联与民营企业投资——来自市委书记更替的证据[J]. 管理世界，2013，（5）：116-130.

[41]　吴晓飞. 地方领导人更替与中国国有经济投资行为——基于省际面板数据的分析[J]. 经济与管理评论，2017，33（02）：32-40.

[42]　陈德球，陈运森. 政府治理、终极产权与公司投资同步性[J]. 管理评论，2013，25（1）：139-148.

[43]　陈德球，金雅玲，董志勇. 政策不确定性、政治关联与企业创新效率[J]. 南开管理评论，2016，19（4）：27-35.

[44]　陈德球，陈运森，董志勇. 政策不确定性、税收征管强度与企业税收规避[J]. 管理世界，2016，（5）：151-163.

[45]　黄久美，车士义，黄福广. 不确定性对企业固定资产投资影响的研究[J]. 软科学，2010，24（1）：85-92.

[46]　Ulrich M. Economic Policy Uncertainty and Asset Price Volatility[R]. New York：Working paper of Columbia University，2012.

[47]　韩乾，洪永淼. 国家产业政策、资产价格与投资者行为[J]. 经济研究，2014，49（12）：143-158.

第 5 章　政策不确定性影响战略性新兴企业研发投资的实证研究

　　战略性新兴产业实现产业升级和高端化的根本路径在于产业创新，归根结底，就在于行业内企业的不断研发创新。研发活动在战略性新兴企业发展中起着举足轻重的作用，对于政府和企业来说，只有全面、准确地把握研发活动对战略性新兴产业发展的影响脉络，相应的科技政策和研发措施才能有的放矢。同时，研发投资由于具有高风险且投资的不可逆性，其投资决策非常依赖有关未来预期的且充满不确定性的信息，被认为是实体经济活动中最易受波动的部分。

　　近年来，中央及地方政府相继出台了相关扶持政策，在这个过程中，政策将如何实施并将产生何种影响仍然存在较大程度的不确定性，政策进一步引发的不确定性预期也将对企业的研发投资行为产生影响。最本质的问题是，政策不确定性如何影响研发投资？这需要打开企业内部财务决策的"黑箱"，从影响投资决策的机理中寻求关键影响机制。现有理论研究了经济政策不确定性抑制企业投资的作用机制，一是传统的实物期权渠道，又称等待观望理论；二是金融摩擦渠道，或称融资约束理论。学者大多单从一个角度对政策不确定性与投资的关系进行考察，而影响企业研发投资决策的因素是多方面的，需综合系统地衡量政策不确定性对研发投资造成的全面影响。

5.1　政策不确定性影响战略性新兴企业研发投资的理论基础

5.1.1　基于实物期权理论的影响机制

　　实物期权理论以固定的调整成本和等待的期权价值为核心，投资项目的不可逆性或沉没成本的存在使得企业通过比较当前投资与未来投资的盈利差异，进而选择具体的投资时机。由于企业未来的投资机会可视为看涨期权，不确定性的上升会增大期权的价值，因而等待的回报更大。

　　具体而言，期权价值取决于企业投资的贴现率 ρ、净利润率 δ 和投资不确定性 σ。企业为持有投资期权而放弃投资收益，故持有期权的机会成本等于期权价值的资本增值。企业当前投资净利润率越大，投资收益越高，持有延迟期权的机会成本越大，所以企业会缩短延迟时间，尽早投资。战略性新兴产业与传统产业相比，所处的行业领域、生产技术以及产品市场都面临较高不确定性。因此，一方面，新兴企业的研发投资水平高，技术强度大，产品市场不成熟，研发投资面临较大的投资不可逆性。一旦研发投资项目失败，资本不可逆程度更高的企业将更难变现其资本，因而他们做出投资决策会更谨慎[1]。Pindyck[2]讨论了一个经济体中资本的不可逆程度如何由市场的政策环境决定，如资本流动性管制及可能存在资本被政府等机构征用的风险。研究表明致使投资更不可逆的监管政策在不确定时期会引起更高的等待期权价值，因而造成更大幅度的投资削减。另一方面，战略性新兴产业由于其行业所处的战略性地位，研发投入项目一旦成功，会给企业带来超过当前投资现金流现值的未来成长收益，即项目新成长机会的潜力带来的价值。Huisman 和 Kort[3]研究了技术采用的新市场模型，并指出，未来新的更先进的技术的到来将降低过早投资的动机。因此，新兴企业的研发投资存在较强的"实物期权效应"。

实物期权定价理论中，企业投资"等待期权"的价值随着外部政策不确定性的增加而增加，有效的产业政策将通过提高当期投资收益，使其超过当前投资成本（执行价格）和等待价值（期权价值）之和。产业政策通过影响未来投资项目现金流的不确定性，进一步影响企业投资时机。然而，本书考虑的战略性新兴产业政策不确定性，主要来自三方面：政策实施对象不确定性、实施工具不确定性以及政策的经济后果等不确定性。尤其从政策实施手段与实施工具层面考察，一般而言，中央对新兴产业作出明确的战略规划和指导意见，然而地方政府在执行的过程中，往往出现产业政策的扭曲。中央政府产业支持政策着重构建和完善产业生态系统，而地方政府为了自身利益主要着重于要素投入[4]，并不能有效地落实新兴产业政策，引导企业深化创新。周城雄等[5]认为，大部分战略性新兴产业政策以混合型政策工具为主，强制性政策工具使用最少。然而战略性新兴产业正处于初创期，市场力量薄弱，正需要政府出台强有力的政策进行科学指导和规划，才能达到预期目标。更进一步地，战略性新兴产业政策本身的特点以及实施时间等问题，导致战略性新兴产业政策经济后果表现出诸多不确定性。受产业政策激励的新兴企业为了获得更多的政策支持，在申请专利过程中具有明显的迎合倾向，出现了企业追求创新"数量"而忽略"质量"的策略性创新行为[6]。因此，政策不确定性会增大企业等待新信息的价值，进而使企业的边际投资成本上升，企业选择推迟研发投入决策，致使当期企业研发投入下降，创新水平降低。郝威亚等[7]认为企业出于规避风险的谨慎考虑，在政策不确定性的情况下，更愿意推迟研发投资。基于此，提出本章的第一个研究假设：

假设 1：实物期权机制下，政策不确定性越大，新兴企业主动减少研发投入。

考虑到政府对新兴企业政策支持的模式、程度以及支持效果存在一定的不确定性，因此，当企业面临较高的政策不确定性时，存在主动减少当期研发投资，等待未来合适机会投资的动机，研发投资的期权价值增大。信息是不确定性的负度量，信息可以减少不确定性。对于企业而言，不确定性越大，获得或等待新信息而保持行动灵活性的价值就越大。进一步地，企业在面临投资政策不确定性时，投资行为很可能存在异质性，这种差异至少会源于两种可能：其一是投资政策不确定中的先验信息差异，即面对不确定性，某些类型的企业更可能具有信息优势。其二是等待能力约束，即使不存在信息优势，某些类型的企业可能缺乏等待的能力，从而做出跟进的选择。

从先验信息差异上看，政策不确定与市场不确定有明显差异。对于市场不确定（包括自然事件），任何经济主体都没有先验信息。但如果不确定性是由政策带来的，政策制定者自然拥有先验信息。如果政策的信息披露不能做到及时、公开、公正，那么与其关联的企业就可能获得先验信息，并且有动机利用这种信息优势积极跟进。而其他企业由于没有先验信息，最优反应仍然是选择等待。而企业获得先验信息的异质性能力与行业竞争度以及所处地区市场化程度有关。行业竞争度越高，企业对信息的捕捉、反应更灵敏，企业具备获取先验信息的能力。同时，考虑到竞争性行业内投资机会的存在时间短暂，战略性的先发优势较大，竞争程度高的行业内企业更倾向于提前行使实物期权[1]。

在等待能力约束上，虽然不确定性的上升会增加企业推迟投资的期权价值，但对于一些企业来说，等待却可能导致成本较高或者不可行。Xu[8]指出地方官员面临着财政激励和政治激励等，主动或被动参与地区之间的经济增长竞争。舒元和徐现祥[9]指出中国经济增长至今一直是靠资本驱动，企业投资作为促进地方经济增长和增加财政收入最直接的途径之一，更是成为政府干预的重点。唐雪松等[10]、张洪辉和王宗军[11]研究了地方政府干预导致国有企业过度投资。同时，大量文献已经识别出政府干预企业经济活动的两个机制。一个是所有制机制，在中国，各级政府投资参与控制的部分企业，其行为不可能不受政府利益和意志的影响，既追求国有资产的保值和增值，也会为实现国家调节经济的目标发挥作用。另一个是人事机制，国有企业归属国务院国有资产监督管理委员会（以下简称"国资委"）和各级地方政府，国有企业高管往往是由政府部门任命甚至直接由政府官员担任，享有相应的行政级别；国有企业高管也可能"商而优则仕"，被任命为党政部门的领导干部。因此，这些企业领导也有级别[12]。因此，在面临不确定性时，国有企业受制于政府目标及经济发展的多重任务，甚至会强制响应或执行一些相应政策，选择投资跟进[13]。

基于先验信息与等待能力两方面的约束，行业竞争性高、国有企业当前投资收益较之推后的现金流入，其成本较大，企业等待的期权价值较小。因此，进一步提出研究假设：

假设 2：实物期权机制下的政策不确定性对研发投资的影响，存在企业所有权性质以及行业竞争水平、所处地区市场化程度等因素产生的异质性效果。

5.1.2　基于融资约束理论的影响机制

Bloom 等[14]认为，面对不确定性，企业选择谨慎投资需要满足三个前提条件：投资策略不可逆、当期投资影响下一期投资的回报以及企业具备等待能力。也就是说，当这三个前提条件中的一个不被满足时，企业有可能选择截然不同的策略，即实物期权机制不成立。Ghosh 和 Olsen[15]认为不确定性对企业投资的影响受到企业投资规模和获得外部融资的难易影响，而新兴企业的研发项目投资大、风险高，很难获得外部融资，因而受到不确定性的影响较大。当面临较高的政策不确定性时，企业破产的可能性更大[16]，引起外部融资成本的增加，由于投资的不可逆性，企业更愿意等待新政策出台，增加投资成功的机会[17]。Pástor 和 Veronesi[18]认为政策不确定性降低了政府对市场价值的保护，削弱了企业的投资判断能力，通过提高企业的融资成本抑制了企业的长期投资行为，研发投资首先受到影响。

因此，除了实物期权机制对研发投资的影响，政策不确定还将从融资约束角度对研发投资产生影响。企业融资约束主要体现在两方面：一是从资金价格的角度表现出的外部融资溢价机制，资金借贷双方之间存在信息不对称导致企业外部融资成本高于内部融资成本，即产生外部融资溢价。二是从资金的可获得性角度表现出的抵押约束机制，借款者被要求提供抵押品以获得贷款的条件，因而任何对抵押品价值产生不利的冲击，都会影响企业融资能力。战略性新兴产业处于成长阶段，其本身具有高投入、高创新性、高风险的特征，研发周期长要求项目具备长期的资金供给，一旦资金链断裂，极可能中断项目，甚至导致研发失败，这就需要企业有稳定的融资渠道。大部分战略性新兴企业发展初期的研发投入主要来自于企业自身与国家的政府补贴。然而企业自身内部资金有限，政策倾斜和政府补贴尽管能弥补一定的资金缺失，但是能获得支持的企业数量毕竟有限，相关支持政策也并不完善。另外，技术研发是否能够成功并且是否能够成功进入市场都有很大的不确定性，企业和投资者之间也存在信息不对称和道德风险的问题，外部资金一般不愿进入。因此，一方面企业具有较严重的外部融资溢价，另一方面对于不同类型企业来说，规模小、债务负担重的企业，更难为融资提供抵押品，存在严重的融资抵押品约束效应。对于这类企业来说，由于规模和盈利能力的限制，内部自由现金流有限，融资难、融资成本高等问题进一步加大融资约束，抑制了企业研发投资，使其难以达到最优水平。基于此，提出研究假设 3：

假设 3：融资约束机制下，企业融资约束程度越高，政策不确定性对研发投资的抑制作用越强。

5.1.3 政策不确定影响研发投资的机制识别

借鉴 Li 等[19]的思想，在实物期权机制中，外部环境的改变使企业权衡当前投资和未来投资的关系，当经济政策不确定性提高时，企业会主动降低当期的投资，提高现金持有水平。因此，企业单位现金流的边际投资倾向（marginal propensity to invest，MPI）减少。相对应地，在融资约束机制中，金融市场利率水平升高或者波动增加，具有更少现金流或者更高杠杆的公司的资本成本将受到更大影响。因此，政策不确定性增加带来的外部融资摩擦越敏感（融资约束越高），企业单位现金流的边际投资倾向越大。

以图 5.1 为例，图中斜线代表了研发投资与公司现金流之间的相关关系，斜率为正说明了金融市场的不完美，即存在融资约束。该斜率也代表了现金流的边际投资倾向。当遭受负向的金融冲击，平均来说，企业整体边际投资倾向平行左移，但是随着冲击渠道的不同，移动的方向会产生变化。当受到单纯的利率冲击时，斜率增加，即公司有更多的内部资金（现金流），其资本成本增加的幅度越少，公司边际投资倾向越大。

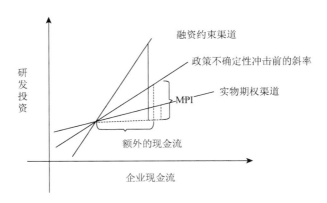

图 5.1 研发投资的边际投资倾向和传导渠道

而遭遇不确定性冲击时，投资的变化会更加复杂。融资约束渠道中，基于外部市场融资成本，更大的波动会带来更高的违约风险，从而增大金融摩擦导致的无谓损失。因此，具有更多现金流的公司，减少投资支出的幅度会降低。换言之，融资约束渠道下，不确定性增加，现金流的边际投资倾向增加。

而在实物期权理论中，非凸性的资本调整成本的存在意味着在高度不确定时期，企业应该更加谨慎地做出投资决策。由于企业拥有等待的期权，且直到不确定性下降时才会恢复正常的资本支出，"谨慎"意味着投资对运营环境改变的反应将更有限。因此，企业将存在一个较低的边际投资倾向。另外，现金流更多的企业意味着更能负担得起推迟投资对短期盈利造成的损失，因而保持企业面临的外部融资摩擦水平不变时，企业将内部产生的额外单位现金流用于投资的意愿下降，这与融资约束渠道的效应正好相反，因此，本章提出研究假设 4，来识别政策不确定性对企业整体层面上的传导机制。

假设 4：实物期权机制下，政策不确定性将带来单位现金流的边际投资倾向减小；融资约束机制下，政策不确定性将带来单位现金流的边际投资倾向增大。

5.2　政策不确定性影响战略性新兴企业研发投资的实证设计

5.2.1　样本选择与数据来源

本书选取在沪深两市上市的 A 股战略性新兴产业公司为初始样本，数据来自 Wind 数据库，时间跨度为 2009～2016 年。为保证数据的严谨性和回归结果的可靠性，本书剔除数据缺失的样本，剔除 ST 和 ST* 上市公司，最后保留 351 家样本公司，以此作为初始研究样本。

5.2.2　实物期权机制的实证设计

实物期权理论中，研发投资作为公司无形资产价值的一部分，其无形价值大部分来自对未来的增长投资的期权，而不是来自直接的现金流。对投资价值的衡量，可以通过公司股票市场价格变化实现，因此，在资产开发的任一阶段，整体价值都可以被视为现有资产带来的现金流的现值加上新成长机会的潜力带来的股票价值。而基于 Tobin[20] 提出的投资假说，企业资产的边际 q 值，即新增资产预期利润净现值与重置成本的比率是决定投资的重要因素。因此，首先借鉴新古典托宾 Q 模型的思想，衡量研发投资与资产市值之间的联系。在此基础上，加入必要的控制变量，构建政策不确定性对企业研发投资的影响。

新古典托宾 Q 模型中，假设利润和资本具有线性关系，且金融市场无摩擦，同时，可观测的平均托宾 Q 能够较好地测量理论值边际托宾 Q，那么在模型中平均托宾 Q 能够完全反映公司所有的投资机会，政策不确定性与研发投资的基准模型为

$$\text{RD}_{it} = \beta_1 + \beta_2 \text{PU}_{it-1} + \beta_3 \text{CF}_{it} + \beta_4 \text{LEV}_{it} + \beta_5 Q_{it-1} + \beta_6 S_{it} + \beta_7 \text{GDP}_{it-1} + \text{YEAR}_t + \eta_i$$

$$(5.1)$$

式中，RD_{it} 表示公司 i 在 t 年度的研发投资支出；PU_{it-1} 表示滞后一期的政策不确定性冲击（用股票价格残差中的行业波动部分衡量）；Q_{it-1} 表示滞后一期的托宾 Q 值；CF_{it} 表示公司现金流（采用经营现金流/总资产进行测量）；LEV_{it-1} 表示滞后一期的公司杠杆率（总负债与总股本的比率）；S_{it} 表示当期营业收入同比增长率；GDP_{it-1} 表示滞后一期的国家 GDP 同比增长率；$YEAR_t$ 表示年度虚拟变量，用以控制新兴企业研发投资的时间固定效应；η_i 表示控制企业不可观测的固定效应；γ_{it} 表示误差项。

引入新的生产过程的投资通常都是不可逆的，因此，不可逆性是生产性领域最显著的特征[21]。考虑到企业面临同样的政策不确定性冲击时，资本不可逆程度高的企业在实物期权路径中，缩减投资的幅度应该更大，反应更明显。资本不可逆程度受企业经营生产的技术特性和所属行业市场结构等因素的影响，原材料类上市公司比机械类上市公司受不确定性的影响程度更大[22]。本书将反映企业资本不可逆程度的指标以及其与政策不确定性变量的交乘项加入基准方程中，形式如下：

$$RD_{it} = \beta_1 + \beta_2 PU_{it-1} + \beta_3 CF_{it} + \beta_4 LEV_{it-1} + \beta_5 IRR_{it} + \beta_6 IRR_{it} \times PU_{it-1} \quad (5.2)$$
$$+ \beta_7 Q_{it-1} + \beta_8 S_{it} + \beta_9 GDP_{it-1} + YEAR_t + \eta_i + \gamma_{it}$$

其中，针对资本不可逆性的成因，从企业内部因素（资产在行业和企业层面的专有性、资产本身不可逆）和企业外部的因素（信息不对称及其他因素）分析。对于同一行业来说，外部因素通常是共同的，其对投资价值的影响在同行业内企业的差异较小，因此本书将着重考虑企业内部因素所引发的企业资产的投资不可逆性。内部产生投资不可逆的来源包括：由对固定资产投资所引起的投资不可逆性（如某些行业的设备、生产线等，由于具有特殊性，难以被其他行业或是同行业内其他企业所使用，因而如果环境有变，对于这样的生产设备的投资将难以返回），以及由无形资产引发的投资不可逆性（如品牌的建设、专利技术的购买、特殊工艺的开发等）。针对这两类来源，从可获得的财务报表数据中，拟选用"固定资产/总资产"或者"固定资产周转率"（营业收入/固定资产平均净额）来衡量第一种来源的投资不可逆性，即由对固定资产投资引起的投资不可逆性，用"无形资产/总资产"来度量第二种来源的投资不可逆性，即由对无形资产（在这里，还包括商誉部分）投资引起的投资不可逆性。

进一步地，从投资过程中，企业面临政策不确定性的先验信息差异以及等待能力约束差异分析。企业获得先验信息的异质性能力，和企业所处地区市场化程度密切相关，市场化程度越高的地区，企业对信息的捕捉、反应越灵敏，获取先验信息的能力越强。本书采用樊纲等[36]的《中国市场化指数：各地区市场化相对进程 2011 年报告》中的市场化指数将企业按所属地区分为高金融市场化程度组和低金融市场化程度组，进一步验证政策不确定性对新兴企业研发投资的影响效果。

此外，实物期权理论还表明，竞争性强的行业由于投资机会短暂，企业等待的期权价值可能无法弥补推迟投资损失的成本，等待能力较低，因而投资决策受经济政策不确定性冲击的影响较小。另外，竞争性强的行业，信息不对称程度低，企业能获得更多先验信息。具体地，本书采用赫芬达尔-赫希曼指数(Herfindahl-Hirschman index，HHI）作为衡量行业竞争程度的指标。计算公式为

$$\text{HHI}_j = \sum \left(X_{ij} / \sum X_{ij} \right)^2$$

式中，X_{ij} 表示行业 j 中企业 i 的销售收入；$\sum X_{ij}$ 表示行业 j 中所有企业的销售收入之和。HHI 越小表示该行业竞争程度越大。本书将企业根据其所在行业的竞争程度按照全部行业的中位数进行了划分，高于中位数的行业划分为竞争性程度较低的一组，低于中位数的设定为竞争性程度较高的一组，通过观察竞争程度不同的两个子样本上政策不确定性对新兴企业研发投资的影响效果来对实物期权理论进行验证。

最后，国有企业的行为往往受到政府利益和意志的影响，国企高管通常是由政府部门任命甚至直接由政府官员担任。在面临政策不确定性时，国有企业受制于政府目标及经济发展的多重任务，甚至会强制响应或执行一些相应政策，一般会选择投资跟进[13]。本书按照企业所有权性质将其分为国有企业和民营企业两组，探索政策不确定性对不同所有权性质的新兴企业研发投资的差异性影响。

5.2.3　金融摩擦机制的实证设计

托宾 Q 模型中，并未考虑融资约束程度，由于现实市场中的融资约束将影响投资决定，因此，在新古典 Q 模型中，除考虑影响投资支出的未来市场价值及现金流充裕程度，还考虑公司融资约束程度。因此，本书基于改进的托宾 Q 模型，进一步检验研发投资的融资约束机制。在式（5.1）中引入不确定性与融资约束指标的交乘项，当企业遭受不确定性冲击时，受到融资约束较高的企业（$t-1$ 期，财务脆弱性较高的公司），t 期投资缩减的幅度更大。

$$\text{RD}_{it} = \beta_1 + \beta_2 \text{PU}_{it-1} + \beta_3 \text{CF}_{it} + \beta_4 \text{FF}_{it-1} + \beta_5 \text{FF}_{it-1} \times \text{PU}_{it-1} + \beta_6 Q_{it-1}$$
$$+ \beta_7 S_{it} + \beta_8 \text{GDP}_{it-1} + \text{YEAR}_t + \eta_i + \gamma_{it} \tag{5.3}$$

国内外学者对企业面临的融资约束测量已经有了相当丰富的研究成果，分别从企业自身经营状况，以及企业外部融资摩擦两方面衡量其融资约束。企业自身经营带来的内部融资约束具体表现在：

（1）投资对其内部现金流的依赖程度。按照认为经营活动产生的现金流量要

比净利润为基础推算出来的指标存在波动性小和人为操控小的优点的观点，内部融资约束采用"经营活动产生的现金流量/总资产"来表示。

（2）经总资产资本化后的利息支出。Cai 等[23]、Feenstra 等[24]在研究中国问题时，使用利息支出占销售收入的比重作为企业外部融资能力的代理变量，该数值越大表明企业获取的贷款越多，也即更有利于缓解企业的融资约束问题。

（3）利息保障倍数。Altman 等[25]以及 Aggarwal 和 Zong[26]认为，利息保障倍数是公司流动性的直接代理变量。利息保障倍数提供了公司偿还其债务的能力和公司破产可能性的信息，公司的利息保障倍数越低，其拖欠债务的可能性就越大，面临融资约束的可能性也越大[27]。Gertler 和 Gilchrist[28]指出，利息保障倍数能够反映公司总体财务状况和获取债务资本的能力。Bernanke 和 Gertler[29]认为，利息保障倍数是一个十分有用且计算简单的反映公司财务状况的度量指标，它与其他反映公司财务健康的变量存在高度相关性。因此，利息保障倍数可以作为公司外部融资成本溢价的代理变量。

（4）股利支付率。Fazzari 等[30]指出，较高盈余留存率的公司存在较严重的信息不对称问题，因而更可能面临融资约束问题。如果公司外部融资的成本劣势较小，那么，公司盈余留存的实践应该不包含任何有关投资的信息。在这种情况下，当内部现金流发生波动时，公司将使用外部融资，以减少投资波动，而不必考虑公司的股利政策。如果外部融资的成本劣势较大，远高于内部资金成本，较高盈余留存率的公司将可能没有其他低成本的投资资金来源。因此，股利支付率能够反映公司面临的融资约束程度。Gilchrist 和 Himmelberg[31]的实证研究表明，描述完美状态下公司最优投资行为的欧拉方程（Euler equation）在低股利支付率公司的样本中被拒绝，但在高股利支付率公司的样本中并不能被拒绝。因此，Gilchrist 的结果进一步支持了将股利支付率作为公司融资约束程度度量标准的合理性。

另外，部分学者基于财务指标，系统性地构建了企业融资约束指数综合指标。国外学术界典型的定量测度企业融资约束的方法有三种，分别是 KZ 指数、WW 指数及 SA 指数。

（1）基于系列财务指标综合加权的 KZ 指数。Kaplan 和 Zingales[32]较早地建立了用于区分不同融资约束强度的公司指标。他们首先运用 Ordered Logit 模型对公司持有的现金、经营现金流、现金股利、资产负债率以及托宾 Q 值进行回归，然后根据估计的参数建立 KZ 指数，KZ=−1.002Cashflow+0.283Q+3.139Lev+39.367Div−1.315Cashholdings。KZ 指数越高说明公司面临的融资约束越强。

（2）基于动态结构估计方法的融资约束 WW 指数。Whited 和 Wu[33]在考察融资约束风险与股票收益时，通过对欧拉投资等式进行估计，构建了一个公司外部融资约束指数——WW 指数。他们选取长期负债与资产比率、股利支付哑变量、销售收入增长率、总资产的自然对数、行业销售增长率以及现金流与总资产比率等指标的线性组合作为外部融资影子成本的代理变量，利用 GMM 方法对欧拉投资等式进行估计，并利用估计的系数构造了 WW 指数：WW=−0.091Cashflow −0.062Div+ 0.021DEBT−0.044LnTotalasset+0.102 industrial SG−0.035tSG。

（3）基于外生变量指标的 SA 指数。为避免内生性的干扰，Hadlock 和 Pierce[34] 依据企业财务报告划分企业融资约束类型，然后仅使用企业规模（Size）和企业年龄（Age）两个随时间变化不大且具有很强外生性的变量构建了 SA 指数：SA= −0.737·Size+0.043·Size^2−0.04·Age，不包含内生性变量，能够避免 KZ 指数和 WW 指数带来的测度偏误，计算方法简便，且依据 SA 指数划分的融资约束等级与 WW 指数一致，得到的融资约束评价结论相对较稳健。

参考国内外相关文献，外部融资约束度量指标主要有经营活动产生的现金流量净额/总资产、资产负债率、净资产收益率、企业规模、企业成立年限等，鉴于利用企业层面财务数据构建融资约束指标的方法无法区分企业融资能力和企业实际面临的融资约束，也为了避免由企业财务管理不规范、信息失真带来的弊端，部分学者分别从行业外部融资依赖性、地区金融市场化程度以及货币政策环境三个维度，刻画企业在寻求外部融资时面临的摩擦。

（1）行业外部融资依赖性：根据盛丹和王永进[35]的方法，采用各二位码行业固定资产资金来源构成中自筹资金以外的资金来源在本年资金来源中的比重（FFD_China）度量行业的外部融资依赖性。

（2）地区金融市场化程度：利用樊纲等[36]发布的《中国市场化指数：各地区的市场化相对进程 2011 年报告》中的信贷资金分配的市场化程度指标（Cred_ marketization），衡量企业所在地区的金融市场化水平。该指标定义为金融机构短期贷款中向非国有经济部门贷款的比例。同时，也利用中国人民银行发布的各年度区域金融运行报告中非金融机构部门贷款融资在融资总量中的占比，刻画地区的金融发展水平。

（3）货币政策环境：以各地区各年度信贷余额增速以及信贷余额年度增量与地区生产总值之比，从省份层面度量企业面临的货币政策环境宽松程度。

考虑到中国市场机制的特色，中国的国有上市公司大多是由国有企业改制而来，这些国有企业长期以来与银行保持着较为密切的合作关系，这种稳定的合作关系有助于缓解融资过程中的信息不对称问题；同时政府的支持形成的隐性担保也使得国有企业更容易获得银行贷款[37]，从而国有企业在获取外部融资上比非国有企业有更大的优势。沈红波等[38]发现国有上市公司受到的融资约束比民营上市公司低。因此，可以将国有控股公司归类为低融资约束组，非国有控股公司归类为高融资约束组。

考虑到战略性新兴产业企业高投入、高风险的特点，以及数据的可靠性和可获得性，本书采取投资对其内部现金流的依赖程度（经营活动产生的现金流量净额/总资产）和股利支付率（股利总额/净利润总额）刻画战略性新兴企业内部融资约束，使用（经营活动产生的现金流量净额+投资活动产生的现金流量净额）/总资产和樊纲等[36]发布的地区金融市场化程度指数刻画外部融资摩擦。

5.2.4 主导机制的识别方法

在式（5.1）中引入不确定性与现金流的交乘项，基于此，考虑现金流和经济政策不确定性变量的交乘项，进一步探究政策不确定性传导的主导机制。

$$
\begin{aligned}
\mathrm{RD}_{it} = {} & \beta_1 + \beta_2 \mathrm{PU}_{it-1} + \beta_3 \mathrm{CF}_{it} + \beta_4 \mathrm{FF}_{it-1} + \beta_5 \mathrm{CF}_{it-1} \times \mathrm{PU}_{it-1} + \beta_6 Q_{it-1} \\
& + \beta_7 S_{it} + \beta_8 \mathrm{GDP}_{it-1} + \mathrm{YEAR}_t + \eta_i + \gamma_{it}
\end{aligned} \tag{5.4}
$$

当企业遭受不确定性冲击时，两种影响机制在政策不确定性增加时，企业额外–单位现金流的边际投资倾向的变动方向不同，实物期权效应下，投资的单位现金流将减少（边际投资倾向减弱），不确定性冲击系数为负，而融资约束下，投资的单位现金流增加（边际投资倾向增强），不确定性系数为正。

$$
\begin{aligned}
\mathrm{RD}_{it} = {} & \beta_1 + \beta_2 \mathrm{PU}_{it-1} + \beta_3 \mathrm{CF}_{it} + \beta_4 \mathrm{FF}_{it-1} \\
& + \beta_5 \mathrm{IRR}_{it} + \beta_6 \mathrm{CF}_{it} \times \mathrm{PU}_{it-1} + \beta_7 \mathrm{FF}_{it-1} \times \mathrm{PU}_{it-1} + \beta_8 \mathrm{IRR}_{it} \times \mathrm{PU}_{it-1} \\
& + \beta_9 Q_{it-1} + \beta_{10} S_{it} + \beta_{11} \mathrm{GDP}_{it-1} + \mathrm{YEAR}_t + \eta_i + \gamma_{it}
\end{aligned} \tag{5.5}
$$

本书还将表示企业融资约束变量 FF_{it-1} 和政策不确定性 PU_{it-1} 的交叉项、资本不可逆性变量 IRR_{it} 及其与政策不确定性 PU_{it-1} 的交叉项同时加入了模型（5.4）中，通过比较交乘项的显著性水平变化，进一步识别政策不确定性传导的主导机制。

$$
\begin{aligned}
\mathrm{RD}_{it} = {} & \beta_1 + \beta_2 \mathrm{PU}_{it-1} + \beta_3 \mathrm{CF}_{it} + \beta_4 \mathrm{FF}_{it-1} \\
& + \beta_5 \mathrm{CF}_{it} \times \mathrm{PU}_{it-1} + \beta_6 \mathrm{CF}_{it} \times \mathrm{FF}_{it-1} \times \mathrm{PU}_{it-1} + \beta_7 \mathrm{FF}_{it-1} \times \mathrm{PU}_{it-1} \\
& + \beta_8 \mathrm{CF}_{it} \times \mathrm{FF}_{it-1} + \beta_9 Q_{it-1} + \beta_{10} S_{it} + \beta_{11} \mathrm{GDP}_{it-1} + \mathrm{YEAR}_t + \eta_i + \gamma_{it}
\end{aligned} \tag{5.6}
$$

进一步地，本书尝试证明融资约束渠道同时存在的事实，即在受融资约束程度高的企业中，融资约束渠道的作用应该相对更强，也就是说，在政策不确定性升高时 MPI 向下变动的幅度在外部融资约束程度高的企业中应该较小。为此本书向模型（5.4）中另外加入政策不确定性 PU_{it-1}、现金流 CF_{it} 和企业融资约束变量 FF_{it-1} 三者的交叉项，同时加入三者中其余不在方程中的两两交叉项以及单个变量进行控制，验证金融摩擦在传导上的作用。

5.2.5 变量设计

1. 被解释变量

本书的被解释变量为企业研发投资（RD），参考唐清泉和巫岑[39]的方法使用企业研发费用除以期初总资产计量。

2. 解释变量

本书解释变量政策不确定性（PU），借鉴靳光辉等[40]的方法，基于股价波动率构建公司层面的政策不确定指数。考虑到股价波动是已实现数据，用于衡量带有预期性质的政策不确定性具有较大噪声。所以对股价波动进行一阶自回归，获取对股价波动未预期部分。第二步剔除衡量公司基本面的相关指标，用回归残差作为公司层面政策不确定性指标。

针对企业现金流（CF），参考沈红波等[38]企业现金流使用"企业自由现金流/期初总资产"计量。

针对托宾 $Q(Q)$，采用"企业总市值/总资产"进行衡量。

针对资本不可逆程度（IRR），选用"固定资产/总资产"和"固定资产周转率"度量由对固定资产投资引起的投资不可逆性，选用"无形资产/总资产"度量由对无形资产投资引起的投资不可逆性。

针对融资约束变量（FF），选用"经营活动产生的现金流量净额/总资产"和股利支付率高低刻画战略性新兴企业内部融资约束，使用"（经营活动产生的现金流量净额+投资活动产生的现金流量净额）/总资产"和樊纲等[36]发布的地区金融市场化程度指数高低刻画外部融资摩擦。

3. 控制变量

参考相关文献，本书在模型中加入如下控制变量：企业成长能力（S）使用营业收入同比增长率计量，该值越大，企业发展空间越大。GDP 增长率（GDP）使用年度 GDP 的同比增长率计量。企业财务杠杆（LEV）用企业的资产负债率计量，企业的资产负债率越高，其偿还和破产风险越大。各变量及定义见表 5.1。

表 5.1　回归模型主要变量及定义

变量类型	变量名称	符号	变量定义
被解释变量	企业研发投入	RD	企业研发费用/期初总资产
解释变量	政策不确定性	PU	公司股票收益波动率一阶自回归并剔除公司基本面因素后的回归残差
	企业现金流	CF	企业自由现金流/期初总资产
	托宾 Q	Q	企业总市值/总资产
控制变量	投资不可逆程度	IRR_1	固定资产/总资产
		IRR_2	固定资产周转率
		IRR_3	无形资产/总资产
	内部融资约束	FF_1	经营活动产生的现金流量净额/总资产
			股利支付率，高于中位数取值为 1，否则为 0

变量类型	变量名称	符号	变量定义
	外部融资约束	FF_2	（经营活动产生的现金流量净额+投资活动产生的现金流量净额）/总资产
控制变量	企业成长能力	S	营业收入增长率（同比增长率）
	GDP 增长率	GDP	年度 GDP 的同比增长率
	企业财务杠杆	LEV	资产负债率

5.3 政策不确定性影响战略性新兴企业研发投资的实证结果

5.3.1 实证数据统计结果

为消除极端值的影响，本书对实证分析所使用的连续变量进行 1%的水平的 Winsorized 缩尾处理。在表 5.2 中对主要变量进行描述性统计。企业研发投入（RD）的均值为 0.027，标准差为 0.024，说明战略性新兴企业的研发投资水平有一定的差异。政策不确定性（PU）的均值为 0.374，标准差为 0.111，说明不同政策不确定性对战略性新兴企业有差异性影响。企业现金流（CF）的均值为 -0.013，表明战略性新兴企业自由现金流不充裕，可能面临着较大的融资约束问题。

表 5.2 主要变量描述性统计

变量	样本数	均值	标准差	最小值	最大值
RD	2457	0.027	0.024	0.000	0.134
PU	2457	0.374	0.111	0.005	0.944
CF	2457	-0.013	0.104	-0.394	0.182
Q	2457	2.323	2.228	0.110	33.475
IRR_1	2457	0.211	0.135	0.012	0.662
IIR_2	2457	0.055	0.114	0.001	3.953
IIR_3	2457	0.044	0.037	0.000	0.434
FF_1	2457	0.039	0.066	-0.287	0.406
FF_2	2457	-0.214	0.092	-0.606	0.715
S	2457	0.139	0.267	-0.377	1.247
ROE	2457	0.044	0.112	-0.470	0.318
LEV	2457	0.454	0.197	0.060	0.864

5.3.2　实物期权机制检验的实证结果

实物期权机制的基准回归结果如表 5.3 列（1）所示，政策不确定性 PU_{it-1} 在 1%的水平下显著为负，说明政策不确定性显著抑制战略性新兴企业的研发投资水平。列（2）（3）（4）分别使用固定资产占比、固定资产周转率、无形资产占比衡量资本不可逆变量 IRR_{it}，从回归结果可以看出，政策不确定性与资本不可逆变量的交乘项 $IRR_{it} \times PU_{it-1}$ 在 1%的水平下显著为负，说明资本不可逆程度越高，政策不确定性对战略性新兴企业研发投资的抑制效果越强，从而验证了实物期权渠道的有效性。

表 5.3　验证实物期权渠道的全样本回归结果

项目	（1）基准回归	（2）IRR_1	（3）IRR_2	（4）IRR_3
PU_{it-1}	−0.014***	−0.028***	−0.015***	−0.011***
	(−2.747)	(−3.527)	(−2.805)	(−2.926)
CF_{it}	0.048***	0.049***	0.048***	0.048***
	(12.477)	(12.782)	(12.467)	(12.410)
LEV_{it-1}	−0.013**	−0.012**	−0.013**	−0.014***
	(−2.515)	(−2.262)	(−2.499)	(−2.589)
IRR_{it}		−0.057***	−0.006***	−0.010***
		(−4.486)	(−4.491)	(−3.208)
$IRR_{it} \times PU_{it-1}$		−0.077***	−0.034***	−0.062**
		(−2.686)	(−2.720)	(−2.543)
Q_{it-1}	0.003***	0.003***	0.003***	0.003***
	(9.612)	(9.112)	(9.572)	(9.583)
S_{it}	0.010***	0.010***	0.010***	0.010***
	(7.369)	(6.777)	(7.279)	(7.376)
GDP_{it-1}	1.067***	1.036***	1.060***	1.072***
	(3.335)	(3.255)	(3.305)	(3.346)
C	−0.045*	−0.032	−0.045*	−0.0465**
	(−1.954)	(−1.384)	(−1.921)	(−1.980)
年度	控制	控制	控制	控制
N	2106	2106	2106	2106
R^2	0.189	0.216	0.193	0.192

*代表在 10%水平上显著，**代表在 5%水平上显著，***代表在 1%水平上显著；
注：括号中为 t 值，下同。

　　另外，通过对企业所在地金融化程度、企业所在行业竞争程度及企业所有权性质对全样本进行分组，在进行组间系数差异检验时，考虑到传统的 Chow 检验有较强的假设条件，Wald 检验可能存在小样本偏误的问题，本书借鉴连玉君等[41]的做法，采用 Bootstrap 自助法模拟抽样检验，1000 次模拟实验的结果显示系数差异检验均在5%的显著性水平下拒绝了政策不确定性 PU_{it-1} 系数不存在差异的原假设，说明政策不确定性对战略性新兴企业研发投资的影响在上述不同分组中确实存在显著的差异。分组实证结果如表 5.4 所示，发现在企业所在地金融化程度较低、企业所在行业竞争程度较小及民营企业样本中，政策不确定性显著抑制战略性新兴民营企业的研发投资水平，且资本不可逆程度越高，政策不确定性的抑制效果越强烈。

表 5.4　验证实物期权渠道的分组回归结果

项目	（1）金融市场化高	（2）金融市场化低	（3）行业竞争大	（4）行业竞争小	（5）国有企业	（6）民营企业
PU_{it-1}	−0.013	−0.037***	−0.025***	−0.047***	−0.012	−0.018**
	（−1.195）	（−3.599）	（−2.875）	（−2.685）	（−1.336）	（−2.509）
CF_{it}	0.007	0.060***	0.077***	0.078***	0.009	0.059***
	（1.027）	（13.132）	（12.204）	（16.348）	（1.327）	（12.319）
LEV_{it-1}	−0.010	−0.014**	−0.011*	−0.020*	−0.005	−0.017**
	（−1.422）	（−2.070）	（−1.887）	（−1.954）	（−0.728）	（−2.289）
IRR_{it}	−0.044**	−0.061***	−0.037***	−0.106***	−0.029***	−0.084***
	（−2.575）	（−3.689）	（−2.619）	（−3.692）	（−2.893）	（−4.110）
$IRR_{it} \times PU_{it-1}$	−0.045	−0.105***	−0.057*	−0.160**	−0.023	−0.139***
	（−1.233）	（−2.708）	（1.856）	（2.298）	（−0.712）	（−2.787）
Q_{it-1}	0.002***	0.003***	0.004***	0.002***	0.002***	0.003***
	（5.165）	（7.538）	（5.756）	（7.535）	（4.078）	（8.244）
S_{it}	0.006***	0.011***	0.006*	0.011***	0.008***	0.011***
	（2.935）	（6.282）	（1.925）	（7.259）	（3.440）	（5.802）
GDP_{it-1}	0.850*	0.988***	1.074*	1.092***	0.059	1.530***
	（1.902）	（2.745）	（1.881）	（2.933）	（1.395）	（3.223）
C	−0.027	−0.026	−0.044	−0.048*	−0.010	−0.078**
	（−0.810）	（−0.872）	（−1.044）	（−1.802）	（−0.350）	（−2.279）
年度	控制	控制	控制	控制	控制	控制
N	1548	558	1476	630	936	1170
R^2	0.198	0.213	0.201	0.185	0.109	0.245

5.3.3　金融摩擦机制的检验结果

本书分别通过企业自身经营带来的内部融资约束和企业外部融资摩擦两方面衡量其融资约束，回归结果如表 5.5 所示。前三列为内部融资约束的回归结果，政策不确定性 PU_{it-1} 系数显著为负，可以看出战略性新兴企业普遍存在内部融资约束，且在股利支付率较低的组别中内部融资约束更加明显，股利支付率较高的组别中内部融资约束不显著。政策不确定性与内部融资约束的交乘项 $FF_{it} \times PU_{it-1}$ 在 1%的水平下显著为负，说明当政策不确定性上升时，受到高内部融资约束，新兴企业研发投资下滑的幅度越大，即高内部融资约束加剧了政策不确定性对新兴企业研发投资的负向作用，进一步证实了金融摩擦渠道的存在。后三列为外部融资约束的回归结果，政策不确定性 PU_{it-1} 系数仍然显著为负，说明战略性新兴企业外部融资约束明显，且在企业所在地区金融市场化较低的组别中外部融资约束更加明显，金融市场化较高的组别中新兴企业没有显著的外部融资约束。政策不确定性与外部融资约束的交乘项 $FF_{it} \times PU_{it-1}$ 在 5%的水平下显著为负，即高外部融资约束加剧了政策不确定性对新兴企业研发投资的负向作用，进一步证实了融资约束理论。

表 5.5　验证金融摩擦渠道的回归结果

项目	（1）内部融资约束			（2）外部融资约束		
	FF_1	股利支付率低	股利支付率高	FF_2	金融市场化低	金融市场化高
PU_{it-1}	-0.009^{***}	-0.011^{**}	-0.021	-0.013^{**}	-0.016^{**}	-0.005
	(-2.733)	(-2.065)	(-1.024)	(-2.568)	(-2.534)	(-0.761)
CF_{it}	0.047^{***}	0.050^{***}	0.041^{**}	0.046^{***}	0.059^{***}	0.003
	(11.604)	(12.176)	(2.073)	(11.800)	(12.862)	(0.409)
FF_{it}	0.045^{**}			0.043^{***}		
	(2.040)			(2.774)		
$FF_{it} \times PU_{it-1}$	-0.104^{***}			-0.095^{**}		
	(2.808)			(-2.257)		
Q_{it-1}	0.003^{***}	0.003^{***}	-0.003^{*}	0.003^{***}	0.003^{***}	0.003^{***}
	(9.846)	(10.580)	(-1.898)	(9.793)	(8.197)	(5.770)
S_{it}	0.010^{***}	0.010^{***}	0.006	0.010^{***}	0.012^{***}	0.006^{***}
	(7.110)	(6.939)	(1.521)	(7.293)	(6.678)	(3.006)
GDP_{it-1}	1.084^{***}	1.325^{***}	-0.381	1.083^{***}	1.063^{***}	0.877^{*}
	(3.387)	(3.974)	(0.380)	(3.388)	(2.652)	(1.946)

续表

项目	(1) 内部融资约束			(2) 外部融资约束		
	FF_1	股利支付率低	股利支付率高	FF_2	金融市场化低	金融市场化高
C	-0.055**	-0.072***	-0.068	-0.053**	-0.050*	-0.043
	(-2.372)	(-2.987)	(-0.938)	(-2.301)	(-1.726)	(-1.329)
年度	控制	控制	控制	控制	控制	控制
N	2106	1901	205	2106	558	1548
R^2	0.196	0.204	0.269	0.191	0.192	0.169

5.3.4 主导机制识别的检验结果

主导机制识别回归结果如表 5.6 所示，在内部融资约束和外部融资约束回归结果中，除代表新兴企业不存在融资约束的股利支付率高和金融市场化程度高两组外，其他表示新兴企业存在融资约束的回归结果显示现金流与政策不确定性的交乘项 $CF_{it} \times PU_{it-1}$ 在 1% 的水平下显著为负，说明政策不确定性升高时单位现金流的边际投资倾向向下变化，新兴企业内部每增加一单位现金流并不能缓解政策不确定性对研发投资的负向冲击，从而表明融资约束机制不是政策不确定性传导的主要渠道，也就是说，实物期权机制主要解释了中国战略性新兴企业在政策不确定性上升时主动削减研发投资支出的行为。

表 5.6 主导机制识别的回归结果

项目	(1) 内部融资约束			(2) 外部融资约束		
	FF_1	股利支付率低	股利支付率高	FF_2	金融市场化低	金融市场化高
PU_{it-1}	-0.004***	-0.004**	-0.006*	-0.004**	-0.005***	-0.003*
	(-2.739)	(-2.045)	(-1.824)	(-2.539)	(-2.745)	(-1.694)
CF_{it}	0.188***	0.196***	0.126	0.188***	0.229***	0.019
	(14.963)	(14.238)	(1.442)	(14.963)	(14.463)	(0.840)
FF_{it}	0.006***			0.009***		
	(2.840)			(2.860)		
$CF_{it} \times PU_{it-1}$	-0.387***	-0.416***	-0.235	-0.386***	-0.491***	-0.037
	(-11.835)	(-11.073)	(-1.002)	(-11.830)	(-11.157)	(-0.756)
Q_{it-1}	0.003***	0.003***	-0.002*	0.003***	0.003***	0.003***
	(9.968)	(10.423)	(-1.714)	(9.958)	(8.112)	(5.793)
S_{it}	0.010***	0.010***	0.006	0.010***	0.011***	0.006***
	(7.062)	(6.663)	(1.398)	(7.123)	(6.321)	(3.002)

续表

项目	（1）内部融资约束			（2）外部融资约束		
	FF₁	股利支付率低	股利支付率高	FF₂	金融市场化低	金融市场化高
GDP_{it-1}	1.079***	1.270***	−0.344	1.073***	1.133***	0.868*
	(3.501)	(3.954)	(0.343)	(3.482)	(2.960)	(1.924)
C	−0.058***	−0.072***	−0.060	−0.057***	−0.061**	−0.043
	(−2.631)	(−3.119)	(−0.828)	(−2.595)	(−2.210)	(−1.327)
年度	控制	控制	控制	控制	控制	控制
N	2106	1901	205	2106	558	1548
R^2	0.229	0.238	0.286	0.230	0.201	0.237

如表 5.7 所示，本书还将表示企业融资约束变量 FF_{it} 和政策不确定性 PU_{it-1} 的交叉项、资本不可逆性变量 IRR_{it} 及其与政策不确定性 PU_{it-1} 的交叉项同时加入了模型中，通过比较交乘项的显著性水平变化，我们发现衡量的融资约束的连续性变量（FF_1 和 FF_2）与政策不确定性的交叉项 $FF_{it} \times PU_{it-1}$ 的显著性水平大幅下降，资本不可逆性变量与不确定性变量的交叉项 $IRR_{it} \times PU_{it-1}$ 始终在 1% 的水平下显著，现金流与政策不确定性的交乘项 $CF_{it} \times PU_{it-1}$ 在 1% 的水平下显著为负；在股利支付率较低和新兴企业所在地区金融市场化程度较低的两组中，政策不确定性 PU_{it-1} 在 5% 的水平下显著为负，资本不可逆性变量与不确定性变量的交叉项 $IRR_{it} \times PU_{it-1}$ 始终在 1% 的水平下显著，现金流与政策不确定性的交乘项 $CF_{it} \times PU_{it-1}$ 在 1% 的水平下显著为负，这一结果更加支持了实物期权理论占主导作用的事实。

表 5.7 进一步证实实物期权为主导渠道的回归结果

项目	（1）内部融资约束			（2）外部融资约束		
	FF₁	股利支付率低	股利支付率高	FF₂	金融市场化低	金融市场化高
PU_{it-1}	−0.021***	−0.020**	−0.021	−0.023***	−0.021**	−0.011
	(−2.727)	(−2.380)	(−0.546)	(−2.941)	(−2.147)	(−1.053)
CF_{it}	0.199***	0.201***	0.148*	0.197***	0.233***	0.023
	(15.843)	(14.631)	(1.704)	(15.900)	(14.822)	(1.033)
FF_{it}	0.020**			0.022***		
	(2.505)			(4.980)		
IRR_{it}	−0.069***	−0.069***	−0.084**	−0.066***	−0.074***	−0.043**
	(−5.631)	(−5.088)	(−2.089)	(−5.423)	(−4.713)	(−2.492)
$CF_{it} \times PU_{it-1}$	−0.406***	−0.429***	−0.234	−0.403***	−0.501***	−0.039
	(−12.362)	(−11.409)	(−1.016)	(−12.313)	(−11.468)	(−0.774)

续表

项目	(1) 内部融资约束			(2) 外部融资约束		
	FF$_1$	股利支付率低	股利支付率高	FF$_2$	金融市场化低	金融市场化高
FF$_{it}$×PU$_{it-1}$	−0.032*			−0.026*		
	(−1.657)			(−1.663)		
IRR$_{it}$×PU$_{it-1}$	−0.119***	−0.122***	−0.092	−0.121***	−0.133***	−0.044
	(−4.257)	(−3.948)	(−0.884)	(−4.348)	(−3.594)	(1.201)
Q_{it-1}	0.003***	0.003***	−0.003**	0.002***	0.003***	0.003***
	(9.237)	(9.866)	(−2.475)	(8.646)	(7.582)	(5.559)
S_{it}	0.009***	0.009***	0.006	0.009***	0.010***	0.005***
	(6.579)	(6.039)	(1.628)	(6.409)	(5.633)	(2.810)
GDP$_{it-1}$	1.063***	1.189***	−0.684	1.019***	1.060***	0.871*
	(3.477)	(3.724)	(0.704)	(3.356)	(2.787)	(1.945)
C	−0.042*	−0.052**	−0.104	−0.040*	−0.041	−0.034
	(−1.901)	(−2.252)	(−1.436)	(−1.808)	(−1.476)	(−1.059)
年度	控制	控制	控制	控制	控制	控制
N	2106	1901	205	2106	558	1548
R^2	0.249	0.260	0.374	0.250	0.259	0.182

　　进一步地，本书向模型（5.4）中另外加入政策不确定性、现金流和企业融资约束变量三者的交叉项 CF$_{it}$×FF$_{it}$×PU$_{it-1}$，同时加入三者中其余不在方程中的两两交叉项以及单个变量进行控制。实证结果如表 5.8 所示，在衡量新兴企业内部融资约束（FF$_1$）和外部融资约束（FF$_2$）两组中，三者的交叉项 CF$_{it}$×FF$_{it}$×PU$_{it-1}$ 均在 1%的显著性水平下负向显著，说明在政策不确定性上升时，融资约束程度越大的企业边际投资倾向向下变化的幅度越小，也就是 MPI 相对越大，证明了融资约束渠道同时存在的事实，即在受融资约束程度高的企业中，金融摩擦渠道的作用应该相对更强，这一结果支持了金融摩擦在传导上的作用。

表 5.8　验证金融摩擦渠道同时存在的回归结果

项目	FF$_1$	FF$_2$
PU$_{it-1}$	−0.003***	−0.004***
	(−2.580)	(−2.781)
CF$_{it}$	0.047**	0.046***
	(2.562)	(2.597)
FF$_{it}$	0.030**	0.029**
	(2.550)	(2.050)

续表

项目	FF$_1$	FF$_2$
CF$_{it}$×PU$_{it-1}$	−0.091**	−0.090***
	(−1.990)	(−2.988)
CF$_{it}$×FF$_{it}$×PU$_{it-1}$	−2.395***	−2.411***
	(−7.050)	(−7.245)
FF$_{it}$×PU$_{it-1}$	−0.080	−0.068*
	(−1.578)	(−1.739)
CF$_{it}$×FF$_{it}$	1.274***	1.274***
	(9.943)	(10.059)
Q$_{it-1}$	0.002***	0.002***
	(8.944)	(8.954)
S$_{it}$	0.009***	0.010***
	(7.162)	(7.321)
GDP$_{it-1}$	0.994***	0.999***
	(3.374)	(3.395)
C	−0.051**	−0.052**
	(−2.420)	(−2.459)
年度	控制	控制
N	2106	2106
R^2	0.250	0.247

综合考虑上述情况，本书认为，在整个样本上实物期权渠道占主导，对于单个企业来说，这两种传导渠道的相对重要性很大程度上依赖于其自身的财务状况。一方面，金融摩擦渠道应该对财务状况越差、受到融资约束程度越大的企业有着更大的影响；另一方面，因为只有财务状况良好的企业能够负担得起推迟投资对短期盈利造成的损失，实物期权渠道应该对资产负债表表现足够好的企业作用更强。

5.3.5　稳健性检验

为保证结果的稳健性，本书采用研发费用/企业营业收入作为战略性新兴企业研发投入的替代变量；由于各行业在信息和政策影响方面存在异质性，使用经行业中位数调整之后的股票收益波动率作为政策不确定性的替代变量，重新进行回归，发现关键变量的符号和显著性没有发生明显变化，说明结果较为稳健。另外，本书采用 Baker 等[42]发布的宏观 EPU 指数重新回归，发现关键变量的符号和显著性没有发生明显变化，实证结果支持研究假设，进一步说明结果的稳健性。进一步地，我国地区经济发展不均衡导致各地方政府对新兴产业的扶持程度有较大差异，政策实施效果也有很大的不确定性。各省区市相关政策法规制定得越全面，出台的政策优惠越翔实，政策实施效果的不确定程度就越低，企业感知的不确定性程度也就越低。因此，通过盘点各省区市战略性新兴产业政策法规发布的数量，以及政策法规中是否有"具体"的财政支持金额等指标并对其进行赋值，以此构建省际层面政策不确定性指标。将其替代政策不确定性指标进行重新回归，发现关键变量的符号和显著性没有发生明显变化，进一步说明结果较为稳健。

为克服内生性问题，我们使用系统 GMM 估计法对模型进行重新估计，发现关键变量的符号和显著性没有发生明显变化，说明结果较为稳健。进一步地，本书单独从研发费用角度考察政策不确定性的影响，借鉴孙晓华等[43]的方法，引入欧拉方程重点研究金融摩擦效应。欧拉方程基准模型为

$$RD_{it} = \beta_1 + \beta_2 RD_{it-1} + \beta_3 RD_{it-1}^2 + \beta_4 CF_{it} + \beta_5 LEV_{it-1} + \beta_6 RGR_{it-1} \\ + \beta_7 IRR_{it} + \beta_8 ROE_{it-1} + \eta_i + \gamma_{it} \tag{5.7}$$

式中，RD_{it} 表示当期企业研发投入，即研究阶段的费用投入，该费用与滞后一期的研发投入 RD_{it-1} 相关；CF_{it} 表示企业当期的自由现金流；LEV、RGR、IRR、ROE 表示控制变量；η_i 表示不可观测的个体效应；γ_{it} 表示随机扰动项。根据预期，RD_{it-1} 的系数 β_2 为正，RD_{it-1}^2 的系数 β_3 为负；如果企业没有融资约束，那么 β_2 和 β_3 的绝对值都应略大于 1。当企业现金流 CF_{it-1} 的系数 β_4 显著为正，说明企业存在融资约束。为检验政策不确定性对研发投资的融资约束路径产生影响，本书对样本进行政策不确定性水平高低的分组，检验单位现金流的研发投资敏感度组间差异结果。我们使用系统 GMM 方法进行回归，发现 RD_{it-1} 的系数 β_2 为正，RD_{it-1}^2 的系数 β_3 为负；企业现金流 CF_{it-1} 的系数 β_4 显著为正，说明战略性新兴企业确实存在融资约束，进一步验证了金融摩擦渠道的有效性。

5.4　本 章 小 结

本章选取在沪深两市上市的 A 股战略性新兴产业公司为初始样本，通过公司股票收益波动率构建政策不确定性指数，探究并识别了政策不确定性影响战略性新兴企业研发投资行为的传导机制。以中国上市公司为样本的实证结果表明，政策不确定性通过实物期权渠道和金融摩擦渠道传导至企业层面并抑制战略性新兴企业的研发投资。进一步地，基于投资过程中企业面临政策不确定性的先验信息差异以及等待能力约束差异，按照新兴企业所处地区金融市场化程度、新兴企业所属行业竞争程度及企业所有权性质指标进行分组回归，进一步论证实物期权渠

道的有效性。另外，本书基于改进的托宾 Q 模型，进一步检验研发投资的金融摩擦机制，分别从企业自身经营状况引发的内部融资约束以及企业外部融资摩擦两方面衡量其融资约束。结果发现战略性新兴企业普遍存在融资约束，且在股利支付率较低和企业所在地区金融市场化程度较低的组别中融资约束更加明显。政策不确定性与融资约束的交乘项显著为负，说明当政策不确定性上升时，受到高融资约束新兴企业研发投资下滑的幅度越大，即高融资约束加剧了政策不确定性对新兴企业研发投资的负向作用，进一步证实了融资约束理论。

最后，本书通过引入政策不确定性与现金流的交乘项，进一步探究政策不确定性传导的主导机制。结果发现现金流与政策不确定性的交乘项在 1% 的水平下显著为负，说明政策不确定性升高时单位现金流的边际投资倾向向下变化，新兴企业内部每增加一单位现金流并不能缓解政策不确定性对研发投资的负向冲击，从而表明融资约束机制不是政策不确定性传导的主要渠道，也就是说，实物期权机制主要解释了中国战略性新兴企业在政策不确定性上升时主动削减研发投资支出的行为。

本章还将表示企业融资约束变量 FF_{it} 和政策不确定性 PU_{it-1} 的交叉项、资本不可逆性变量 IRR_{it} 及其与政策不确定性 PU_{it-1} 的交叉项同时加入了模型中，通过比较交乘项的显著性水平变化，可以发现各指标衡量的融资约束变量与政策不确定性的交叉项 $FF_{it} \times PU_{it-1}$ 的显著性水平大幅下降，而资本不可逆性变量与政策不确定性变量的交叉项 $IRR_{it} \times PU_{it-1}$ 始终在 1% 的水平下显著，这一结果更加支持了实物期权理论占主导作用的事实。

进一步地，本书尝试证明融资约束渠道同时存在的事实，通过另外加入政策不确定性 PU_{it-1}、现金流 CF_{it} 和企业融资约束变量 FF_{it} 三者的交叉项，同时加入三者中其余不在方程中的两两交叉项以及单个变量进行控制，发现在受融资约束程度高的企业中，融资约束渠道的作用应该相对更强，也就是说，在政策不确定性升高时 MPI 向下变动的幅度在外部融资约束程度高的企业中应该较小，从而验证了金融摩擦在传导上的作用。

从整体上看，实物期权理论能够解释政策不确定性影响下的战略性新兴上市公司研发投资行为的变化，并相较于融资约束理论，其解释力更显著。但是根据研究结果，对于个体企业来说主导渠道的确定很大程度上依赖于企业自身的财务状况。一方面，金融摩擦渠道应该对资金状况差、内外部融资约束程度高的企业有着更大的影响；另一方面，由于财务状况良好的企业更能承担起推迟投资造成的短期盈利上的损失，实物期权渠道应该对资产负债表表现足够好的企业作用更强。本章的政策含义在于，一方面政府应当保持经济政策的连续性和透明度，从源头上降低政策不确定性，另一方面应致力于减少资本流动性的实体摩擦和金融摩擦，以缓解对企业投资的负向影响。

参 考 文 献

[1] Dixit A K, Pindyck R S. Investment and Uncertainty[M]. New Jersey, USA: Princeton University Press, 1994.

[2] Pindyck R S. Irreversibility, uncertainty, and investment[J]. Journal of Economic Literature, 1991, 29: 1110-1148.

[3] Huisman K J M, Kort P M. A further analysis on strategic timing of adoption of new technologies under uncertainty[J]. Discussion Paper, 1998, 1998-03: 1-13.

[4] 朱艳鑫, 朱艳硕, 薛俊波. 地方政府产业政策的文本量化研究——以战略性新兴产业政策为例[J]. 经济问题探索, 2016, (2): 127-133.

[5] 城雄, 李美桂, 林慧, 等. 战略性新兴产业: 从政策工具、功能到政策评估[J]. 科学学研究, 2017, 35 (3): 346-353.

[6] 黎文靖, 郑曼妮. 实质性创新还是策略性创新？——宏观产业政策对微观企业创新的影响[J]. 经济研究, 2016, 51 (4): 60-73.

[7] 郝威亚, 魏玮, 温军. 经济政策不确定性如何影响企业创新？——实物期权理论作用机制的视角[J]. 经济管理, 2016, 38 (10): 40-54.

[8] Xu C. The Fundamental institutions of China's reforms and development[J]. Journal of Economic Literature, 2011, 49 (4): 1076-1151.

[9] 舒元, 徐现祥. 中国经济增长模型的设定[J]. 经济研究, 2002, (11): 3-11, 63, 92.

[10] 唐雪松, 周晓苏, 马如静. 政府干预、GDP 增长与地方国企过度投资[J]. 金融研究, 2010, (8): 33-48.

[11] 张洪辉, 王宗军. 政府干预、政府目标与国有上市公司的过度投资[J]. 南开管理评论, 2010, (3): 101-108.

[12] 杨瑞龙, 王元, 聂辉华. "准官员"的晋升机制: 来自中国央企的证据[J]. 管理世界, 2013, (3): 23-33.

[13] 罗知, 徐现祥. 投资政策不确定性下的企业投资行为: 所有制偏向和机制识别[J]. 经济科学, 2017, (3): 88-101.

[14] Bloom N, Floetotto M, Jaimovich N, et al. Really uncertain business cycles[J]. Econometrica, Econometric Society, 86 (3): 1031-1065.

[15] Ghosh D, Olsen L. Environmental uncertainty and managers use of discretionary accruals[J]. Accounting Organizations & Society, 2009, 34 (2): 188-205.

[16] Gulen H, Ion M. Policy uncertainty and corporate investment[J]. Review of Financial Studies, 2016, 29 (3): 523-564.

[17] Bernanke B S. The determinants of investment: another look[J]. American Economic Review, 1983, 73 (2): 71-75.

[18] Pástor L', Veronesi P. Political uncertainty and risk premia[J]. Journal of Financial Economics, 2013, 110 (3): 520-545.

[19] Li D, Magud N, Valencia F. Corporate investment in emerging markets: financing vs. real options channel[J]. Imf Working Papers, 2015, 15 (285): 1.

[20] Tobin J. A general equilibrium approach to monetary theory[J]. Journal of Money Credit & Banking, 1969, 1 (1): 15-29.

[21] 罗涛, 樊纲治. 不可逆投资、不对称企业和战略均衡[J]. 财经问题研究, 2013, (7): 19-27.

[22] 黄福广, 李西文. 我国上市公司发行可转债的动机与条款设计——以"歌华转债"为例[J]. 华东经济管理, 2010, 24 (3): 133-138.

[23] Cai H, Liu Q, Xiao G. Does Competition Encourage Unethical Behavior? The Case of Corporate Profit Hiding in

China[R]. Working Paper，http://www.econ.ucla.edu/people/papers/Cai/Cai361.pdf，2005.

[24]　Feenstra R C，Li Z，Yu M. Exports and credit constraints under incomplete information：theory and evidence from China[J]. The Review of Economics and Statistics，2014，96（4）：729-744.

[25]　Altman E，Haldeman R G，Narayanan P. ZETA analysis：a new model to identify bankruptcy risk of corporations[J]. Journal of Banking and Finance，1977，1（1）：29-54.

[26]　Aggarwal R，Zong S. Internal Cash Flows and Investment Decisions：Empirical Evidence from the G4 Countries[J]. International Finance Review，2003，4：113-136.

[27]　Erickson T，Whited T M. Measurement error and the relationship between investment and q[J]. Journal of Political Economy，2000，108（5）：1027-1057.

[28]　Gertler M，Gilchrist S. Monetary policy，business cycles，and the behavior of small manufacturing firms[J]. Quarterly Journal of Economics，1994，109（2）：309-340.

[29]　Bernanke B，Gertler M. Inside the black box：the credit channel of monetary policy transmission[J]. Journal of Economic Perspectives，1995，9（4）：27-48.

[30]　Fazzari S M，Hubbard R G，Petersen B C. Financing constraints and corporate investment[J]. Brookings Paper on Economic Activity，1988，19（1）：141-195.

[31]　Gilchrist S，Himmelberg C. Evidence on the role of cash flow in reduced-form investment equations[J]. Journal of Monetary Economics，1995，36（3）：541-572.

[32]　Kaplan S N，Zingales L. Do investment-cashflow sensitivities provide useful measures of financing constraints？[J]. Quarter ly Journal of Economics，1997，112（1）：169-215.

[33]　Whited T M，Wu G. Financial constraints risk[J]. Review of Financial Studies，2006，19（2）：531-559.

[34]　Hadlock C，Pierce J. New evidence on measuring financial constraints：moving beyond the KZ index[J]. Review of Financial Studies，2010，23（5）：1909-1940.

[35]　盛丹，王永进. 基础设施、融资依赖与地区出口比较优势[J]. 金融研究，2012，（5）：15-29.

[36]　樊纲，王小鲁. 中国市场化指数报告 2011 版[M]. 北京：经济科学出版社，2011.

[37]　郭丽虹，马文杰. 融资约束与企业投资-现金流量敏感度的再检验：来自中国上市公司的证据[J]. 世界经济，2009，32（2）：77-87.

[38]　沈红波，张广婷，阎竣. 银行贷款监督、政府干预与自由现金流约束——基于中国上市公司的经验证据[J]. 中国工业经济，2013，（5）：96-108.

[39]　唐清泉，巫岑. 银行业结构与企业创新活动的融资约束[J]. 金融研究，2015，（7）：116-134.

[40]　靳光辉，刘志远，花贵如. 政策不确定性与企业投资——基于战略性新兴产业的实证研究[J]. 管理评论，2016，28（09）：3-16.

[41]　连玉君，彭方平，苏治. 融资约束与流动性管理行为[J]. 金融研究，2010，（10）：158-171.

[42]　Baker S，Bloom N，Davis S J. Measuring economic policy uncertainty[J]. The Quarterly Journal of Economics，2016，131（4）：1593-1636.

[43]　孙晓华，王昀，徐冉. 金融发展、融资约束缓解与企业研发投资[J]. 科研管理，2015，36（5）：47-54.

第6章 政策不确定性与战略性新兴企业资金配置"脱实向虚"

第 5 章的分析结果显示，新兴企业研发投入在政策不确定性的影响下，主要受制于投资决策的实物期权效应影响，企业具有主动推迟投资的动机。而民营企业研发投入的减少更多来自于企业自身的融资约束。对于我国这样一个具有"新兴加转型"双重制度特征的经济体而言，完全市场调节的经济模式尚未运行良好，政府依然掌控着重要资源的分配权，银行信贷亦随政府导向而为。因此，处理与政府的关系也就构成了企业战略决策和经营行为的重要方面。良好的产业政策能够弥补市场机制不完善对企业的伤害，然而在政策不确定性的影响下，一方面企业对风险较高且不可逆的研发投资保持更加谨慎的态度；另一方面，企业的闲赋资金会流向未来期望价值更高的金融资产投资上。归根结底，企业作为以追逐利润为目的的理性经济人，利润最大化是其经营的核心目标。同时，考虑到 2008 年金融危机后，我国经济模式出现的产业空心化以及资金配置"脱实向虚"现象日益凸显，因此，本章立足于我国经济新常态背景以及当前经济结构转型中的典型现象，进一步深入展开政策不确定性影响新兴企业资金配置的实证研究。

6.1 政策不确定性与战略性新兴企业资金配置"脱实向虚"的理论分析

6.1.1 资金配置"脱实向虚"的现实背景

中国银行国际金融研究所的中国经济金融研究课题组在 2006 年 9 月发布了《中国经济金融展望报告》，并指出资金流向"脱实向虚"是我国经济发展步入新常态后，金融与实体经济背离的重要表现之一[1]。中国银行国际金融研究所的研究员李佩珈和梁婧[2]认为，"脱实向虚"来自资金从金融部门流向实体经济的各个环节，可能出现的两类情况如下：一种是资金在金融体系内部"空转"，或是进行套利活动，没有进入实体经济；或是流转链条拉长，虽然最终可能还是进入了实体经济，但是提高了实体经济的融资成本。另一种情况是资金流入实体经济的过程中存在配置错位，主要表现是资金过度流向房地产，而没有流入制造业。企业投资中的"脱实向虚",更多是表现在非金融企业(如本研究中的战略性新兴企业)投资金融资本的动机。

首先,在实体经济下滑、"脱实向虚"的背景下,越来越多的企业有动机偏离主业,将大量资金从实物投资转向房地产投资。全国工商联 2010 年民营企业 500 强调查显示,进入 500 强的民营房地产企业在迅速增加,从 2008 年的 16 家增加到 2010 年的 26 家,且还有 44.2%的企业计划未来投资房地产业。与此同时,有明显获取贷款优势的企业可以利用廉价的资金大举进入房地产市场、土地市场,在"脱实向虚"中扮演着重要角色。甚至部分企业利用虚假贸易、非法票据等手段套取资金投入房地产。大量企业和资金进入房地产领域,容易催生房地产泡沫,也不利于制造业的转型升级。

其次,经济金融化的发展表现在微观层面上,非金融企业金融投资持续增加,致使金融渠道成为非金融企业利润积累的主要方式[3,4]。具体表现为,大量实体企业纷纷寻找机会介入银行、保险、信托、证券、基金等金融业,造成产业资本过度转向金融资本。中国人民银行温州市中心支行的调查发现,2009 年末,全市有 1194 家民营企业(占规模以上企业的 16%)参股各种地方性法人金融机构。2012 年国资委管理的 117 家央企中,有 90 多家在不同程度上涉足金融业,占比 77%。有数据显示,非金融央企实际已经控制 24 家信托公司、20 家证券公司、14 家财产保险公司以及 23 家寿险公司,分别占到受调查该种类金融机构的 46.2%、41%、37%和 53.1%。通过分析全部上市非金融企业的收益质量也发现,2008 年以来,这些企业的经营活动净收益占利润总额平均值呈现持续下降态势,由 2005 年最高点的 98%下降至 2015 年的 80.7%,表明上市公司非金融企业的收入,更多依赖于金融投资等非主营业务收入。如图 6.1 所示,2005～2014 年我国上市公司配置金融资产的企业数量不断上升,金融资产占比也呈现增长趋势。

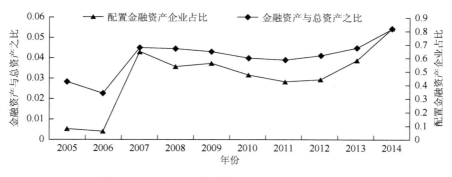

图 6.1　2005～2014 年上市公司金融资产配置趋势

实体企业金融投资增加,使得原先以支持实业投资为目的的资金在流入实体部门后再次转向金融领域，形成了企业资金配置的"脱实向虚"。企业金融投资规模的增加形成了对实物投资的分流，成为导致实物投资减少的根源。究其原因，主要表现在以下几个方面。

1. 工业企业投资回报率大幅降低

2008年，金融危机导致全球范围内的经济衰退，需求锐减。作为出口导向型经济体，我国大部分出口类型制造业出现倒闭潮。同时，受到成本上升与国际市场竞争的双重挤压，中国制造业的利润率不断走低。人口老龄化、社会消费升级等因素也深刻影响制造业成本与利润。与此同时，制造业还面临着严峻的产能过剩问题，特别是钢铁行业、汽车行业、家电行业及风电设备、太阳能光伏发电用多晶硅等行业。产能过剩已直接导致制造企业"去库存"压力加速聚积。更严重的问题在于，在高库存情况下企业仍要把产品源源不断地推向市场，应收账款大增，反过来又影响企业资金流及利润。

我国工业企业投资回报率（return on investment，ROI）从1993年的15.67%的高水平持续下降，2000～2008年稳定在8%～10%，金融危机之后投资回报率水平大幅下降，2014年，ROI已经降低到2.7%的历史新低。国家信息中心首席经济师范剑平认为，中国经济症结不是速度而是ROI下降，当GDP总量越来越大，增长难度也相应增大，"十二五"研发经费占GDP比重未达标。他还指出旧的动力在下降，新的动力上不来，战略性新兴产业并没有达到拉动经济增长的效果。另外，制造业回报率与其他行业回报率的"剪刀差"越来越大，如能源、金融、交通等行业的利润率一直处于高位。在这样的情况下，民间资本开始"逃离"制造业，大量资本"脱实向虚"，转入股市、楼市和期货市场等，追求更高的资本回报。相比之下，房地产业和金融业的ROI较高，吸引了大量社会资金流入，许多非房地产企业纷纷进军房地产。例如，上市房地产企业的ROI从2006年的8.2%上升至2013年的13.6%，尽管近年有所下降，但仍然保持在10%以上。金融业的ROI同样较高。2015年，证券公司ROI约为19.6%；1年期股权类信托理财产品收益率平均为8.3%。

2. 实体企业杠杆率不断攀升

2008年全球金融危机爆发后，中国经济一时间面临产能过剩、需求疲软、失业率高涨等问题，经济增长明显偏下行。据统计，2012年，中国经济增长率自2000年以来首次"破8"，由2011年的9.5%跌至7.7%，下降1.8个百分点。为刺激经济保增长，我国政府于2008年底推出了四万亿元投资刺激计划，旨在保持中国宏观经济稳定增长，实现GDP增长率8%的目标。之后，地方政府持续跟进，据统计各地公布的投资总额接近18万亿元。这一轮投资刺激计划主要涉及港口、水泥、钢铁、电网等基础设施建设。但是保"8"靠"四万亿计划"，最根本的经济结构性问题仍未改变，最终使得社会流动性泛滥。这 4 万亿元投资计划中有 95%的资金流入了国有企业，民营经济难以参与其中而出现凋敝，由于做实业很难挣到钱，又加速了资金向金融业的流入，出现了"资金空转"的现象。

与此同时，我国非金融企业加杠杆趋势显著，2008~2015 年全社会融资规模由 6.9 万亿元上升至 15.4 万亿元，企业杠杆率由 98%增加到 143.5%；与此同时，民间固定资产投资大幅下降，投资增速由 27.68%降至 3%。宽松政策提供的流动性并未润泽实体经济，高企的借贷规模也未形成有效产出，反而出现企业主营业务利润率在经济下行期间的持续下降的现象。在逐利性的驱使下，大量实体企业积极参与金融投资，其中不乏绩优的行业龙头企业。据统计，2016 年我国 A 股共有 890 家上市企业购买了理财产品，占全部 A 股上市公司的近 1/3，涉及资金高达 1.07 万亿元。此外，房地产市场的火爆也吸引了大量企业参与房地产投资：2016 年，A 股上市企业中有超过 1200 家企业握有"投资性房地产"，通过卖房保壳帮助企业扭亏为盈的现象屡见不鲜。

据统计，2015 年全部新增社会融资中，有 47%的资金以利息的形式回到金融机构手中，企业融资负担不堪承受。而与此同时，战略性行业中的现代高科技企业及服务业企业，由于缺乏抵押资产，因此大量资金无法补给到实体企业。而更进一步地，国有银行主导信贷体系的背景下，现有的融资歧视会误导信贷资源配置。容易取得资金的企业（如上市公司）依托其融资成本低、融资数额大的优势，从事高息委托贷款，做资金投机。上海证券交易所资本市场研究所年报专题小组（2012）的统计结果显示，向独立第三方委托贷款的利率明显高于其他类型的委托贷款，最高能达到 20%~25%，远高于各个时期的同期贷款基准利率，也高于上市公司整体的资产报酬率。统计数据也表明，上市公司在 2007~2012 年息税前利润占总资产比例为 3.5%~6%，但是同期一年期贷款基准利率却在 5%左右浮动。因此，最终极易出现公司抽调资金出主业，投资"副业"的情况。

3. 金融行业管制的放松

近年来，随着我国政府对金融行业管制的放松，越来越多的实业企业通过控股金融机构涉足金融领域，形成了"实业金融"的产融结合模式，其中更是不乏民营企业。金融市场化和开放程度提高，新兴金融业态快速发展，而金融监管相对滞后，为资金"脱实向虚"创造了条件。一是不同业务监管要求不同。2010 年以来，为降低融资平台贷款风险，政府出台了相应的规范政策，但是由于监管规则不一致，部分资金仍以信托和委托贷款、银行同业业务等形式投向融资平台、房地产、"两高一剩"①等行业。二是跨境资本流动为资金"脱实向虚"提供了资金来源。随着经济全球化的深入发展，我国金融开放和市场化在不断推进，境内外汇率市场、货币市场、资本市场的联动性加大，跨境资金流动的途径和规模增加，成为资金"脱实向虚"的重要渠道之一。三是分业经营边界不断被突破，资金"脱实向虚"的途径越来越多。随着利率市场化进程加快，金融脱媒趋势加剧，各种创新性金融产品和业态在提高金融对实体经济适应性的同时，也成为资金"脱实向虚"的重要工具。近年来 P2P（点对点网络借款）等互联网金融迅速发展，而我国在监管上仍存在定位不清、法规跟进不及时等问题，互联网金融不断突破政策边界，甚至出现违规经营、庞氏骗局等非法行为，加大了虚拟经济与实体经济的背离程度。

6.1.2 政策不确定性影响战略性新兴企业资金配置"脱实向虚"的理论假设

1. 政策不确定性下战略性新兴企业金融化挤出研发投资的理论分析

饶品贵等学者认为微观企业的投资行为必然受到宏观经济政策的影响，尤其在经济政策不确定性的影响下，新兴企业的资金配置更容易受到政策环境和政府行为的影响[5-6]。具体而言，政策不确定性是指市场主体无法确切预知政府在未来是否、何时以及如何改变现行的经济政策，包括政策预期的不确定性、政策执行层面的不确定性或者政府改变政策立场的可能性、政策在未来指向和强度等方向上的不明确[7,8]。相比传统制造业，多数战略性新兴企业正处于生命周期的成长阶段或者初创期，具有高投入、高风险的特点，更容易受到政策不确定性的影响，需要政府长时间、高强度的政策扶持才能发展成为成熟的支柱企业。

战略性新兴产业政策正式出台之前，坊间一直预期要实施"九大产业振兴规划"，随后演化为"十大行业振兴计划"。在此期间，从战略性新兴产业的概念界定到产业内涵发展再到重点产业领域的确定，均存在很大程度的不确定性。振兴七大战略性新兴产业的政策于 2010 年制定，但对于实施政策的具体条例和规划出台较慢，中央和地方政府将给予多大程度的政策扶持、扶持到什么程度、扶持多久实际上都不明确。例如，光伏产业发达的日本和德国，政府提供了长达二十多年的补贴，这种模式是否能为中央和地方财政所承受，也存在很大程度的不确定性[9]。

---

① 两高行业指高污染、高能耗的资源性的行业；一剩行业即产能过剩行业。主要包括钢铁、造纸、电解铝、平板玻璃、风电和光伏制造业等产业（光伏发电不同于制造业，不属于"两高一剩"，是国家鼓励的清洁能源行业）

进一步，考虑到政府层级和经济体制，官员更替代表政治权力的转移也会影响现行经济政策的执行，进而引发经济政策实施效果的不确定。尽管中央财政不断设立各种专项基金以扶持新兴企业的研发投资，地方政府也相继出台各种优惠政策引导和干预新兴企业的投资行为，但是，一方面，地方政府官员出于政绩考核压力，过于追求 GDP 而忽视投资质量，鼓励新兴企业走规模扩张的老路，大量投资短期收益率较高的金融领域而非实体投资[10]；另一方面，企业为获取政府巨额补贴，往往将大量资金用于短平快的项目而非周期长且不可逆程度高的生产性活动，造成实体投资下滑。地方政府的过度干预，虽然有利于新兴企业的技术升级和规模扩张，但对于大部分处于生命周期成长阶段或者初创期的新兴企业来讲，也提高了企业面临的政策实施效果的不确定。

综上，战略性新兴产业政策不确定体现在两个方面，一是政策本身的不确定性；二是政策效果的不确定性；并且我国战略性新兴企业的资金配置和投资行为严重受政府行为及政策环境的影响。基于实物期权理论和融资约束视角，已有文献发现经济政策不确定性上升时，企业往往会主动推迟或者被动减少实体投资。从理论层面分析，经济政策不确定性上升时，企业更加难以准确预测未来的市场需求，进而导致企业现金流的不确定性增加，致使管理层配置变现能力较强的金融资产以应对未来政策环境变化对主营业务的不利冲击和缓解未来资金需求压力，从而实现分散和对冲风险的目的。同时，由于代理问题将带来管理层短视行为和大股东的投资回报压力，企业出于逐利动机将大量资金用于流动性低但回报率较高的金融资产投资，即以减少经营资产的投资为代价追逐金融投资超额收益时，就会对研发投资、固定资产投资及其他长期资产投资造成挤出效应。尤其在政策不确定性上升时，战略性新兴企业感知到的政策实施效果是不确定的，会主动推迟投资周期较长且不可逆程度较高的研发投资等实体投资，增加流动性强且收益率较高的金融资产。因此，提出以下假设：

假设 1：战略性新兴企业金融资产配置对研发投资产生挤出效应，并且政策不确定性加剧了该挤出作用。

2. 政策不确定性下金融资产配置结构影响研发投资的理论分析

政策不确定性上升有可能作用到企业资金配置的"脱实向虚"上，还会影响金融资产配置结构，并且不同类型的金融资产因期限、流动性的不同，对研发投资的影响存在差异[11]。具体而言，如果企业出于资金储备动机配置金融资产，政策不确定性上升可能会促使企业将资金用于流动性较强、变现较快的短期金融资产，如交易性金融资产和可供出售金融资产，以缓解政策不确定性加剧的外部融资成本，为将来的流动性做储备，即平滑企业资金需求，进而强化对企业的研发投资等实体投资的促进作用。相反，如果企业从事金融资产投资是出于资本套利动机，在政策不确定性上升时，企业更热衷于投资暴利行业以获得超额回报，如房地产行业；或者配置长期股权投资和衍生金融资产等其他长期金融资产，从而加剧对研发投资等实体投资的挤出作用。综上，在金融资产配置的两种动机下，政策不确定性上升时对金融资产配置结构的影响存在差异，进而对研发投资产生截然相反的影响。因此，提出以下假设：

假设2a：政策不确定性能够加剧长期金融资产配置对研发投资的挤出效应，表明资本套利动机占主导。

假设2b：政策不确定性能够增强短期金融资产配置对研发投资的促进作用，表明资金储备动机占主导。

3. 企业异质性的进一步分析

基于资本套利动机视角，宏观经济政策不确定性上升时，套利动机较强的新兴企业更愿意投资金融资产。首先，从实物期权中的看涨期权理论分析，当市场波动为代表的不确定性上升时，市场价格波动幅度增大意味着看涨期权价值的增加，相比高投入高风险的研发投资，企业金融资产投资更能显著增加企业未来的收益。已有研究表明外部不确定性上升时，不可逆程度较高的研发投资等实物投资往往会降低，而金融资产配置水平显著提升[6]。原因在于金融资产投资具有更高的流动性，投资过程中发生的交易成本和调整成本相对较小。其次，从公司治理的角度分析，经济政策不确定性的上升会进一步引发股票市场波动，增加敌意收购的可能性，但管理层为防止敌意收购，更倾向于采取短视行为，投资收益高的金融资产以扩大企业利润，从而挤出长期研发投资。最后，从政策实施效果不确定的实际背景分析，大部分战略性新兴企业发展初期的研发投入来自于国家的政府补贴。一方面，研发投资的周期较长，与地方政府官员短任期制冲突，出于政绩考核体制的考虑，默认企业走规模扩张的老路。另一方面，企业为了获得政府补贴，迎合官员晋升需求，往往会出现寻租和逆向选择行为，选择低质量周期短的简单创新或者通过金融资产投资获取短期利益。更有文献[12]发现与政策前相比，政策后战略性新兴产业技术进步率和纯技术效率下降，全要素生产率变化率也呈下滑趋势。显然，我国的战略性新兴产业政策在实施过程中被严重扭曲，企业利用政策支持专注于获取短期收益以扩大规模，造成研发创新投入不足。即在经济政策不确定的影响下，出于谨慎投资和逐利动机的考虑，相比于投资周期较长并且投资回报不确定的研发投资，资本套利动机较强的企业更倾向于投资流动性强且收益率较高的金融资产，从而挤出企业的研发投资。因此，提出以下假设：

假设3a：在资本套利动机较强的企业中，政策不确定性能够加剧金融资产配置对研发投资的挤出作用。

基于资金储备动机的融资约束视角，宏观经济政策不确定性上升时，企业面临的融资约束问题往往被加剧，致使企业的投资决策发生改变。一方面，从企业避险能力的异质性来看，政策不确定性上升会导致股票市场的大幅波动，提高投资者的风险溢价水平，从而导致风险偏好型的管理者从事金融投资活动的意愿增强[13]。另一方面，从企业融资成本的角度分析，政策不确定性显著增加了企业的外部融资成本，尤其是民营企业等高盈利企业，由于缺乏足够的抵押品，受到所有制和规模歧视的影响，融资约束问题更为显著。同时，考虑到战略性新兴企业研发投资的周期性较长、技术外溢性和初始投入高等特征，企业的研发投资活动面临信息不对称以及高风险问题，特别是以银行为主导的金融体系造成大部分企业面临严重的融资约束问题，企业更愿意选择风险偏小的投资项目。因此，对于融资约束程度较弱的新兴企业而言，金融资产投资可能比研发投资更为重要，政策不确定性上升时，企业面临的外部融资约束问题往往被加剧，进而增加了企业的经营风险，从而更热衷于配置金融资产以缓解融资约束问题，平滑企业未来的资金需求，从而减弱金融资产投资对研发投资的挤出作用。因此，提出以下假设：

假设 3b：在融资约束程度较弱的企业中，政策不确定性能够减弱金融资产配置对研发投资的挤出作用。

6.2 政策不确定性与战略性新兴企业资金配置"脱实向虚"的实证设计

6.2.1 样本选择与数据来源

本书以 2009~2016 年我国战略性新兴产业行业内上市公司的财务数据为研究样本，探讨经济政策不确定性对新兴企业投资"脱实向虚"的影响机制，分别基于金融资产配置的资本储备动机和市场套利动机两个视角，考察金融资产投资对新兴企业研发投入的推动作用或者挤出作用的异质性。之所以选择 2009 年为起点，是因为自 2007 年开始监管层要求上市公司披露其研发投入信息，根据上市公司年报信息披露质量来看，2007 年和 2008 年两年数据质量较低。借鉴王红建等[14]的研究，对原始数据进行筛选：①剔除金融类上市公司；②剔除没有研发投入或未披露研发投入的样本；③剔除其他变量财务数据缺失的样本；④剔除 ST 和 ST*上市公司。最终选择了 351 家新兴企业，总共 2457 个观测值。为了剔除异常值对回归结果稳健性可能产生的影响，对所有的连续变量进行上下 1%的 Winsorize 截尾处理。

6.2.2 研究设计

1. 模型设计

1）基本模型的构建

参考 Orhangazi[15]的研究，设计模型（6.1），以验证战略性新兴企业金融化对研发投资的挤出作用，以及模型（6.2），考察政策不确定性对以上挤出作用的调节作用（假设 1）。

$$\text{RD}_{it} = \text{RD}_{it-1} + \alpha_0 + \alpha_1 \times \text{Financial}_{it} + \alpha_2 \times \text{Income}_{it} + \sum \text{controls} + \varepsilon_{it} \quad (6.1)$$

$$\text{RD}_{it} = \text{RD}_{it-1} + \alpha_0 + \alpha_1 \times \text{Financial}_{it} + \alpha_2 \times \text{Income}_{it} + \alpha_3 \times \text{PU}_{it-1} + \alpha_4$$
$$\times \text{Financial}_{it} \times \text{PU}_{it-1} + \alpha_5 \times \text{Income}_{it} \times \text{PU}_{it-1} + \sum \text{controls} + \varepsilon_{it} \quad (6.2)$$

式中，RD_{it} 表示企业 i 在 t 年的研发投入；Financial_{it} 表示企业 i 在 t 年的金融资产占比；Income_{it} 表示企业 i 在 t 年的金融资产投资收益占比；PU 表示政策不确定性；controls 表示控制变量。如果系数 α_1 和 α_2 显著为负，则表明金融资产配置对研发投资产生挤出作用。政策不确定性的调节作用，需要重点关注交乘项系数 α_4 和 α_5。

2）主导机制识别的模型构建

为了识别政策不确定性下新兴企业金融资产配置对研发投资的挤出作用，主要是识别资本套利动机占主导，还是资金储备动机占主导（假设 2a 和假设 2b）。本书进一步基于金融资产的期限和类型，按照资产负债表中的金融资产配置结构划分为投资性房地产净额（Financial_1）、长期股权投资（Financial_2）、交易类金融资产（Financial_3）及委托贷款等理财产品（Financial_4）四类，分别替换解释变量金融资产（Financial）占比，构建模型（6.3）进行回归分析。

$$\text{RD}_{it} = \text{RD}_{it-1} + \alpha_0 + \alpha_i \times \text{Financial\_}i(i=1,2,3,4) + \alpha_5 \times \text{PU}_{it-1}$$
$$+ \alpha_6 \times \text{Financial\_}i \times \text{PU}_{it-1} + \sum \text{controls} + \varepsilon_{it} \quad (6.3)$$

如果资金储备动机占主导作用，政策不确定性上升时企业更热衷于配置流动性较高、容易变现的短期金融资产，以平滑未来资金需求，从而增强对研发投资的促进作用，那么交易类金融资产（Financial_3）和委托贷款等理财产品（Financial_4）为解释变量时，系数 α_i 和 α_6 应显著为正。相反，如果资本套利动机占主导作用，政策不确定性上升时企业更热衷于配置可逆性较低但投资回报率高的长期金融资产，以获取超额收益，从而加剧对研发投资的挤出作用，那么投资性房地产净额（Financial_1）和长期股权投资（Financial_2）为解释变量时，系数 α_i 和 α_6 应显著为负。

进一步分析中，考虑到样本的异质性，按照模型（6.2），对企业面临的融资约束程度和套利动机的强弱进行作用机制的截面差异检验（假设 3a 和假设 3b）。

2. 变量的定义

1）被解释变量

借鉴唐清泉和巫岑的研究[16]，采用研发费用与总资产的比值来衡量研发投资。

2）解释变量

对金融资产配置的衡量，采用金融资产占比和金融资产投资收益占比两种方法。宋军和陆旸[17]认为金融资产主要包括交易类金融资产、投资性房地产、长期股权投资和委托理财与信托产品四类。具体而言，交易类金融资产主要包括交易性金融资产、衍生金融资产、短期投资净额、可供出售金融资产净额和持有至到期投资净额等，投资性房地产和长期股权投资通过资产负债表获得，理财及信托数据通过其他流动性资产的明细科目获得。

金融资产投资收益占比，采用资产负债表中的投资收益（持有各类金融资产所获得的投资收益和持有金融机构获得的长期股权投资收益）、公允价值变动损益（交易性金融资产、交易性金融负债和投资性房地产的公允价值变动）以及财务费用中的利息收入科目明细进行核算。

3）调节变量

政策不确定性（PU）的衡量。从政策效果的不确定性角度分析，Pindyck[18]认为政策不确定性的上升致使市场对私人部门的盈利产生不确定性预期，导致股票回报大幅度波动。当对政府政策或因政治因素对政府政策的预期存在不确定性时，市场信心大幅下降，产品市场波动性的增加导致金融市场震荡不安，转化为股市波动性的增加，增加整个资本市场股价波动。我国资本市场投资者更容易受政策因素的影响，与政策相关的不确定性通过降低投资者的心理预期渠道进而影响企业的投资活动，Pástor 和 Veronesi[19]认为政策不确定性越高，股价波动率越高。综上，本书采用月度股价波动率构建公司层面的政策不确定性指数。考虑到股价波动是过去已经实现的数据，用于衡量带有预期性质的政策不确定性具有较大噪声。因而对股价波动进行一阶自回归，获取对股价波动未预期部分，然后再剔除衡量公司基本面的相关指标，利用回归得到的残差来衡量公司层面政策不确定性。同时为避免内生性问题，采用滞后一期的政策不确定性指标（PU_{it-1}）。

4）其他变量

对于资本套利动机的强弱，分别采用以下三种方法进行衡量。①利息收入占净利润的比值。采用财务费用中的利息收入占净利润的比值，来衡量企业资本套利动机的强弱程度，高于中位数表示企业的资本套利动机更强，取值为1，否则取值为0。②投资收益占净利润的比值，高于中位数表示企业的资本套利动机更强，取值为1，否则取值为0。③盈利能力，采用资产净利润来表示。具体来讲，如果企业的盈利能力本身很强，其使用有限资金进行金融资产投资的机会成本更大，从而进行资本套利的机会减少；反之，进行金融资产投资进行套利的机会成本更低，套利机会因而更多。因此，盈利能力较弱的企业进行资本套利的动机更强。本书将低于资产净利润中位数的样本定义为盈利能力较弱的样本，取值为 1，否则取值为 0。

对于融资约束程度的强弱，分别选取公司内部和外部融资约束的指标来衡量。①经营活动现金流，以企业的经营活动现金流量净额与总资产的比值表示。靳光辉等[20]认为当企业的自由现金流量越充裕时，企业通常有越多的闲置资金配置金融资产，以缓解政策不确定带来的融资摩擦，为将来的流动性进行储备，从而面临的融资约束程度越低。②股利支付率，以股利总额与净利润的比值表示。将高于股利支付率中位数的样本定义为融资约束程度较低的样本，低于股利支付率中位数的样本定义为融资约束程度较高的样本。③企业资产负债率。负债率越高的企业获得银行新增贷款的难度也越大，并且企业的外部融资溢价水平与杠杆率呈正相关。因此，企业负债率越高，受到的外部融资约束越大。④地区金融市场化程度。本书采用樊纲等[21]发布的《中国市场化指数：各地区的市场化相对进程 2011 年报告》中的信贷资金分配的市场化程度指标，衡量企业所在地区的金融市场化水平。将地区金融市场化程度较低的样本定义为融资约束较强的样本，反之定义为融资约束较弱的样本。综上，各变量定义如表 6.1 所示。

表 6.1　主要变量的定义和说明

变量类型	变量名称	代码	变量含义
被解释变量	研发投入	RD	企业研发投入/总资产
解释变量	金融资产投资	Financial	企业金融资产/总资产
		Income	企业金融投资收益/总资产
	投资性房地产投资	Financial_1	投资性房地产/总资产
	长期股权投资	Financial_2	长期股权投资/总资产
	交易类金融资产投资	Financial_3	交易类金融资产/总资产
	委托贷款等理财产品投资	Financial_4	委托贷款等理财产品/总资产
调节变量	政策不确定	PU	公司股票收益波动率一阶自回归并剔除基本面因素以后的回归残差
分组变量	资本套利动机	Arbitrage	利息收益占净利润之比，大于中位数表示套利动机更强，取值为 1，否则取值为 0
			投资收益占净利润之比，大于中位数表示套利动机更强，取值为 1，否则取值为 0
			盈利能力，低于资产净利润的中位数定义为盈利能力较弱，取值为 1，否则取值为 0
	资金储备动机	FC	股利支付率，高于中位数取值为 1，否则为 0
			资产负债率，总负债/总资产
			经营现金流，经营活动现金流量净额/总资产
			地区金融市场化程度

续表

变量类型	变量名称	代码	变量含义
	长期资产负债率	Lev	长期负债/总资产
	企业成长能力	Growth	营业收入增长率（同比增长率）
控制变量	营业利润占比	S	营业利润/总资产
	行业属性	Ind	行业虚拟变量
	年份	Year	年度虚拟变量

6.3　政策不确定性与战略性新兴企业资金配置"脱实向虚"的实证结果

6.3.1　实证数据统计结果

1. 描述性统计结果

表 6.2 为主要变量的描述性统计。研发费用与总资产比值的均值为 0.0230，金融资产投资占比的均值为 0.0017，说明我国战略性新兴产业整体上的研发投资大于金融资产投资，但是并不能判断金融资产是否促进或者挤出了研发投资。长期资产负债率的均值为 0.4541，最大值高达 0.9925，说明战略性新兴企业总体上的长期负债率较高，大部分企业可能面临着较高的融资约束。由投资收益、公允价值变动损益以及利息收入组成的金融投资收益占比的均值为 0.3155，远远超过营业利润占比的均值，说明我国战略性新兴企业的金融资产投资整体上获取的收益较高，企业配置金融资产的套利动机较强。但对于企业配置金融资产对研发投资产生怎样的影响，需要结合企业配置金融资产的具体动机进行回归分析。

表 6.2　主要变量的描述性统计

变量	N	均值	标准差	最大值	最小值
$\ln(I/K)$	2457	0.0230	0.0210	0.2367	0.0001
$\ln(\pi/K)$	2457	0.2880	0.1135	0.6934	−0.1296
$\ln(S/K)$	2457	0.9757	1.6554	40.0501	0.0057
$\ln(D/K)$	2457	0.4541	0.1984	0.9925	0.0158
$\ln(P/K)$	2457	0.0017	0.0143	0.1970	0.0000
$\ln(\pi^F/K)$	2457	0.3155	1.6129	36.3779	−15.1893
EPU	2457	0.1515	0.1035	0.7500	0.0001
$\ln(P/K)\cdot$EPU	2457	0.0003	0.0025	0.0537	0.0000
$\ln(\pi^F/K)\cdot$EPU	2457	0.0515	0.3344	11.4481	−2.0245

2. 相关性分析

表 6.3 为主要变量之间的相关性。从中可以看出，研发投资与金融投资占比和金融投资收益占比之间呈现负相关关系，与经济政策不确定性、资产负债率也呈现负相关关系，与净利润、营业收入呈现正相关关系。此外，各个变量之间的相关性系数均小于 0.2，不存在显著的共线性。经过进一步计算方差膨胀因子（variance inflation factor，VIF）介于 1~3，发现解释变量之间不存在严重的共线性问题。

表 6.3　主要变量之间的 person 相关系数

	$\ln(I/K)$	$\ln(\pi/K)$	$\ln(S/K)$	$\ln(D/K)$	$\ln(P/K)$	$\ln(\pi^F/K)$	EPU	$\ln(P/K)\cdot$ EPU	$\ln(\pi^F/K)\cdot$ EPU
$\ln(I/K)$	1.0000								
$\ln(\pi/K)$	0.1357	1.0000							
$\ln(S/K)$	0.0560	0.0452	1.0000						
$\ln(D/K)$	−0.2041	−0.3279	0.1252	1.0000					
$\ln(P/K)$	−0.0198	−0.0345	−0.0005	0.1109	1.0000				
$\ln(\pi^F/K)$	−0.0844	−0.0300	0.0077	0.0600	0.0386	1.0000			
EPU	−0.1396	0.1260	0.0546	0.1758	0.0007	0.0226	1.0000		
$\ln(P/K)\cdot$ EPU	−0.0558	−0.0293	0.0035	0.1009	0.8596	0.0089	0.0600	1.0000	
$\ln(\pi^F/K)\cdot$ EPU	−0.0645	−0.0087	0.0179	0.0510	0.0062	0.8581	0.1109	0.0004	1.0000

6.3.2　基准模型的实证结果

为了控制不随时间改变的公司固定因素对回归结果的影响，本书先通过Hausman 检验，采用固定效应模型对全样本进行逐步回归。表 6.4 显示了按照基准模型（6.1）和模型（6.2）进行逐步回归的结果。前两列显示了按照金融资产占比来衡量新兴企业金融资产配置的结果，第（1）列显示，研发投入的滞后项系数为 0.838，且在 1%水平上显著，说明上一期的研发投入可以正向促进新兴企业当期的研发投资。金融资产投资的系数 $Financial_{it}$ 为−0.023，且在 1%水平上显著，说明金融资产占比越高，新兴企业当期的研发投资越少，新兴企业的金融资产投资对当期的研发投资具有"挤出效应"。加入政策不确定性之后，第（2）列显示，政策不确定的系数 PU_{it-1} 为−0.006，且在 5%水平上显著，说明政策不确定性越高，企业当期的研发投资越少，与谭小芬和张文婧[22]的结论一致。金融资产占比与政策不确定性的交乘项系数 $Financial_{it} \times PU_{it-1}$ 为−0.359，在 5%水平上显著，说明政策不确定性加剧了新兴企业金融资产投资对当期研发投资的挤出作用，即政策越不确定，新兴企业当期的金融资产投资与研发投资之间的负向关系越明显。对于控制变量，营业利润占比（S）和营业收入增长率（Growth）的系数分别为 0.004 和 0.001，均在 5% 水平上显著，说明新兴企业上一期的营业利润和销售收入可以显著促进企业当期的研发投资；长期资产负债率（Lev）为 -0.002，在 1% 水平上显著，说明企业面临一定的融资约束时，会抑制企业的研发投资。

表 6.4　政策不确定性下金融资金配置挤出研发投资的回归结果

	（1）	（2）	（3）	（4）	（5）
	金融资产占比衡量		金融投资收益占比衡量		
RD_{it-1}	0.838*** (62.78)	0.834*** (61.89)	0.839*** (62.98)	0.835*** (62.20)	0.833*** (61.32)
$Financial_{it}$	-0.023*** (-2.19)	-0.034*** (-2.92)			-0.037*** (-2.42)
$Financial_{it} \times PU_{it-1}$		-0.359** (-4.78)			-0.962** (-4.21)
PU_{it-1}		-0.006** (-2.20)		-0.006*** (-2.08)	-0.017*** (-1.92)
$Income_{it}$			-0.001*** (-1.89)	-0.001*** (-1.63)	-0.013*** (-1.79)
$Income_{it} \times PU_{it-1}$				-0.001** (-1.79)	-0.004** (-1.87)
S	0.002** (1.37)	0.004** (1.88)	0.002** (1.37)	0.004** (1.80)	0.014*** (2.52)
Growth	0.001** (1.42)	0.001** (1.36)	0.001** (1.45)	0.000* (1.41)	0.001*** (1.43)
Lev	-0.003** (-2.04)	-0.002*** (-1.67)	-0.003** (-1.89)	-0.002*** (-1.46)	-0.016*** (-6.01)
N	2457	2457	2457	2457	2457
Year	Yes	Yes	Yes	Yes	Yes
Industry	Yes	Yes	Yes	Yes	Yes
Adj_R^2	0.672	0673	0.671	0.673	0.669
F	54.22	53.60	54.40	54.45	12.89

***、**和*分别代表在 1%、5% 和 10% 水平下显著；括号中为 t 值

后两列分别显示了按照金融投资收益占比来衡量新兴企业金融资产配置的结果，第（3）列显示，研发投入的滞后项系数为 0.839，且在 1% 水平上显著，说明上一期的研发投入可以正向促进新兴企业当期的研发投资。金融投资收益的系数

$Income_{it}$ 为 -0.001，在 1% 水平上显著，说明金融投资收益占比越高，新兴企业当期的研发投资越少，即新兴企业的金融投资收益对当期的研发投资具有"挤出效应"。加入政策不确定性之后，第（4）列显示，政策不确定的系数为 -0.006，在 5% 水平上显著，说明政策不确定性越高，企业当期的研发投资越少。金融投资收益占比与经济政策不确定性的交乘项系数 $Income_{it} \times PU_{it-1}$ 为 -0.001，且在 5% 水平上显著，说明政策不确定性加剧了新兴企业金融资产投资对当期研发投资的挤出作用，即政策越不确定，新兴企业当期的金融资产投资与研发投资之间的负向关系会增强。

第（5）列综合显示了金融资产配置影响研发投资的回归结果。金融资产占比和金融投资收益的系数分别为 -0.037 和 -0.013，均在 1% 水平上显著，说明金融资产投资挤出了研发投资。加入调节变量，政策不确定性的系数为 -0.017，且在 1% 水平上显著，说明政策不确定性越高，企业的研发投资越少。同时，政策不确定性与金融资产配置的交乘项系数分别为 -0.962 和 -0.004，且在 5% 水平上显著，这表明政策不确定性上升时，新兴企业金融资产配置对研发投资产生挤出效应。综上，分别从企业金融资产配置的两个衡量指标分析，我国战略性新兴企业整体上金融资金配置对研发投资具有挤出效应，并且政策不确定性加剧了该挤出作用。假设 1 成立。

6.3.3 主导机制识别的实证结果

从金融资产的流动性分析，交易类金融资产和委托贷款等理财产品属于流动性较强的短期金融资产，并且变现能力较高、转换成本更低，因此配置短期金融资产的资金储备动机更强。相反，长期股权投资和投资性房地产这两类长期金融资产的流动性较低，转换成本更高，因而其资本套利动机更强。表 6.5 列示了区分金融资产配置结构按照模型（6.3）回归的结果。

表 6.5　区分金融资产配置结构的回归结果

变量	投资性房地产投资	长期股权投资	交易类金融资产	委托贷款等理财产品	金融资产合计
$Financial_{it}$					-0.072^{**} (-2.33)
Financial_1	-0.003^{***} (-2.13)				
Financial_2		-0.007^{***} (-2.01)			
Financial_3			-0.049 (-0.39)		

续表

变量	投资性房地产投资	长期股权投资	交易类金融资产	委托贷款等理财产品	金融资产合计
Financial_4				−0.003 (−0.38)	
Financial_i×PU$_{it-1}$	−0.714*** (−4.18)	−0.708*** (−4.27)	−0.714 (−1.30)	−0.707 (−1.26)	−0.479* (−1.94)
PU$_{it-1}$	−0.027*** (−6.49)	−0.026*** (−6.43)	−0.026*** (−6.47)	−0.027*** (−6.50)	−0.011*** (−3.07)
S	0.033*** (4.53)	0.327*** (4.54)	0.033*** (4.53)	0.033*** (4.52)	0.004 (0.74)
Growth	0.001*** (4.05)	0.001*** (4.07)	0.001 (4.04)	0.001*** (4.06)	0.000*** (2.78)
Lev	−0.017*** (−7.65)	−0.017*** (−7.61)	−0.017*** (−7.68)	−0.017*** (−7.67)	−0.008*** (−2.84)
N	2457	2457	2457	2457	2457
Year	Yes	Yes	Yes	Yes	Yes
Industry	Yes	Yes	Yes	Yes	Yes
Adj_R^2	0.770	0.774	0.777	0.771	0.766
F	30.27	30.42	30.57	30.29	29.74

***、**和*分别代表在 1%、5%和 10%水平下显著；括号中为 t 值

结果显示，对于长期金融资产，长期股权投资和投资性房地产投资占比的系数分别为−0.007 和−0.003，均在 1%水平上显著，而短期金融资产（交易类金融资产和委托贷款等理财产品）占比的系数均为负，但不显著。这表明战略性新兴企业金融资金配置挤出研发投资主要体现在长期金融资产投资上，即长期金融资产投资对研发投资产生挤出效应，表现为资本套利动机占主导。加入政策不确定性，政策不确定的系数均显著为负，说明政策不确定性越高，企业当期的研发投资越少，与谭小芬和张文婧[22]结论一致。对于长期金融资产（长期股权投资和投资性房地产）占比与政策不确定性的交乘项分别为−0.708 和−0.714，均在 1%水平上显著；而短期金融资产（交易类金融资产和委托贷款等理财产品）占比与经济政策不确定性的交乘项均为负但不显著。这表明政策不确定性主要加剧了长期金融资产对研发投资的挤出效应，与彭俞超等[23]的结果一致，假设 2a 成立。原因在于政策不确定性上升时，企业出于资本套利动机，更热衷于配置流动性较低但超额回报率较高的长期金融资产。综上，战略性新兴企业配置金融资产的资本套利动机占主导，并且政策不确定性加剧了新兴企业金融资金配置对研发投资的挤出效应。

6.3.4 企业异质性进一步分析的实证结果

1. 资本套利动机强弱

借鉴王红建等[14]的研究，对企业配置金融资产的资本套利动机的强弱程度进行分组，以验证新兴企业金融资产配置对研发投资的"挤出效应"在资本套利动机较强的企业中更显著。本书按照利息收入占比、投资收益占比、盈利能力对全样本进行分组，首先，通过组间差异检验（双边 t 检验），相比套利动机较弱分组样本，在套利动机强的分组中研发投资的均值越小，金融资产的均值越大，这说明套利动机越强的企业金融资金配置对研发投资的挤出作用越明显。回归结果如表 6.6 所示。

表 6.6　资本套利动机强弱分组的回归结果

	资本套利动机强			资本套利动机弱		
	高利息占比	高投资收益占比	盈利能力较弱	低利息占比	低投资收益占比	盈利能力较强
RD_{it-1}	0.834*** (61.89)	0.808*** (67.80)	0.835*** (62.98)	0.830*** (61.03)	0.777*** (68.77)	0.839*** (62.20)
$Financial_{it}$	−0.131*** (−2.42)	−0.067** (−6.77)	−0.105** (−7.94)	−0.74 (−1.08)	−0.090 (−1.12)	−0.034 (−0.12)
$Income_{it}$	−0.002*** (−3.41)	−0.012*** (−4.96)	−0.021*** (−3.72)	−0.013 (−0.79)	−0.002** (−2.03)	−0.005** (−2.30)
PU_{it-1}	−0.027*** (−6.84)	−0.017*** (−4.76)	−0.043*** (−4.65)	−0.031 (−0.88)	−0.006** (−2.69)	−0.040*** (−5.71)
$Financial_{it} \times PU_{it-1}$	−1.407*** (−4.68)	−0.961** (−7.20)	−1.463*** (−4.86)	−0.133 (−0.22)	−0.323 (−0.62)	0.668 (−0.32)
$Income_{it} \times PU_{it-1}$	−0.004** (−1.82)	−0.004** (−1.30)	−0.004** (−1.55)	−0.013 (−0.20)	−0.002 (−1.22)	−0.008 (−0.61)
S	0.027*** (4.01)	0.014*** (2.53)	0.001** (2.06)	0.042** (4.62)	0.002** (2.26)	0.044*** (4.09)
Growth	0.001*** (4.55)	0.001** (0.71)	0.001* (1.43)	0.001* (0.49)	0.001* (1.04)	0.001** (2.43)
Lev	−0.017*** (−7.74)	−0.019*** (−2.93)	−0.016*** (−6.01)	−0.028* (−1.71)	−0.004* (−1.85)	−0.012** (−2.37)
N	868	1169	1204	1589	1288	1253
Year	Yes	Yes	Yes	Yes	Yes	Yes
Industry	Yes	Yes	Yes	Yes	Yes	Yes
Adj_R^2	0.754	0.680	0.708	0.731	0.642	0.698
F	12.10	17.91	14.07	12.15	17.06	13.86

***、**和*分别代表在1%、5%和10%水平下显著；括号中为 t 值

结果显示，相对于资本套利动机较弱的企业，资本套利动机越强的企业受政策不确定性的影响更大，其金融资产的配置对研发投资的挤出作用更显著。具体而言，在利息收入占比较高、金融投资收益占比较高、盈利能力较弱的分组样本中，金融资产占比系数 $Financial_{it}$ 分别为 -0.131、-0.067 和 -0.105，在 1%和 5%水平上显著；金融投资收益占比系数 $Income_{it}$ 分别为 -0.002、-0.012 和 -0.021，均在 1%水平上显著，这说明新兴企业金融资产配置挤出了研发投资。加入调节变量，政策不确定性的系数分别为 -0.027、-0.017 和 -0.043，均在 1%水平上显著，说明政策越不确定，新兴企业的研发投资越少，原因可能在于企业内部资金不充裕或者逐利动机的挤出作用。政策不确定与金融投资占比以及金融投资收益占比的系数均为负，分别在 1%和 5%水平上显著，说明政策不确定性加剧了金融资产配置对研发投资的挤出作用。综上所述，当企业出于资本套利动机配置金融资产占主导时，政策不确定性加剧了金融资产配置对研发投资的挤出作用，并且该挤出作用在套利动机较强的企业中更显著，假设 3a 成立。

2. 融资约束程度强弱

基于资金储备动机的融资约束假说，参考谭小芬和张文靖[22]的研究，分别选取公司内部和外部层面的指标来衡量企业面临的融资约束程度（经营活动现金流、股利支付率、资产负债率和地区金融市场化程度），以考察在融资约束程度较强的新兴企业中，金融资产配置对研发投资能否发挥蓄水池作用。本书按照经营活动现金流、股利支付率、资产负债率以及地区金融市场化程度对全样本进行分组检验，回归结果如表 6.7 所示。

表 6.7 资金储备动机强弱分组的回归结果

	融资约束较轻				融资约束较重			
	经营活动现金流高	股利支付率高	资产负债率低	地区金融市场化程度高	经营活动现金流低	股利支付率低	资产负债率高	地区金融市场化程度低
RD_{it-1}	0.812^{***} (61.20)	0.808^{***} (62.70)	0.835^{***} 961.89	0.801^{***} (61.21)	0.799^{***} (62.41)	0.814^{***} (67.80)	0.833^{***} (61.46)	0.798^{***} (63.01)
$Financial_{it}$	-0.181^{***} (−2.74)	-0.171^{***} (−2.74)	-0.109^{***} (−2.04)	-0.196^{***} (−1.46)	0.001 (0.01)	-0.182 (−0.83)	-0.819 (−1.31)	-0.078 (−1.02)
$Income_{it}$	-0.006^{***} (−1.39)	-0.002^{***} (−3.36)	-0.002^{***} (−3.26)	-0.002^{***} (−3.37)	-0.002^{***} (−4.80)	-0.001 (−0.09)	-0.001 (−0.73)	-0.001^{**} (−3.37)
PU_{it-1}	-0.036^{***} (−6.44)	-0.030^{***} (−6.69)	-0.037^{***} (−5.56)	-0.036^{***} (−5.40)	-0.023^{***} (−6.14)	-0.029^{***} (−4.62)	-0.031^{***} (−4.07)	-0.020^{***} (−3.24)
$Financial_{it} \times$ PU_{it-1}	1.428^{***} (3.42)	1.542^{***} (4.42)	1.324^{***} (4.38)	0.978^{**} (1.69)	1.255^{**} (2.49)	2.134 (0.91)	5.682 (1.18)	0.093 (0.18)

续表

	融资约束较轻				融资约束较重			
	经营活动现金流高	股利支付率高	资产负债率低	地区金融市场化程度高	经营活动现金流低	股利支付率低	资产负债率高	地区金融市场化程度低
$Income_{it} \times PU_{it-1}$	0.021*** (2.42)	0.005** (1.96)	0.004** (1.85)	0.013** (1.06)	0.016*** (3.49)	0.009 (0.81)	0.001 (0.09)	0.005** (1.98)
S	0.018* (1.91)	0.034*** (4.41)	0.023** (2.09)	0.042*** (5.19)	0.051*** (4.98)	0.043*** (4.95)	0.046*** (5.22)	0.028*** (3.41)
Growth	0.001** (2.16)	0.001*** (3.63)	0.000 (1.58)	0.002*** (4.29)	0.001*** (2.92)	0.002*** (4.26)	0.002*** (4.56)	0.001** (2.55)
Lev	−0.016*** (−5.65)	−0.016*** (−6.29)	−0.024*** (−5.39)	−0.016*** (−6.14)	−0.017*** (−5.41)	−0.018*** (−5.39)	−0.012*** (−3.24)	−0.016*** (−6.15)
N	1084	994	1092	1267	1373	1463	1365	1190
Year	Yes	Yes	Yes	Yes	Yes	Yes	Yes	Yes
Industry	Yes	Yes	Yes	Yes	Yes	Yes	Yes	Yes
Adj_R^2	0.547	0.747	0.618	0.786	0.553	0.844	0.692	0.631
F	10.92	23.33	12.30	24.60	25.45	16.80	13.75	19.61

***、**和*分别代表在1%、5%和10%水平下显著；括号中为 t 值

相对于融资约束程度较重的企业，融资约束较轻的新兴企业受政策不确定性的影响较大，即政策不确定性上升时，融资约束较轻的企业配置金融资产对研发投资的挤出作用会减弱。具体而言，在经营现金流较高、股利支付率较高、资产负债率较低以及地区金融市场化程度较高的分组样本中，金融资产占比系数分别为−0.181、−0.171、−0.109 和−0.196，均在 1%水平上显著；金融投资收益占比系数分别为−0.006、−0.002、−0.002 和−0.002，均在 1%水平上显著，这说明新兴企业配置的金融资产挤出了研发投资。加入调节变量，政策不确定性的系数分别为−0.036、−0.030、−0.037 和−0.036，均在 1%水平上显著，说明政策越不确定，新兴企业的研发投资越少，原因在于政策不确定性的上升增加了企业的外部融资成本。但是，政策不确定性与金融投资占比以及金融投资收益占比的系数均为正，分别在 1%和 5%水平上显著，说明政策不确定性减弱了金融资产配置对研发投资的挤出作用。综上所述，当企业出于资金储备动机下的融资约束假说配置金融资产，以平滑未来资金需求时，政策不确定性能够减弱新兴企业配置金融资产对研发投资的挤出作用，该现象在融资约束较轻的企业中较为显著，假设 3b 成立。

6.3.5 稳健性检验

为增强研究结论的稳健性，本书分别做了如下稳健性检验。

第一，参考 Baker 等[24]的研究，采用宏观层面的衡量方法，即 EPU 指数来衡量经济政策不确定性，回归结果基本不变。进一步，考虑到我国各地区之间经济发展水平的差异性，政策实施效果也存在异质性。因此，本书还通过盘点各省区市战略性新兴产业政策法规发布的数量、政策法规中是否有"具体"的财政支持金额等指标并对其进行赋值，以此构建省际层面政策不确定性指标。将其替代政策不确定性的微观衡量方法进行回归，回归结果基本不变。

第二，战略性新兴企业金融资产配置对当期的研发投入具有挤出作用，从而挤出了企业的实物投资。因此，本书使用现金流量表中构建固定资产、无形资产及其他长期资产等支付的现金来衡量新兴企业的实物投资，并按照总资产进行标准化处理，回归结果显示，在经济政策不确定性的影响下，新兴企业金融资产配置挤出了实物投资，主要是出于短期的资本套利动机，回归结果不变。

第三，由于战略性新兴产业大部分企业属于高新技术企业，具有研发投入的刚性需求，因此高新技术企业将有限的资金配置金融资产的套利动机成本较高。本书认为，相比于非高新技术企业，金融资产配置对研发投入的挤出作用在高新技术企业中较弱。所以，本书按照高新技术企业和非高新技术企业对全样本进行分组检验，发现金融资产配置对研发投入的挤出作用在非高新技术企业中更显著，支持本书的研究结论。同时，按照战略性新兴产业的七大方向进行聚类（cluster）分析，回归结果不变。

第四，采用研发投入与营业收入的比值来衡量被解释变量，回归结果基本不变。

6.4　本　章　小　结

本章基于我国当前经济新常态下出现的"实体企业空心化""脱实向虚"的现象，考察了我国战略性新兴企业金融资产配置对研发投资的影响机制。进一步，分别基于新兴企业配置金融资产的两种动机：资本套利动机和资金储备动机，探究了经济政策不确定性影响下的金融资产配置对企业实物投资的挤出作用。具体而言，本章以 351 家我国战略性新兴行业上市公司财务数据为研究样本，分别采用金融资产占比和金融投资收益占比两种方法来衡量新兴企业的金融市场化，通过面板数据的固定效应模型回归发现，我国战略性新兴企业的金融资产配置对当期的研发投入具有挤出作用，主要原因在于企业的资本套利动机占主导。这表明经济政策越不确定，新兴企业越倾向于配置金融资产，从而挤出当期的研发投入，原因可能在于经济政策不确定性加剧了新兴企业的融资成本，使企业的投资行为更加谨慎，表现为一种资本套利动机。

进一步，分别按照新兴企业配置金融资产的资本套利动机和资金储备动机的强弱进行分组，相对于融资约束程度较重的企业，融资约束较轻的新兴企业受政策不确定性的影响较大。具体而言，在经营现金流较高、股利支付率较高、资产负债率较低以及地区金融化程度较高的分组样本中，政策不确定性与金融投资占比以及金融投资收益占比的系数均为正，分别在1%和5%水平上显著，说明政策不确定性减弱了金融资产配置对研发投资的挤出作用。原因可能在于经济政策不确定时，金融投资获得的高收益可以通过收入效应缓解企业的融资约束程度，在一定程度上促进未来的研发投入，即挤出作用减弱。

然而，在资本套利动机较强的分组样本中，即利息收入占比较高、投资收益占比较高、盈利能力较弱的样本中，政策不确定性与金融投资占比以及金融投资收益占比的系数均为负，分别在1%和5%水平上显著，说明政策不确定性加剧了金融资产配置对研发投资的挤出作用。原因可能在于经济政策不确定下，新兴企业出于逐利动机，将大量资金用于配置金融资产，从而挤出未来的研发投入。综合基准模型的实证结果和资本套利动机下的实证结果，可以知道战略性新兴企业配置金融资产更多的是出于逐利动机，过于追求短期利益而忽略了投资周期较长的研发投资、固定资产投资以及其他长期资产的投资。研究结论对引导战略性新兴企业的投资行为具有一定的借鉴意义。

本章的政策意义主要表现在以下两方面。一方面，政府相关部门应该放宽行业准入政策，鼓励行业间的竞争，促使行业间利润均衡，从而提升新兴企业的创新动力。尤其在经济政策不确定性的影响下，对严重受融资约束影响的企业而言，应该利用金融资产配置获得的收益提升研发水平。另一方面，未来金融业改革必须面向市场化，改变金融行业垄断超额利润的现状，防止金融业对实体企业的过度掠夺，有效引导金融资本支持实体企业发展，是我国未来金融改革必须考虑的重要议题，尤其是在大部分新兴企业出于资金套利动机，过于追求短期化利益而忽略了投资周期较长的研发投资以及固定资产投资或者其他长期投资的情况下。

参 考 文 献

[1]   中国银行国际金融研究所. 中国经济金融展望报告，2016：3-4.

[2]   李佩珈. 梁婧. 资金"脱实向虚"的微观路径及影响研究[J]. 国际金融，2017，3：29-36.

[3]   Demir F. Capital market imperfections and financialization of real sectors in emerging markets：private investment and cash flow relationship revisited[J]. World Development，2009，37（5）：953-964.

[4]   张成思，张步昙. 再论金融与实体经济：经济金融化视角[J]. 经济学动态，2015，（6）：56-66.

[5]   饶品贵，岳衡，姜国华. 经济政策不确定性与企业投资行为研究[J]. 世界经济，2017，（2）：27-51.

[6]   Yan C S，Céspedes L F. The impact of uncertainty shocks in emerging economies[J]. Journal of International Economics，2013，90（2）：316-325.

[7]   Feng Y. Political freedom，political instability，and policy uncertainty：a study of political institutions and private investment in developing countries[J]. International Studies Quarterly，2001，45：271-294.

[8]　Le Q，Zak P. Political risk and capital flight[J]. Journal of International Money and Finance，2006，25：308-329.

[9]　靳光辉，刘志远，花贵如. 政策不确定性与企业投资——基于战略性新兴产业的实证研究[J]. 管理评论，2016，28（9）：3-16.

[10]　余东华，吕逸楠. 政府不当干预与战略性新兴产业产能过剩——以中国光伏产业为例[J]. 中国工业经济，2015，（10）：53-68.

[11]　杨筝，刘放，王红建. 企业交易性金融资产配置：资金储备还是投机行为[J]. 管理评论，2017，29（2）：13-25.

[12]　任保全，王亮亮. 战略性新兴产业高端化了吗[J]. 数量经济技术经济研究，2014，（3）：38-55.

[13]　陈国进，张润泽，赵向琴. 政策不确定性、消费行为与股票资产定价[J]. 世界经济，2017，40（1）：116-141.

[14]　王红建，曹瑜强，杨庆，等. 实体企业金融化促进还是抑制了企业创新——基于中国制造业上市公司的经验研究[J]. 南开管理评论，2017，20（1）：155-166.

[15]　Orhangazi Ö. Financialisation and capital accumulation in the non-financial corporate sector[J]. Mpra Pape，2008，32（6）：863-886.

[16]　唐清泉，巫岑. 银行业结构与企业创新活动的融资约束[J]. 金融研究，2015，（7）：116-134.

[17]　宋军，陆旸. 非货币金融资产和经营收益率的 U 形关系——来自我国上市非金融公司的金融化证据[J]. 金融研究，2015，（6）：111-127.

[18]　Pindyck R S. Irreversibility，uncertainty，and investment[J]. Journal of Economic Literature，1991，29（3）：1110-1148.

[19]　Pástor Ľ，Veronesi P. Political uncertainty and risk premia[J]. Journal of Financial Economics，2013，110（3）：520-545.

[20]　靳光辉，刘志远，花贵如. 政策不确定性与企业投资——基于战略性新兴产业的实证研究[J]. 管理评论，2016，28（9）：3-16.

[21]　樊纲，王小鲁，马光荣. 中国市场化进程对经济增长的贡献[J]. 经济研究，2011，（9）：4-16.

[22]　谭小芬，张文婧. 经济政策不确定性影响企业投资的渠道分析[J]. 世界经济，2017，（40）：3-26.

[23]　彭俞超，韩珣，李建军. 经济政策不确定性与企业金融化[J]. 中国工业经济，2018，（1）：137-155.

[24]　Baker S R，Bloom N，Davis S J. Measuring economic policy uncertainty[J]. The Quarterly Journal of Economics，2016，131：1593-1636.

第7章 政府补贴影响战略性新兴企业成本黏性的实证研究

周黎安在他的著作《转型中的地方政府：官员激励与治理》中认为，造就中国经济增长奇迹的主要动力并非技术创新，而是建立在"政治晋升锦标赛"激励机制上的高储蓄和高投资。长远来看，这种粗放式的经济增长方式并非推动中国经济长期发展的不竭动力，相反地，它不仅使社会背负着高昂的治理成本，而且还可能长期压制了企业家的创新精神。反观战略性新兴产业的发展，从"要素驱动型"向"创新驱动型"转变已迫在眉睫。

自2010年10月国务院公布了《国务院关于加快培育和发展战略性新兴产业的决定》，中央财政设立多项专项基金以支持新兴创业投资、产学研协同创新、区域聚焦发展。我国政府采取多种手段和方式扶持战略性新兴行业的发展，包括直接补助和税收优惠。但从实际情况来看，基本上是以直接补助为主，补助资金用于企业的新产品研发、构建固定资产以及技术改造升级的专项基金等[1]。政府补贴作为扶持战略性新兴产业发展的重要手段，国内学者主要围绕政府补贴的两种作用机制对微观企业经营业绩、投资行为及研发投入的影响展开研究[2-4]。部分学者研究发现，政府补贴的直接效应增加了企业的自由现金流，对企业的研发投资、固定资产投资具有激励效应。另外，政府补贴的信号效应可以缓解企业的融资约束，促使企业从不同融资渠道取得更多资金[5-7]。然而，更有学者提出，当政府补贴超过最优补贴值后，会扭曲企业的投资行为，造成过度投资、企业资源错配等问题[8-10]。例如，隶属于战略性新兴产业光伏产业的向日葵公司，2008~2012年，其获得的政府专项补助逐年增加，尤其在2012年补助高达2.68亿元，但公司的利润却大幅下跌，原因在于企业将获得的补助资金用于大规模的扩张上，导致光伏产业出现盲目投资和产能过剩问题[11]。因此，政府补贴造成企业经营发展产生不同效果的原因何在？尤其是政府补贴造成企业经营业绩下滑的机制是什么？对此类问题的关注，还需进一步打开企业内部经营决策的"黑箱"，从企业具体的成本性态入手进行探究。

传统成本性态认为，企业的成本支出与业务量的上升或者下降呈线性关系。然而，Anderson等[12]发现企业的成本费用在业务量上升时增加的幅度大于业务量下降时减少的幅度，即成本黏性。从定义上看，成本黏性是收入和成本之间的配比；从微观层面看，成本黏性反映了宏观经济周期波动下，行业属性、企业资产特征和资源利用效率以及投资决策行为所形成的经营风险[13]。具体表现为：企业在不断变化的宏观经济环境中发展，在市场景气度上行期，处于初创期或者成长期的新兴企业不断追加投入以扩大规模，甚至进行过度扩张，使得企业出现竞相建设、重复投资、投入使用率较低、资源浪费严重以及结构性产能过剩等现象。伴随外部需求的增加，较好的市场前景和营业收入消化了这些问题；当宏观经济步入衰退期，企业外部需求因市场萧条出现下降趋势，但高昂的成本水平不能随业务量的下滑及时缩减，导致企业的支出与收入之间的非对称状态加剧，虚增的企业规模逐渐显现并增加了企业的经营风险。因此，成本黏性本质上反映了外部经济波动作用下，企业行为形成的经营风险随收入波动被放大的过程。

以往关于政府补贴经济后果的研究主要围绕企业的经营绩效、创新投入等业绩指标，鲜有学者从企业具体的财务决策层面，考察政府补贴带来的冲击。基于成本黏性已有的研究成果，本章立足于我国中央和地方政府大力扶持战略性新兴产业发展的背景，考察政府补贴对战略性新兴产业内上市公司成本黏性的影响。分别从"规模扩张"假说和"代理成本"假说两个视角，深入探讨政府补贴影响成本黏性的具体路径与内在机制。

7.1　政府补贴影响战略性新兴企业成本黏性的理论基础

7.1.1　成本黏性成因的回顾

关于成本黏性的研究，Banker 等[14]从成本的不对称行为视角出发，将成本黏性的原因概括为调整成本、管理层乐观预期和管理层机会主义三个方面。①调整成本，认为长期的契约关系是企业持续经营的前提，这种稳定的契约关系（与供应商签订的订货合同、与员工签订的劳务合同、借款合同）一旦被打破，企业将会面临高昂的调整成本。当收入下降时，调整成本较高的资源使得企业不能及时减少投入。我国学者相继检验了传统制造业普遍存在的成本黏性，发现成本黏性因国家、地区以及行业竞争程度不同而存在差异，并且依赖自有实物和人力资本的企业的黏性更大[15-17]。②管理层乐观预期。如果管理层认为当前的业务量下滑只是暂时性的，从而不会立刻削减资源，原因在于维持项目的决策在形势好转时可以避免项目重组的成本，如新员工的培训成本、机器设备的安装调试成本。③管理层机会主义。由于第 I 类代理问题的存在，实际掌握公司决策权的管理层出于构建"个人帝国"的私利动机，做出偏离最优的投资决策。销售量攀升时，加剧了管理层操纵酌量性费用、增加在职消费的代理矛盾，如修建豪华的办公场所、频繁更换高档的办公设备、雇佣不必要的员工，这些支出在业务量下滑时难以及时向下调整，产生成本黏性[18]。多数学者围绕代理问题和管理层乐观预期，探究了我国传统制造业成本黏性的影响因素，但鲜有对战略性新兴产业成本黏性的考察。在中央和地方政府大力扶持的背景下，我国战略性新兴产业已经形成了一定的经济规模和产业集聚效应，但是与规模发展不相匹配的重规模轻质量、资源利用率低和利润下滑等问题重现。因此，从企业成本性态出发，探讨政府补贴对成本黏性的影响及其作用机制具有必要性。

7.1.2 政府补贴对成本黏性的影响及机制：规模扩张与代理成本假说

处于产业生命周期中初创期或者成长期的战略性新兴行业，面临着市场需求不确定、技术水平不高、配套设施不健全、融资成本高、产业链不完整、战略跟风带来的重复建设等风险，需要投入大量资金扩大企业规模，包括购置厂房和机器设备以及引进科研人员，签订各种长期契约保证企业的持续经营，大多数战略性新兴企业都离不开政府的扶持与引导。政府扶持我国战略性新兴行业发展的形式包括直接的财政补助和税收优惠，作为事前激励的有效手段，本书主要关注政府直接补助这一手段。具体而言，政府直接补助包括用于企业新产品的研发经费、技术创新、构建固定资产以及技术改造升级的专项基金，这些政府补贴通过直接作用或者信号效应渠道，有助于调节资源在企业间的分配，能够有效消除技术创新的"市场失灵"现象[19]。前人研究表明，政府补贴能够缓解受补助企业的融资约束程度，即使销售收入下滑时，企业可以不缩减支出，继续扩大生产规模；同时，政府补贴能够降低资本密集型产业的进入门槛，对企业的无形资产、固定资产及其他长期投资具有一定的激励效应，提高闲置资源利用率[20, 21]，即政府补贴有利于企业的规模扩张，改变企业的投资决策。

一般而言，研发周期较长的技术创新活动只有达到政府规定的某些标准后，政府才会分阶段向企业发放相应的补助资金。所以，受资助的企业为了获得后续的补助资金，将初期获得的专项补助用于特定投资项目，尤其是在外部经济上行期[22-25]。加上研发投资、固定资产及其他长期投资项目的周期性较长，这种酌量性以及约束性固定成本在短期内难以发生改变。从调整成本看，宏观经济形势较好的条件下，随着销售规模的扩大，企业成本会相应地增加，管理层构建机器设备、招聘新员工以扩大产品生产，提高市场竞争力，短暂的收入下降并不会诱发企业处置固定资产、解散员工；而当经济疲软期，市场竞争越发激烈，企业成本应该随之削减，但是在政府高额补贴的情况下，企业为了快速扩张规模继续追加投入，将冗余资本留置起来，以在经济回暖时迅速回应市场，导致成本支出不能随业务量的下滑及时缩减。以上分析表明，政府补贴通过促进企业的投资增加调整成本进而增强成本黏性。

此外，政府补贴作为一种无偿的资金转移，受资助的企业由于资金拥有量的增加，决策者往往表现出更多的安全感和信心，倾向于投资净现值为正的风险投资项目。尤其在外部经济受到冲击时，政府补贴和减税等财政政策能够提高管理层信心，并且管理者的这种乐观情绪通常会低估企业的经营风险，从而增加对风险项目的投资[22-24]。从管理层乐观预期看，政府补贴能够增加企业的资金拥有量，对市场需求保持乐观预期的管理者通常会高估企业的现金流，低估企业的经营风险，导致企业采取激进的扩张策略，并且该扩张行为在企业资源充裕时更为激烈。这种补助行为虽然可以减少企业陷入财务困境的风险，但增加了企业的经营风险，即业务量因市场萎缩下滑时，受资助企业的成本水平不会立即降低，放大了企业的成本黏性程度。以上分析表明，政府补贴通过管理层乐观预期激发企业采取更激进的扩张战略，进而影响成本黏性，即"规模扩张假说"。因此，提出以下假设：

假设 1a：基于"规模扩张"假说，政府补贴能够增强战略性新兴行业内上市公司的成本黏性，即企业的投资水平越高，政府补贴对成本黏性的增强作用越显著。

然而，政府补贴也被看成一种委托代理关系，在一定程度上会弱化企业的投资行为，原因在于企业通过寻租等手段获得高额的政府补贴时，可以从中获得超额利润，这种利润的获得使企业不用投入生产性成本就可以获得回报[25]。同时，由于信息不对称和企业逆向选择问题的加剧，政府直接补助对企业投资的激励效果并不明显[26-31]，增加了政府补贴被挪为他用的概率，导致资源配置错位或产能过剩问题，扩大了企业的经营风险。从代理问题看，政府补贴能够弱化企业的内部激励机制，加剧高管与股东之间的代理问题，增加企业的代理成本。具体表现为：获得政府补贴之后，企业的自由现金流更为充裕，管理层出于"个人帝国建立"的私利增加在职消费，甚至投资一些净现值为负的项目，在市场需求下滑时，却不愿意向下削减成本支出，进而影响成本黏性，反映了企业自由现金流充裕条件下管理层机会主义形成的经营风险，即"代理成本假说"。因此，提出以下假设：

假设 1b：基于"代理成本"假说，政府补贴能够增强战略性新兴行业内上市公司的成本黏性，即企业的自由现金流越充裕，政府补贴对成本黏性的增强作用越显著。

7.1.3　影响机制的进一步分析

前人研究表明，扩大企业规模形成的规模效应能够提高产业竞争力，弥补企业在市场需求不确定性和成本黏性等方面的风险[32,33]，并且战略性新兴产业内的七大产业存在规模效应差异[34]。由于七大战略性新兴产业相互独立，每类产业在产业特性、市场发育程度和规模扩张等方面表现不同，政府补贴对不同产业内微观企业成本黏性的影响存在差异。具体而言，新一代信息技术，属于高度知识密集型产业，具有"轻资产"属性，更依赖人力资本；高端制造和新能源汽车，资产专用性较强，更依赖自有实物；节能环保，尤其是光伏和风电设备制造行业，出现产能过剩和无序竞争等问题，这些特点使得行业内企业更容易产生成本黏性[15-17]。从调整成本角度看，相比生物和新材料产业，新一代信息技术、节能环保和高端制造以及新能源汽车等产业的向下调整资源的成本较高，在市场需求下降时，成本并不能随收入的下降及时削减，从而加重成本黏性程度。综合 Balakrishnan 等[35]的观点，变动成本的规模不经济会造成成本黏性，本书认为政府补贴对成本黏性的影响在规模不经济和规模经济的细分产业中存在差异。因此，提出以下假设：

假设 2：行业规模经济的存在，使政府补贴对成本黏性的影响具有行业间差异。

此外，不同所有权性质企业的成本黏性因资源禀赋和产权制度的不同存在差异。国有企业在资源禀赋上的天然优势，使得他们在获得政府补贴之后加剧了企业原有的资源冗余问题，资源配置效率仅达到 30%～40%[36]，加上多重代理和监管不严，进一步凸显了国有企业的代理冲突、资源浪费和高额工资等现象[1]。在市场需求上升时，大量消耗政府补贴带来的自由现金流，操纵酌量性费用；外部需求暂时性下降时，却不愿意及时减少资源，导致生产经营的资源配置偏离最优状态，从而产生费用成本黏性。相比国有企业，规模较小的民营企业的发展受到资源匮乏以及融资成本高的约束，但是，民营企业通常没有国有企业具有的高度内化的生产系统、冗余雇员、政策性负担等问题，能够将获得的政府补贴用于规模扩张或者研发创新项目上[37-38]。在宏观经济上行期，受到政府补贴的民营企业因战略雷同或跟风不断重复园区建设、购买机器设备并改造升级技术，扩大企业的规模，甚至出现盲目仿效投资。伴随着市场需求的增加，较好的市场前景消化了这些问题，而宏观经济处于下行期，外部需求因市场萧条下降时，高昂的成本水平并未随着业务量的下滑及时缩减。因此，提出以下假设：

假设 3：企业所有权性质不同，政府补贴影响成本黏性的路径存在差异。即民营企业更多基于规模扩张路径；国有企业更多基于代理成本路径。

综上，政府补贴通过扩大企业规模增加了调整成本以及管理层乐观预期进而强化成本黏性，或者通过增加企业的自由现金流激化了管理层机会主义进而增强成本黏性，并且该影响及作用机制因行业规模经济和企业所有权性质的不同存在差异。政府补贴影响成本黏性的作用机制如图 7.1 所示。

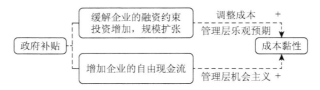

图 7.1 政府补贴影响成本黏性的作用机制

7.2　政府补贴影响战略性新兴企业成本黏性的研究设计

7.2.1　样本选取与数据来源

我国战略性新兴产业属于资本与技术密集型的朝阳产业，具体包括七大发展方向，即节能环保产业、新一代信息技术产业、生物产业、高端装备制造产业、新能源产业、新材料产业、新能源汽车产业，受政府补贴政策的扶持力度较为广泛。在市场经济形势较好时，企业的规模扩张或者过度投资行为形成的成本黏性被上升的外部需求所消化和掩盖，大多表现为资产密集度较高的企业，其生产经营需要签订长期契约以及购置专用性资产，这些约束性固定成本缺乏下降的弹性，导致业务量下降时难以及时削减成本，放大了成本黏性程度；而代理问题形成的费用成本黏性，多是由于酌量性费用更容易被管理层操纵，尤其在企业的自由现金流充裕的情况下。即外部需求的变动不仅对成本黏性程度产生影响，对于不同成本构成的成本黏性程度的影响也存在差异。所以，本书选取我国战略性新兴产业 2010～2016 年 A 股上市公司面板数据为样本，并以企业的营业成本、销售和管理费用为主要研究对象。

借鉴 Kama 和 Weiss[39]的方法，按照以下标准对样本进行筛选：①剔除在 2010～2016 年被 ST 或 PT 的公司以及连续观测值少于 5 年的样本；②剔除政府补贴、营业收入、营业成本、销售和管理费用等主要变量小于或等于 0 以及数据缺失的样本；③综合 Chen 等[18]的研究，剔除营业收入变化和费用变化低于 0.5% 以及高于 99.5% 的样本；④为避免极端值影响，对 1% 和 99% 以外的极端值进行缩尾处理。最终得到 4872 个样本。上述所有的财务数据均来源于 Wind 数据库，并且战略性新兴行业的原始数据通过手工搜集整理得到①。回归模型中交乘项的各个连续变量均经过标准化处理。

7.2.2　模型设计

关于成本黏性的研究主要存在两种计量方法，其中，对成本黏性影响因素的研究大多基于ABJ（M. C. Anderson，R. D. Banker，S. N. Janakiraman）模型[12]；对成本黏性经济后果的研究采用Weiss[40]模型。本书为了考察政府补贴对战略性新兴产业内上市公司成本黏性的影响及其作用机制，借鉴Anderson等[12]、Dierynck 等[41]、梁上坤等[42]及周兵等[43]的实证方法，设计模型（7.1）和（7.2）。

---

① 参考《战略性新兴产业分类（2012）试行》办法，手工搜集并整理我国战略性新兴产业七大发展方向的公司代码，然后整理相关财务数据，所有数据来源于 Wind 数据库

$$\ln\left(\frac{\mathrm{Cost}_{it}}{\mathrm{Cost}_{it-1}}\right) = \alpha_0 + \alpha_1 \ln\left(\frac{\mathrm{Rev}_{it}}{\mathrm{Rev}_{it-1}}\right) + \alpha_2 \mathrm{Dec}_{it} \ln\left(\frac{\mathrm{Rev}_{it}}{\mathrm{Rev}_{it-1}}\right)$$

$$+ \alpha_3 \mathrm{Dec}_{it} \ln\left(\frac{\mathrm{Rev}_{it}}{\mathrm{Rev}_{it-1}}\right) \times \mathrm{Subsidy}_{it} + \alpha_4 \times \mathrm{Subsidy}_{it} \qquad (7.1)$$

$$+ \sum \ln\left(\frac{\mathrm{Rev}_{it}}{\mathrm{Rev}_{it-1}}\right) \times \mathrm{Dec}_{it}\mathrm{s} \times \sum Econ\mathrm{Variables}$$

$$+ \sum Econ\mathrm{Variables} + \sum \mathrm{Controls} + \varepsilon_{it}$$

$$\ln\left(\frac{\mathrm{SGA}_{it}}{\mathrm{SGA}_{it-1}}\right) = \alpha_0 + \alpha_1 \ln\left(\frac{\mathrm{Rev}_{it}}{\mathrm{Rev}_{it-1}}\right) + \alpha_2 \mathrm{Dec}_{it} \ln\left(\frac{\mathrm{Rev}_{it}}{\mathrm{Rev}_{it-1}}\right)$$

$$+ \alpha_3 \mathrm{Dec}_{it} \ln\left(\frac{\mathrm{Rev}_{it}}{\mathrm{Rev}_{it-1}}\right) \times \mathrm{Subsidy}_{it} + \alpha_4 \times \mathrm{Subsidy}_{it} \qquad (7.2)$$

$$+ \sum \ln\left(\frac{\mathrm{Rev}_{it}}{\mathrm{Rev}_{it-1}}\right) \times \mathrm{Dec}_{it} \times \sum Econ\mathrm{Variables}$$

$$+ \sum Econ\mathrm{Variables} + \sum \mathrm{Controls} + \varepsilon_{it}$$

式中，Cost_{it} 表示第 i 家企业在第 t 年的营业成本；SGA_{it} 表示第 i 家企业在第 t 年的销售和管理费用之和；Rev_{it} 表示第 i 家企业在 t 年的营业收入；Dec_{it} 表示虚拟变量，当 t 年销售收入低于 $t-1$ 年时取为 1，反之，取为 0；$\mathrm{Subsidy}_{it}$ 表示 i 企业 t 年获得的政府补贴。系数 α_1 度量成本对销售收入增加的变化，即销售收入每增加 1%，成本增加 $(\alpha_0+\alpha_1)\%$；系数 α_2 度量成本对销售收入减少的变化，即销售收入每减少 1%，成本减少 $(\alpha_0+\alpha_1+\alpha_2)\%$。由成本黏性的含义可知，若存在成本黏性，则 $\alpha_1 > \alpha_1+\alpha_2$，即 $\alpha_2 < 0$。如果政府补贴对成本黏性具有增强影响，α_3 应该小于零。为提高各企业之间变量的可比性，同时在一定程度上缓解潜在的残差异质性问题，以上变量采取自然对数形式。

7.2.3 变量定义与描述

1. 被解释变量

综合 Anderson 等[12]、谢获宝和惠丽丽[44]等学者的研究，对成本黏性的考察多采用销管费用的变化率或者营业成本的变化率与营业收入变化率之间的关系表示。即营业成本变化率：本期营业成本与上期营业成本的比值；销管费用变化率：本期销售和管理费用与上期销售和管理费用的比值。

2. 解释变量

参考 Balakrishnan 等[35]的研究，选取以下解释变量。营业收入增长率：由于成本黏性较难直观衡量，将营业收入增长率作为解释变量，检验被解释变量费用增长率随之变化的情况，从而反映成本黏性。虚拟变量：当本年营业收入较上年下降时，取值为 1；当本年营业收入较上年上升时，则为 0。综合余东华和吕逸楠[10]及杨洋等[1]的研究，采用上一期政府补贴金额与上期资产总额的比值衡量政府补贴水平，以消除企业规模的影响。该数据来源于 Wind 数据库，通过手工搜集整理财务报表附注得到。

3. 控制变量

基于 Anderson 等[12]、Kama 和 Dan[39]的实证结论，控制了企业自身层面的四大经济变量：资本密集度、员工密集度、是否两年连续下降、宏观经济增长。资本密集度：当期总资产总额与当期营业收入的比值；员工密集度：员工人数与营业收入的比值；是否两年连续下降：虚拟变量，若公司营业收入连续两年下降取 1，否则取 0；宏观经济增长：GDP 增长率。

4. 其他变量

产权性质：虚拟变量，当上市公司为国有企业时，取值为 1，否则为 0；盈利能力（ROA）：净利润/年初与年末平均总资产；公司规模（Size）：总资产的自然对数。企业的自由现金流（FCFF）：息前税后利润+折旧与摊销−营运资本增加−资本支出=息税前利润×（1−所得税率）+折旧与摊销−营运资本增加−构建固定、无形和长期资产支付的现金。投资水平：（构建固定资产、无形资产和其他长期资产支付的现金+取得子公司及其他营业单位支付的现金净额−处置固定资产、无形资产和其他长期资产收回的现金净额−处置子公司及其他长期资产收回的现金净额）/上年总资产。综上，各变量定义如表 7.1 所示。

表 7.1　主要变量的定义和说明

变量类型	变量名称	变量符号	变量定义
被解释变量	销管费用变化率	$\ln(SGA_{it}/SGA_{it-1})$	（本期销售和管理费用之和/上期销售和管理费用之和）取自然对数
	营业成本变化率	$\ln(Cost_{it}/Cost_{it-1})$	（本期营业成本/上期营业成本）取自然对数
解释变量	营业收入增长率	$\ln(Rev_{it}/Rev_{it-1})$	（本期营业收入/上期营业收入）取自然对数
	虚拟变量	Dec_{it}	本期营业收入小于上期营业收入时，取值为 1，否则为 0
	政府补贴	Subsidy	上一期政府补贴金额/上一期资产金额

续表

变量类型	变量名称	变量符号	变量定义
控制变量	资本密集度	AI	当期资产总额/当期营业收入总额
	员工密集度	EI	员工人数/营业收入*
	宏观经济增长	Growth	GDP 增长率
	是否两年连续下降	S_Dec	虚拟变量，连续两年营业收入下降取 1，否则为 0
其他变量	产权性质	SOE	国有企业，取值为 1，否则为 0
	企业的自由现金流	FCFF	上一期自由现金流/上一期资产总额
	投资水平	INV	（构建固定资产、无形资产和其他长期资产支付的现金+取得子公司及其他营业单位支付的现金净额−处置固定资产、无形资产和其他长期资产收回的现金净额−处置子公司及其他营业单位收回的现金净额）/上年总资产
	行业属性	Ind	对战略性新兴产业的七大行业进行细分，对于某行业回归时，定义为 1，否则为 0
	年份	Year	年度虚拟变量

*营业收入的单位为百万元

7.3 政府补贴影响战略性新兴企业成本黏性的实证结果

7.3.1 描述性统计结果

表 7.2 为主要变量描述性统计。相比销售和管理费用，营业成本与营业收入比值（Cost/Rev）的平均值高达 94.072%，说明我国战略性新兴行业营业成本支出所占的份额较大；最大值高达 1002.391%，说明个别企业成本支出水平较高。资本密集度（AI）的最大值高达 38.119，说明我国战略性新兴产业中的个别行业或企业资本密集度相对较高，如高端制造业、新能源汽车行业需要大量的资金支持；AI 均值为 2.312，略高于江伟等[45]、梁上坤[42]、Li 和 Zheng[46]的结论，说明相比于传统制造业，我国战略性新兴行业内上市公司的资本更为密集。区分产权性质条件下，我国国有和民营企业的营业成本与收入的比值均为 91%以上，销售和管理费用占收入的比例均在 15%以上。费用增长比率的平均值和中位数分别与收入增长率的平均值和中位数相差不大，说明我国战略性新兴行业上市公司费用支出上升速度较快，很容易出现黏性现象。

表 7.2　主要变量描述性统计

	变量	N	均值	标准差	最大值	最小值	中值
全样本	SGA/百万元	4872	718.084	2888.470	75 761.780	9.752	197.541
	Cost/百万元	4872	6386.347	34 363.97	650 218.100	7.287	1000.219
	Rev/百万元	4872	7626.696	38 937.320	746 236.700	52.518	1385.198
	Cost/Rev	4872	94.072	23.546	1002.391	36.603	93.761
	SGA/Rev	4872	19.115	12.544	228.5719	0.039	16.047
	$\ln(\mathrm{SGA}_{it}/\mathrm{SGA}_{it-1})$	4872	0.079	0.113	1.434	-0.935	0.068
	$\ln(\mathrm{Cost}_{it}/\mathrm{Cost}_{it-1})$	4872	0.069	0.139	1.900	-0.826	0.059
	$\ln(\mathrm{Rev}_{it}/\mathrm{Rev}_{it-1})$	4872	0.067	0.131	1.649	-0.679	0.060
	Dec	4872	0.241	0.428	1.000	0.000	0.000
	Subsidy	4872	0.006	0.008	0.141	0.000	0.004
	AI	4872	2.312	1.793	38.119	0.116	1.915
国有企业	Cost/Rev	1680	98.498	31.833	1002.391	37.009	97.339
	SGA/Rev	1680	15.538	10.874	228.572	0.599	13.957
	$\ln(\mathrm{SGA}_{it}/\mathrm{SGA}_{it-1})$	1680	0.058	0.116	1.434	-0.599	0.047
	$\ln(\mathrm{Cost}_{it}/\mathrm{Cost}_{it-1})$	1680	0.047	0.122	1.008	-0.499	0.041
	$\ln(\mathrm{Rev}_{it}/\mathrm{Rev}_{it-1})$	1680	0.046	0.122	0.959	-0.508	0.042
	Subsidy	1680	0.005	0.007	0.087	0.001	0.003
民营企业	Cost/Rev	3192	91.742	17.245	418.743	36.603	91.550
	SGA/Rev	3192	20.998	12.949	112.603	-1.539	17.471
	$\ln(\mathrm{SGA}_{it}/\mathrm{SGA}_{it-1})$	3192	0.090	0.109	1.089	-0.935	0.080
	$\ln(\mathrm{Cost}_{it}/\mathrm{Cost}_{it-1})$	3192	0.082	0.146	1.900	-0.826	0.071
	$\ln(\mathrm{Rev}_{it}/\mathrm{Rev}_{it-1})$	3192	0.079	0.136	1.649	-0.679	0.071
	Subsidy	3192	0.006	0.008	0.141	0.001	0.004

7.3.2　相关性分析结果

表 7.3 为主要变量之间的相关性。营业成本变化率与营业收入变化率之间的相关系数为 0.949，销管费用的变化率与营业收入变化率之间的相关系数为 0.634，说明我国战略性新兴行业上市公司的营业成本和销管费用与营业收入之间高度相关，即业务量变化时，成本会相应地发生变动。经过进一步计算方差膨胀因子（VIF 介于 3～7），发现解释变量之间不存在严重的共线性问题。

表 7.3　主要变量之间的 person 相关系数

	$\ln(\text{Cost}_{it}/\text{Cost}_{it-1})$	$\ln(\text{SGA}_{it}/\text{SGA}_{it-1})$	$\ln(\text{REV}_{it}/\text{REV}_{it-1})$	Dec	AI	SUBSIDY	FCFF
$\ln(\text{Cost}_{it}/\text{Cost}_{it-1})$	1.000						
$\ln(\text{SGA}_{it}/\text{SGA}_{it-1})$	0.582***	1.000					
$\ln(\text{REV}_{it}/\text{REV}_{it-1})$	0.949***	0.634***	1.000				
Dec	−0.562***	−0.342***	−0.604***	1.000			
AI	−0.126***	−0.034**	−0.153***	0.161***	1.000		
SUBSIDY	0.039***	0.020	0.038****	−0.039***	0.044***	1.000	
FCFF	−0.037**	−0.065***	−0.024*	0.027*	−0.081***	−0.026*	1.000

*代表在 10%水平上显著，**代表在 5%水平上显著，***代表在 1%水平上显著，下同

7.3.3　政府补贴对成本黏性影响的实证结果

1."规模扩张"假说的验证

为了控制不随时间改变的公司固定因素对结果的影响，本书通过 Hausman 检验，采用固定效应模型进行逐步回归。王克敏等[28]认为，政府扶持对企业的投资水平具有激励作用，即随着政府补助的增加，企业的投资水平升高，从调整成本的角度，企业投资形成的约束性固定成本缺乏向下的弹性，表现为成本黏性。基于规模扩张假说，本书按照企业的固定资产投资扩张率对全样本分组，高于行业中值的样本定义为较高的固定资产投资扩张率，低于行业中值的样本定义为较低的固定资产投资扩张率，以验证政府补助影响成本黏性的作用机制。回归结果如表 7.4 所示。第（1）和（2）列验证了政府补助对成本黏性具有增强影响；第（3）和（4）列验证了企业的固定资产投资扩张率越高，政府补助对成本黏性的增强影响越显著。

表 7.4　基于"规模扩张"假说的政府补助影响成本黏性回归结果

项目	COST				SGA			
	（1）全样本	（2）全样本	（3）固定资产投资扩张率较高	（4）固定资产投资扩张率较低	（1）全样本	（2）全样本	（3）固定资产投资扩张率较高	（4）固定资产投资扩张率较低
Constant	−0.000 （−0.24）	−0.001 （−0.974）	0.019*** （3.90）	0.013*** （4.75）	0.031*** （15.65）	−0.027*** （−3.16）	0.039*** （4.08）	0.042*** （7.52）
$\ln(\text{Rev}_{it}/\text{Rev}_{it-1})$	1.014*** （168.37）	1.048*** （64.780）	1.024*** （96.89）	1.039*** （132.84）	0.622*** （52.61）	0.617*** （51.94）	0.656*** （31.89）	0.564*** （36.07）

续表

项目	COST				SGA			
	（1）全样本	（2）全样本	（3）固定资产投资扩张率较高	（4）固定资产投资扩张率较低	（1）全样本	（2）全样本	（3）固定资产投资扩张率较高	（4）固定资产投资扩张率较低
$\ln(\mathrm{Rev}_{it}/\mathrm{Rev}_{it-1})\times\mathrm{Dec}$	-0.060*** (-3.21)	-0.081** (-2.279)	-0.179** (-2.09)	-0.027 (-0.99)	-0.331*** (-9.09)	-0.344*** (-10.99)	-0.248* (-1.81)	-0.079 (-1.45)
$\ln(\mathrm{Rev}_{it}\times \mathrm{REV}_{it-1})\times \mathrm{Dec}\times \mathrm{Subsidy}$	-0.068*** (-3.66)	-0.048** (-2.57)	-0.171*** (-9.12)	-0.034 (-0.32)	-0.098** (-1.97)	-0.324*** (-2.91)	-0.934*** (-3.12)	-0.119 (-0.57)
Subsidy	-0.052*** (-3.26)	-0.059*** (-3.21)	-0.227 (-1.47)	-2.498 (-1.04)	-2.467 (-0.72)	-3.872 (-1.13)	-0.756 (-0.14)	-0.039 (-0.19)
$\ln(\mathrm{Rev}_{it}/\mathrm{Rev}_{it-1})\times \mathrm{Dec}\times \mathrm{EI}$		-0.027** (-2.51)	-0.029** (-2.24)	-0.015 (-1.26)		-0.015** (-2.17)	-0.046** (-2.15)	-0.028 (-0.62)
EI		-0.003 (-0.82)	-0.024*** (-3.21)	-0.004 (-0.54)		0.007*** (6.06)	0.011*** (4.61)	0.003** (2.28)
$\ln(\mathrm{Rev}_{it}/\mathrm{Rev}_{it-1})\times \mathrm{DEC}\times \mathrm{AI}$		-0.005* (-1.68)	-0.005* (-1.75)	-0.004 (-0.67)		-0.005* (-1.85)	-0.002* (-1.89)	-0.010 (-0.55)
AI		-0.002 (0.49)	0.007 (1.16)	-0.015*** (-2.65)		0.001 (1.18)	0.001 (0.68)	-0.014* (-1.67)
$\ln(\mathrm{Rev}_{it}/\mathrm{REV}_{it-1})\times \mathrm{Dec}\times \mathrm{S\_Dec}$		0.057* (1.43)	0.009 (1.06)	0.069* (1.41)		0.007*** (6.09)	0.001* (1.78)	0.011 (1.00)
S_Dec		-0.027** (-1.99)	0.041** (2.06)	0.023 (1.01)		0.002 (0.02)	0.304*** (7.86)	0.143 (1.30)
$\ln(\mathrm{Rev}_{it}/\mathrm{Rev}_{it-1})\times \mathrm{Dec}\times \mathrm{Growth}$		0.039* (1.70)	0.195* (1.76)	0.037* (1.97)		0.573*** (5.83)	0.045* (1.83)	0.008 (0.33)
Growth		0.025*** (3.18)	0.093** (2.05)	0.010 (0.35)		-4.771* (-1.66)	-0.046*** (-3.45)	-0.029*** (-4.13)
N	4872	4872	3472	1400	4872	4872	3472	1400
Year	yes	yes	yes	yes	yes	yes	yes	yes
Industry	yes	yes	yes	yes	yes	yes	yes	yes
Adj_R^2	0.900	0.901	0.909	0.897	0.416	0.429	0.487	0.356

注：括号内为 t 值并经过行业层面的聚类（cluster）调整，下同

　　第（1）和（2）列验证了政府补助对成本黏性的增强影响。全样本回归结果显示，不管是否加入公司层面的经济变量，政府补助对成本黏性的三阶交乘项系数 $\ln(\mathrm{Rev}_{it}/\mathrm{Rev}_{it-1})\times \mathrm{Dec}\times \mathrm{Subsidy}$ 均为负（-0.068，-0.048，-0.098，-0.324），且

在 1%和 5%水平上显著。这表明随着政府补助的增加，战略性新兴行业内上市公司的成本黏性程度被放大。同时，$\ln(\text{Rev}_{it}/\text{Rev}_{it-1}) \times \text{Dec} \times \text{AI}$ 和 $\ln(\text{Rev}_{it}/\text{Rev}_{it-1}) \times \text{Dec} \times \text{EI}$ 的系数均为负，分别在 10%和 5%水平上显著，说明资本密集度和员工密集度对战略性新兴产业的成本黏性具有增强影响，即企业的资本密集度和员工密集度越高，成本黏性程度越高，与 Anderson 等[12]的结论一致。

基于规模扩张假说，第（3）和（4）列分别列示了企业的固定资产投资扩张率较高和较低分组样本的回归结果。在固定资产投资扩张率较高的分组中，政府补助对成本黏性的三阶交乘项系数 $\ln(\text{Rev}_{it}/\text{Rev}_{it-1}) \times \text{Dec} \times \text{Subsidy}$ 分别为 −0.171 和 0.934，且在 1%水平上显著；并且员工密集度和资本密集度的三阶交乘项均为负，分别在 5%和 10%水平上显著，表明员工密集度和资本密集度均加重了成本黏性程度。而固定资产投资扩张率较低的分组中，政府补助对成本黏性影响的系数均为负，但不显著。这表明企业的固定资产投资扩张率越高，政府补助对成本黏性的增强影响越显著，放大了企业规模扩张形成的经营风险，假设 1a 成立。具体而言，政府补助通过直接效应或者信号效应缓解了战略性新兴企业的融资约束，在经济形势较好时，企业将获得的补助用于扩大生产规模甚至过度投资，但较好的市场前景和营业收入可以消化规模扩张带来的经营风险，而当业务量下降时，规模扩张形成的约束性固定成本难以及时缩减，使企业逐渐暴露出成本黏性特性。

2. "代理成本"假说的验证

谢获宝和惠丽丽[44]认为，企业的自由现金流可以综合反映企业的内部代理问题，并且严重影响管理层的机会主义行为，即随着企业自由现金流水平的增加，成本黏性程度加重。基于代理成本假说，本节按照企业的自由现金流对全样本分组，高于行业中值的样本定义为自由现金流充裕，低于行业中值的样本定义为自由现金流不足，以验证政府补助影响成本黏性程度的作用机制。回归结果如表 7.5 所示。第（1）和（2）列验证了企业的自由现金流越充裕，政府补助对成本黏性的增强影响越显著。

基于代理成本假说，第（1）和（2）列分别列示了企业的自由现金流充裕和不足分组样本的回归结果。在企业的自由现金流量充裕的分组中，政府补助对成本黏性的三阶交乘项系数 $\ln(\text{Rev}_{it}/\text{Rev}_{it-1}) \times \text{Dec} \times \text{Subsidy}$ 分别为 −0.024 和 −0.091，在 5%和 10%水平上显著，对成本黏性具有增强影响；而企业的自由现金流不足的分组中，政府补助对成本黏性的影响系数为负，但不显著。这表明企业的自由现金流量越充裕，政府补助对成本黏性的增强影响越显著，放大了管理层机会主义形成的经营风险，假设 1b 成立。具体而言，政府补助作为企业总利润的一部分，能够通过增加企业收益为投资活动提供资金支持，进一步激化高管与股东之间的代理冲突，增加企业的代理成本。尤其表现在经济形势较好时，高管操纵酌量性费用的概率增加，甚至选择净现值为负的投资项目以满足个人利益的实现，企业的过度投资、低效收购以及高管自身的在职消费行为显著增加，从而加重成本黏性程度。

表 7.5　基于"代理成本"假说的政府补助影响成本黏性回归结果

项目	COST		SGA	
	(1) 自由现金流充裕	(2) 自由现金流不足	(1) 自由现金流充裕	(2) 自由现金流不足
Constant	0.008 （1.44）	−0.004 （−0.56）	−0.021** （−2.03）	−0.029* （−1.80）
$\ln(Rev_{it}/Rev_{it-1})$	1.010*** （138.27）	1.033*** （93.73）	0.625*** （44.97）	0.597*** （26.03）
$\ln(Rev_{it}/Rev_{it-1}) \times Dec$	−0.273*** （−3.26）	−0.421*** （−2.58）	−0.047 （−0.16）	−0.281 （−0.83）
$\ln(Rev_{it}/Rev_{it-1}) \times Dec \times Subsidy$	−0.024** （−2.01）	−0.097 （−0.68）	−0.091* （−1.76）	−0.047 （−0.26）
Subsidy	3.741* （1.86）	0.161 （1.22）	2.117 （0.55）	0.225 （0.98）
$\ln(Rev_{it}/Rev_{it-1}) \times Dec \times EI$	−0.017** （−2.00）	−0.002 （−0.22）	−0.301*** （−7.09）	−0.006** （−2.09）
EI	0.002*** （3.02）	0.001 （1.36）	0.138*** （8.37）	0.008*** （3.78）
$\ln(Rev_{it}/Rev_{it-1}) \times Dec \times AI$	−0.015*** （−3.11）	−0.002 （−0.40）	0.010** （−2.04）	−0.014 （−1.48）
AI	0.001* （1.66）	−0.000 （−0.21）	−0.013 （−1.07）	0.002 （1.26）
$\ln(Rev_{it}/Rev_{it-1}) \times Dec \times S\_Dec$	−0.153** （−2.45）	−5.863*** （−2.71）	−0.009* （−1.81）	−0.038 （−1.06）
S_Dec	−3.901* （−1.91）	0.005 （0.06）	0.037 （1.04）	0.019 （1.60）
$\ln(Rev_{it}/Rev_{it-1}) \times Dec \times Growth$	3.379* （1.67）	0.184 （1.40）	0.041 （1.01）	0.028* （1.68）
Growth	0.019 （0.18）	0.046 （0.56）	0.029** （2.12）	0.016 （1.04）
N	2471	2401	2471	2401
Year	yes	yes	yes	yes
Industry	yes	yes	yes	yes
Adj_R^2	0.895	0.916	0.427	0.433

7.3.4 影响机制进一步分析结果

为考察政府补贴对成本黏性的影响机制在规模效应和性质不同的企业中是否存在差异，首先将全样本划分为规模不经济和规模经济行业①以及国有企业和民营企业，并通过 t 显著性检验，分组样本的 t 检验结果如表 7.6 所示，通过 F 检验的观察值分别为 170.884 和 5.104，概率值均小于显著性水平，认为方差存在显著差异；同时，通过 t 检验，认为两个样本总体的均值存在显著差异。然后通过 Hausman 检验，采用固定效应模型进行逐步回归，结果如表 7.7 和表 7.8 所示。

表 7.6　样本分组描述性统计

分组情况	规模经济	规模不经济	国有企业	民营企业
t	16.817***	10.933***	26.553***	20.317***
观察值数	1043	3829	1680	3192
F	170.884		5.104	
Sig.	0.000		0.024	

1. 规模经济与规模不经济

区分行业截面差异的回归结果如表 7.7 所示，对于规模不经济行业，政府补贴对成本黏性的三阶交乘项系数 $\ln(Rev_{it}/Rev_{it-1}) \times Dec \times Subsidy$ 均为负（−0.329、−0.095），分别在 5% 和 10% 水平上显著；而对于规模经济行业，成本黏性系数不显著，并且政府补助对成本黏性的影响系数为正，但资本密集度与成本黏性的三阶交乘项系数为 −0.005 和 −0.001，且在 5% 水平上显著。这说明个别行业已达到规模效应，有效弥补了该行业内企业在市场需求不确定和生产成本方面的风险，从而降低了成本黏性程度；而存在规模不经济的新兴企业在政府巨额的补助下，由于过度投资新兴产业项目形成的产能过剩问题逐渐暴露，缺乏向下的弹性，短期内难以发生改变，从而加重了成本黏性程度。即由于行业规模经济的存在，政府补贴对成本黏性的影响存在行业间的差异，假设 2 成立。

---

① 借鉴任保全和王亮亮 2014 年的研究，综合七大战略性新兴产业的特点和行业竞争程度，本书把新一代信息技术、高端制造、节能环保、新能源以及新能源汽车产业划分为规模不经济行业；生物和新材料产业划分为规模经济行业

表 7.7　不同规模经济的政府补贴对成本黏性影响的回归结果

项目	规模经济行业		规模不经济行业	
	Cost	SGA	Cost	SGA
Constant	−0.001 （−0.30）	0.040*** （8.53）	0.001 （0.56）	0.028*** （10.91）
$\ln(\text{Rev}_{it}/\text{Rev}_{it-1})$	0.999*** （59.64）	0.621*** （21.90）	1.016*** （163.89）	0.627*** （44.10）
$\ln(\text{Rev}_{it}/\text{Rev}_{it-1})\times\text{Dec}$	−0.093 （−0.26）	−0.074 （−0.59）	−0.034* （−1.72）	−0.176*** （−2.86）
$\ln(\text{Rev}_{it}/\text{Rev}_{it-1})\times$ $\text{Dec}\times\text{Subsidy}$	0.846 （1.48）	0.312* （1.76）	−0.329** （−2.13）	−0.095* （−1.82）
Subsidy	0.318 （1.61）	−0.636* （−1.91）	−0.041 （−0.43）	0.166 （0.84）
$\ln(\text{Rev}_{it}/\text{Rev}_{it-1})\times\text{Dec}\times\text{EI}$	−0.007** （−2.21）	−0.117*** （−2.93）	−0.030*** （−3.31）	−0.068*** （−3.50）
$\ln(\text{Rev}_{it}/\text{Rev}_{it-1})\times\text{Dec}\times\text{AI}$	−0.005** （−2.37）	−0.001** （−2.01）	−0.004* （−1.79）	−0.005* （−1.68）
$\ln(\text{Rev}_{it}/\text{Rev}_{it-1})\times$ $\text{Dec}\times\text{S\_Dec}$	0.021*** （3.01）	0.009 （1.03）	0.026*** （2.60）	0.31* （1.90）
N	3829	3829	1043	1043
Year	yes	yes	yes	yes
Industry	yes	yes	yes	yes
Adj_R^2	0.845	0.389	0.916	0.430

2. 国有企业与民营企业

　　区分所有权性质，考察政府补助影响成本黏性作用机制的异质性，回归结果如表 7.8 所示。对于民营企业，固定资产投资扩张率较高的条件下，政府补贴对营业成本黏性的三阶交乘项 $\ln(\text{Rev}_{it}/\text{Rev}_{it-1})\times\text{Dec}\times\text{Subsidy}$ 为−0.848，且在 1%水平上显著，而销管费用黏性的三阶交乘项为负，但不显著。这表明政府补助对成本黏性的强化影响在固定资产投资扩张率较高的民营企业中更显著，原因在于民营企业的规模扩张效应。政府补贴在很大程度上能够缓解企业的融资约束，对企业的资产投资具有一定的促进作用，尤其是民营企业将补助资金用于厂房扩建、机器设备项目上，放大了企业因规模扩张形成的经营风险。一方面，固定资产投资项目的大幅增加，会形成酌量性固定成本而缺乏向下的弹性；另一方面，盲目的资产投资也可能造成企业的资源错配和过度投资，掩盖业务量短暂下降时成本的减少幅度，从而增强成本黏性程度。

表 7.8　所有权性质不同的企业政府补贴影响成本黏性回归结果

项目	国有企业				民营企业			
	企业的自由现金流量充裕		企业的自由现金流量不足		固定资产投资扩张率高		固定资产投资扩张率低	
	Cost	SGA	Cost	SGA	Cost	SGA	Cost	SGA
Constant	0.024*** (8.40)	0.009*** (2.59)	0.055*** (14.79)	0.008 (1.62)	0.005* (1.93)	0.001 (0.34)	−0.002 (−1.19)	0.003** (2.31)
$\ln(Rev_{it}/Rev_{it-1})$	0.494*** (14.19)	0.745*** (14.81)	0.300*** (6.94)	0.609*** (9.36)	1.008*** (45.15)	0.963*** (31.83)	1.033*** (88.16)	0.996*** (54.07)
$\ln(Rev_{it}/Rev_{it-1})$ ×Dec	0.139 (1.12)	−0.348*** (−2.78)	0.364** (2.49)	−0.284* (−1.93)	−0.011** (2.10)	0.484*** (5.07)	−0.097** (−2.56)	0.025 (0.63)
$\ln(Rev_{it}/Rev_{it-1})$ ×Dec× Subsidy	−12.915 (−1.25)	−0.635** (−2.14)	−3.943 (−0.52)	−8.343 (−0.69)	−0.848*** (−3.99)	−18.093 (−1.26)	−4.291 (−1.37)	−1.340 (−0.63)
Subsidy	0.494 (0.20)	0.411 (0.24)	−2.621 (−1.49)	−7.918*** (−2.61)	−0.658 (−0.58)	9.621*** (3.07)	2.356 (1.44)	2.535* (1.78)
$\ln(Rev_{it}/Rev_{it-1})$ ×Dec×EI	−0.358*** (−7.67)	−0.149*** (−2.98)	−0.249*** (−6.46)	−0.206*** (−2.59)	0.055* (1.83)	−0.005 (−0.10)	−0.021 (−0.96)	−0.007 (−0.37)
$\ln(Rev_{it}/Rev_{it-1})$ ×DEC×AI	0.057*** (2.82)	0.001** (2.04)	−0.036 (−1.46)	0.006 (0.16)	−0.019** (−2.21)	−0.043** (−2.23)	0.032** (2.33)	0.008 (0.81)
$\ln(Rev_{it}/Rev_{it-1})$ ×Dec×S_Dec	0.047*** (2.71)	0.013* (1.73)	0.062** (2.07)	0.037 (1.05)	0.062*** (2.61)	0.039 (1.29)	0.003** (2.41)	0.053 (1.07)
N	1617	952	1575	728	938	357	2254	1323
Year	yes	yes	yes	yes	yes	yes	yes	yes
Industry	yes	yes	yes	yes	yes	yes	yes	yes
Adj_R^2	0.493	0.473	0.367	0.442	0.910	0.934	0.875	0.923

对于国有企业，企业在自由现金流量充裕的条件下，政府补助对销管费用黏性的三阶交乘项 $\ln(Rev_{it}/Rev_{it-1})$×Dec×Subsidy 为−0.635，且在5%水平上显著，而营业成本黏性的三阶交乘项为负，但不显著。这表明政府补助对成本黏性的强化影响在自由现金流充裕的国有企业中更显著，原因在于企业的代理成本显著增加。即政府补助的直接效应或者信号效应显著增加了企业的自由现金流，由于高管与股东之间的信息不对称，政府补贴的增加间接加剧了两者之间的代理冲突，增加了高管为实现"个人帝国建立"的私利而操纵酌量性费用的可能性，加重了成本黏性程度，放大了管理层机会主义形成的经营风险。综上，企业所有权性质不同，政府补助对成本黏性的影响存在异质性。政府补助对民营企业中营业成本黏性的提升作用更显著，原因在于该类企业进行了更多的固定资产投资；政府补

贴带来国有企业的销管费用黏性更显著，原因在于代理问题加重了成本黏性程度，假设 3 成立。

7.3.5　稳健性检验结果

1. 内生性问题探讨——Heckman 两阶段法

以上的研究结果显示政府补贴能够增强战略性新兴产业的成本黏性。但由此推断政府补贴是造成企业成本黏性变化的原因并不充分。例如，成长性高并且盈利能力好的企业，为迎合政府标准追加投资以获得更多的政府补贴[28]，也会产生成本黏性。因此，政府补贴与成本黏性之间的关系会受到样本自选择问题的内生性困扰。对此，本书采用 Heckman 两阶段法进行检验。参考梁上坤等[47]的研究，构建模型（7.3）作为第一阶段模型。因变量为获得较多的政府补贴（High_Subsidy）：虚拟变量，若政府补贴金额超过年度-行业中位数，取值为 1，否则为 0。自变量包括：盈利能力（ROA，净利润/年初与年末平均总资产）、公司规模（Size，总资产的自然对数）、企业性质（SOE）、资产负债率（Lev，总负债/总资产），公司成长性（Growth，营业收入增长率）。具体模型如下：

$$\text{High\_Subsidy} = \alpha_0 + \alpha_1 \text{ROA} + \alpha_2 \text{Size} + \alpha_3 \text{SOE} + \alpha_4 \text{Lev} + \alpha_5 \text{Growth} + \varepsilon \quad (7.3)$$

回归时控制了行业固定效应和年份固定效应。将回归计算出来的逆米尔斯比率（IMR）纳入模型（7.1）和（7.2）重新回归，检验结果如表 7.9 所示。在控制逆米尔斯比率的基础上，政府补贴对成本黏性的三阶交乘项系数 $\ln(\text{Rev}_{it}/\text{Rev}_{it-1}) \times \text{DEC} \times \text{Subsidy}$ 为 -1.462 和 -2.392，且在 10% 水平上显著，支持前面结论。

表 7.9　Heckman 两阶段检验结果

项目	COST	SGA
常数项	0.006 （0.11）	0.031 （0.62）
$\ln(\text{Rev}_{it}/\text{Rev}_{it-1})$	1.014*** （30.63）	0.619*** （18.67）
$\ln(\text{Rev}_{it}/\text{Rev}_{it-1}) \times \text{DEC}$	0.006 （0.05）	−0.152* （−1.72）
$\ln(\text{Rev}_{it}/\text{Rev}_{it-1}) \times \text{DEC} \times \text{Subsidy}$	−1.462* （−1.75）	−2.392* （−1.85）
IMR	−0.241 （−0.12）	0.242 （0.12）
N	4872	4872
Year	Yes	Yes
Industry	Yes	Yes
Adj_R^2	0.624	0.501
F 值	62.751	9.370

2. 变量替代法

用营业总成本（营业成本、销售和管理费用、营业税金及附加之和）代替营业成本和销管费用，考察政府补助对企业成本黏性程度的影响，并且区分企业所有权性质进行分析。回归结果如表 7.10 所示，在全样本、国有企业和民营企业样本中，政府补助对成本黏性的三阶交乘项 $\ln(Rev_{it}/Rev_{it-1}) \times Dec \times Subsidy$ 均为负，且在 1%水平上显著。这表明我国战略性新兴产业内上市公司普遍存在成本黏性，并且政府补助对成本黏性具有增强作用，与谢获宝和惠丽丽[44]的回归结果一致。

表 7.10　政府补助影响营业总成本黏性的回归结果

项目	全样本		国有企业		民营企业	
Constant	0.008*** (7.57)	0.007*** (7.09)	0.003** (2.19)	0.003* (1.94)	0.009*** (7.19)	0.008*** (6.83)
$\ln(Rev_{it}/Rev_{it-1})$	0.921*** (132.80)	0.919*** (133.60)	0.972*** (53.15)	0.919*** (72.36)	0.967*** (72.85)	0.921*** (112.42)
$\ln(Rev_{it}/Rev_{it-1}) \times Dec$	−0.004*** (−7.69)	−0.082*** (−2.94)	−0.049 (−1.22)	−0.129*** (−3.39)	−0.144*** (−3.53)	−0.056 (−1.25)
$\ln(Rev_{it}/Rev_{it-1}) \times Dec \times Subsidy$		−3.471*** (−5.02)		−1.793*** (−2.85)		−4.999*** (−3.82)
$\ln(Rev_{it}/Rev_{it-1}) \times Dec \times EI$	−0.005* (−1.71)	−0.009*** (−2.83)	0.002 (0.23)	−0.006 (−0.71)	−0.004 (−1.22)	−0.007** (−1.96)
$\ln(Rev_{it}/Rev_{it-1}) \times Dec \times AI$	−0.037*** (−6.70)	−0.063*** (−18.63)	−0.053*** (−5.91)	−0.078*** (−17.65)	−0.011 (−1.47)	−0.034*** (−5.88)
N	4872	4872	1680	1680	3192	3192
Year	yes	yes	yes	yes	yes	Yes
Industry	yes	yes	yes	yes	yes	Yes
Adj_R^2	0.876	0.875	0.866	0.867	0.878	0.877

3. 双重差分方法（DID）

为排除其他因素的影响，本书利用我国 2010 年颁布的战略性新兴产业政策这一外生自然事件，设计双重差分模型，考察政府补贴对企业成本黏性的影响及其作用机理。根据双重差分模型的思路，设置虚拟变量 Post 和 Treat，Post 表示 2010 年战略性新兴产业政府扶持政策的颁布这一事件，2008～2010 年取值为 0，2011～2016 取值为 1。Treat 用以区分实验组和控制组，如果我国战略性新兴行业上市公司在 2010 年后获得更多的政府补贴，取值为 1，为实验组；否则为控制组。计量模型如下：

$$\text{Sticky}_{it}=a_0+a_1\text{Post}+a_2\text{Treat}+a_3\text{Post}\times\text{Treat}+u_{it}$$

式中，Sticky_{it} 表示 i 企业第 t 年的成本黏性程度；a_0 表示常数项；a_1 表示控制组在颁布战略性新兴产业政策前后的差分，由于控制组不受政府补贴政策的影响，该差分是其他混杂因素作用的结果；a_1+a_3 表示实验组的差分，反映了政府补贴政策和其他混杂因素共同作用的结果。因此，a_3 代表了外生事件对企业成本黏性影响的净效应，即本书重点考察的系数。回归结果显示，系数 a_3 为-0.028，且在 10%水平上显著，说明与不受产业政策扶持的企业相比，获得政府补贴的企业成本黏性程度更大，即政府补贴这一产业政策实施后，在一定程度上强化了我国战略性新兴行业内上市公司的成本黏性程度，放大了企业因规模扩张和管理层决策形成的经营风险，支持前面结论。

4. 其他方法

①采用 Weiss 模型，对营业成本、销售和管理费用以及营业总成本（营业成本、销售和管理费用、营业税金及附加之和）进行验证，回归结果基本不变。②对政府补贴作虚拟变量处理。考虑到战略性新兴产业七大行业内上市公司获得的政府补贴水平的差异，对政府补贴进行行业中值调整，若其值高于行业中位数取为 1，否则为 0，结论不变。③参考 Chen 和 Lu[18]对资本密集度的计量方法，使用年末固定资产与当年营业收入的比值衡量固定资本密集度，结论不变。

7.4　本　章　小　结

本章以 696 家新概念股上市公司财务数据为研究样本，在控制了公司层面经济因素影响的情况下，考察了政府补贴这一外生事件对微观企业成本黏性的影响及其作用机理。研究发现，政府补贴作为政府干预的一种手段，通过"规模扩张"和"代理成本"假说两种机制增强了战略性新兴产业的成本黏性程度，是由调整成本和代理问题共同作用的结果。进一步，由于规模经济的存在，政府补贴对成本黏性的影响表现出行业间的截面差异，即规模效应降低了成本黏性程度，而规模不经济加重了政府补贴对成本黏性的增强影响，放大了该行业逐渐暴露的产能过剩以及过度投资等问题形成的经营风险。考虑到企业所有权性质的差异，发现投资水平较高的条件下，政府补贴对民营企业成本黏性的影响系数为-6.794，且在 5%水平上显著；企业的自由现金流充裕的条件下，对国有企业费用成本黏性的影响系数为-2.206，且在 10%水平上显著。即政府补贴对民营企业成本黏性的影响更多地通过"规模扩张"机制，对国有企业费用成本黏性的影响更多地通过"代理成本"机制，实证结果为解释调整成本和代理问题是影响企业成本黏性的重要因素提供了经验证据，为政府合理实施战略性新兴产业政策提供了科学的政策建议。

参 考 文 献

[1]　杨洋, 魏江, 罗来军. 谁在利用政府补贴进行创新——所有制和要素市场扭曲的联合调节效应[J]. 管理世界, 2015, (1): 75-86.

[2]　肖兴志, 王伊攀. 政府补贴与企业社会资本投资决策——来自战略性新兴产业的经验证据[J]. 中国工业经济, 2014, (9): 148-160.

[3]　许罡, 朱卫东, 孙慧倩. 政府补助的政策效应研究——基于上市公司投资视角的检验[J]. 经济学动态, 2014, (6): 87-95.

[4]　黎文靖, 李耀淘. 产业政策激励了公司投资吗[J]. 中国工业经济, 2014, (5): 122-134.

[5]　任曙明, 吕镯. 融资约束、政府补贴与全要素生产率——来自中国装备制造企业的实证研究[J]. 管理世界, 2014, (11): 10-23.

[6]　王文甫, 明娟, 岳超云. 企业规模、地方政府干预与产能过剩[J]. 管理世界, 2014, (10): 17-36.

[7]　Lee E Y, Cin B C. The effect of risk-sharing government subsidy on corporate R&D investment: empirical evidence from Korea[J]. Technological Forecasting&Social Change, 2010, 77 (6): 881-890.

[8]　傅利平, 李小静. 政府补贴在企业创新过程的信号传递效应分析——基于战略性新兴产业上市公司面板数据[J]. 系统工程, 2014, (11): 50-58.

[9]　张中华, 杜丹. 政府补贴提高了战略性新兴产业的企业投资效率吗——基于我国 A 股上市公司的经验证据[J]. 投资研究, 2014, (11): 16-25.

[10]　余东华, 吕逸楠. 政府不当干预与战略性新兴产业产能过剩——以中国光伏产业为例[J]. 中国工业经济, 2015, (10): 53-68.

[11]　吕久琴, 吴慧颖. 正面清单下我国光伏企业政府补贴的后果——以向日葵公司为例[J]. 生产力研究, 2016, (5): 141-146.

[12]　Anderson M C, Banker R D, Janakiraman S N. Are selling, general, and administrative costs sticky[J]. Journal of Accounting Research, 2003, 41 (1): 47-63.

[13]　谢狄宝, 惠丽丽. 成本粘性、公司治理与高管薪酬业绩敏感性——基于企业风险视角的经验证据[J]. 管理评论, 2017, 29 (3): 110-125.

[14]　Banker R D, Byzalov D, Chen L. Employment protection legislation, adjustment costs and cross country differences in cost behavior[J]. Journal of Accounting and Economics, 2013, 55 (2): 111-127.

[15]　孙铮, 刘浩. 中国上市公司费用粘性行为研究[J]. 经济研究, 2004, (12): 26-34.

[16]　孔玉生, 朱乃平, 孔庆根. 成本粘性研究: 来自中国上市公司的经验证据[J]. 会计研究, 2007, (11): 58-65.

[17]　刘武. 企业费用粘性行为: 基于行业差异的实证研究[J]. 中国工业经济, 2006, (12): 105-112.

[18]　Chen C, Lu H. Managerial empire building, corporate governance and the asymmetric behavior of selling, general and administrative costs[J]. Contemporary Accounting Research, 2012, 29 (4): 252-282.

[19]　顾群, 谷靖, 吴宗耀. 财政补贴、代理问题与企业技术创新——基于 R&D 投资异质性视角[J]. 软科学, 2016, 30 (7): 70-73.

[20]　解维敏, 唐清泉, 陆姗姗. 政府 R&D 资助、企业 R&D 支出与自主创新——来自中国上市公司的经验证据[J]. 金融研究, 2009, (6): 86-99.

[21]　陆国庆, 王舟, 张春宇. 中国战略性新兴产业政府创新补贴的绩效研究[J]. 经济研究, 2014, (7): 44-55.

[22]　蔡卫星, 高明华. 政府支持、制度环境与企业家信心[J]. 北京工商大学学报（社会科学版）, 2013, 28 (5): 118-126.

[23]　Konstantinou P, Tagkalakis A. Boosting confidence: is there a role for fiscal policy[J]. Economic Modelling, 2011, 28（4）: 1629-1641.

[24]　Heaton J B. Managerial optimism and corporate finance[J]. Financial Management, 2002, 31（2）: 33-45.

[25]　邵敏, 包群. 政府补贴与企业生产率——基于我国工业企业的经验分析[J]. 中国工业经济, 2012,（7）: 70-82.

[26]　安同良, 周绍东, 皮建才. R&D 补贴对中国企业自主创新的激励效应[J]. 经济研究, 2009,（10）: 87-98.

[27]　毛其淋, 许家云. 政府补贴、异质性与企业风险承担[J]. 经济学季刊, 2016, 15（3）: 1533-1562.

[28]　王克敏, 刘静, 李晓溪. 产业政策、政府支持与公司投资效率研究[J]. 管理世界, 2017,（3）: 113-124.

[29]　赵璨, 王竹泉, 杨德明, 等. 企业迎合行为与政府补贴绩效研究——基于企业不同盈利状况的分析[J]. 中国工业经济, 2015,（7）: 130-145.

[30]　唐雪松, 周晓苏, 马如静. 政府干预、GDP 增长与地方国企过度投资[J]. 金融研究, 2010,（8）: 99-112.

[31]　韩国高, 高铁梅, 王立国, 等. 中国制造业产能过剩的测度、波动及成因研究[J]. 经济研究, 2011,（12）: 18-31.

[32]　Westphal L E. Industrial policy in an export propelled economy: lessons from south Korea's experience[J]. Journal of Economic Perspectives, 1990, 4（3）: 41-59.

[33]　Fan P, Watanabe C. Promoting industrial development through technology policy: lessons from Japan and China[J]. Technology in Society, 2006, 28（3）: 303-320.

[34]　林毅夫, 巫和懋, 邢亦青. "潮涌现象"与产能过剩的形成机制[J]. 经济研究, 2010,（10）: 4-19.

[35]　Balakrishnan R, Labro E, Soderstrom N S. Cost structure and sticky costs[J]. Journal of Management Accounting Research, 2014.

[36]　平新乔, 范瑛, 郝朝艳. 中国国有企业代理成本的实证分析[J]. 经济研究, 2003,（11）: 42-53.

[37]　孙维章, 干胜道, 王灿. 高管官员背景与国有企业过度投资: 自由现金流量假说抑或政府干预假说[J]. 兰州商学院学报, 2014,（2）: 109-114.

[38]　Bernini C, Pellegrini G. How are growth and productivity in private firms affected by public subsidy——Evidence from a regional policy[J]. Regional Science & Urban Economics, 2011, 41（3）: 253-265.

[39]　Kama I, Dan W. Do earnings targets and managerial incentives affect sticky costs[J]. Journal of Accounting Research, 2013, 51（1）: 201-224.

[40]　Weiss D. Cost behavior and analysts' earnings forecasts[J]. The Accounting Review, 2010,（4）: 1441-1471.

[41]　Dierynck B, Landsman W R, Renders A. Do managerial incentives drive cost behavior? evidence about the role of the zero earnings benchmark for labor cost behavior in belgian private firms[J]. Social Science Electronic Publishing, 2012, 87（4）: 1219-1246.

[42]　梁上坤, 陈冬, 胡晓莉. 外部审计师类型与上市公司费用粘性[J]. 会计研究, 2015,（2）: 79-86.

[43]　周兵, 钟廷勇, 徐辉, 等. 企业战略、管理者预期与成本粘性——基于中国上市公司经验证据[J]. 会计研究, 2016,（7）: 58-65.

[44]　谢获宝, 惠丽丽. 代理问题、公司治理与企业成本粘性——来自我国制造业企业的经验证据[J]. 管理评论, 2014, 26（12）: 142-159.

[45]　江伟, 胡玉明, 曾业勤. 融资约束与企业成本粘性——基于我国工业企业的经验证据[J]. 金融研究, 2015,（10）: 133-147.

[46]　Li W L, Zheng K. Product market competition and cost stickiness[J]. Review of Quantitative Finance & Accounting, 2016,（2）: 1-31.

[47]　梁上坤. 媒体关注、信息环境与公司费用粘性[J]. 中国工业经济, 2017,（2）: 154-173.

第8章 研究结论与政策建议

8.1 主要研究结论

8.1.1 经济政策不确定性对企业的研发投资产生抑制作用

我们以2009～2016年沪深两市上市的A股战略性新兴产业公司为初始样本，从理论和实证分别分析了政策不确定性影响战略性新兴企业研发投资行为的传导机制。实证研究发现政策不确定性通过实物期权和金融摩擦两种渠道抑制了中国战略性新兴企业研发投资，政策不确定性的传导作用可归结为其对资本流动性价值的冲击。尽管两种传导渠道同时发挥作用，但是在整个样本上实物期权机制占据主导地位，对于个体企业主导渠道的确定则依赖于企业自身的财务状况。一方面，金融摩擦渠道应该对资金状况差、内外部融资约束程度高的企业有着更大的影响；另一方面，由于财务状况良好的企业更能承担起推迟投资造成的短期盈利上的损失，实物期权渠道应该对资产负债表表现足够好的企业作用更强。

本书的研究结论具有很深远的政策意义：首先，鉴于政策的不确定性会对战略性新兴企业的研发投资产生很强的抑制作用，增强政府的公信度并保持宏观政策的透明、连续以及稳定可从源头上减少政策的不确定性，并有利于创造和维持一个良好的投资环境。其次，对于金融摩擦渠道的存在性，财政和货币当局适时实施宽松的货币与信贷政策、高资金供给水平，拓宽中小企业融资途径等缓解融资难的措施将有助于减轻经济政策不确定性的负向作用。最后，由于实体经济中资本不可逆等流动性摩擦的存在，短期内财政和货币政策只能发挥有限的作用。长期来看，政府可以进行相应改革以减少实体摩擦，同时应当致力于发展二手市场，实施相关鼓励政策，如税收优惠、财政补贴等。总之，政策不确定性不论是通过实物资本的不可逆渠道还是资金资本的金融摩擦途径进行传导，都可以归结为其对资本流动性价值的冲击。因而，致力于减少阻碍资本流动性的实体摩擦和金融摩擦可以作为相关政策改革的一个方向。

8.1.2 经济政策不确定性下企业"脱实向虚"倾向加剧

从微观企业层面看，金融资产投资确实能够在化解融资约束、解决信息不对称等方面为企业带来诸多益处。在经济政策不确定性的影响下，对于融资约束程度较高的企业，如股利支付率较低、经营现金流较低、资产负债率较高、地区金融市场化程度较低、出于资金储备动机的企业金融化投资起到了一定的"蓄水池"作用，可以缓解企业面临的较高的融资约束，从而可以提高未来的研发投资。但是，企业金融化也意味着企业资源被分散，从而削弱了经营性资产投入，导致经营性业务的发展受到限制。第 6 章的实证结果证明，我国战略性新兴企业存在一定的"脱实向虚"现象，即企业将战略性新兴研发创新的资金配置到金融资产等高利润的虚拟经济投资上，对研发创新的实业投资存在一定的"挤出"效应。

尤其在资本套利动机较强的分组样本中，在经济政策不确定性的影响下，企业配置的金融资产对研发投资的挤出作用更显著。资本套利动机强的样本组存在以下特征，如盈利能力较弱，该类企业配置金融资产的套利成本较低，因此套利动机较高，其金融化对研发投资的挤出作用更显著；企业的利息收入占比较高以及投资收益占比较高，则该类企业的套利动机亦强，实证结论也表明其金融资产配置对研发投资的挤出作用更显著。原因在于，在经济政策不确定性的影响下，企业对投资周期较长的研发投资持有更谨慎的观望态度，出于逐利动机，企业倾向于追求短期利益而忽略了固定资产投资、研发投资及其他长期资产投资，表现为资本套利动机下金融化对实体投资的挤出效应。

8.1.3　政府补贴的盲目性增大了战略性新兴产业的经营风险

本书在第 2 章中分析了光伏产业和新能源汽车产业政府补贴的模式以及典型企业获得补贴后的经营业绩情况。研究发现，政府补贴的注入使企业在经营初期的生产、原料、劳动力等成本下降，企业以低产品价格优势取得了一定的市场占有率。但是，强补贴政策吸引企业扩大规模获取更多优惠的同时，却没有起到提高核心竞争力的作用。企业经营的目的变成了不断扩大规模、获取更大市场份额，以获得后续政府补贴。企业在经营上缺乏技术创新的动力，因此，当市场需求下降时，规模扩张最终造成了行业内产能过剩的结局。

基于以上现象，本书在第 7 章中进一步对政府补贴对战略性新兴企业的经营风险做了实证层面的衡量。实证研究发现，政府补贴作为政府干预的一种手段，通过企业"规模扩张"和"代理成本"假说两种机制增强了战略性新兴产业的成本黏性程度，这是经营的调整成本和代理问题共同作用的结果。政府补贴首先增加了企业规模扩张的动机，尤其在政府大力号召发展战略性新兴产业的政策鼓动下，企业管理层受乐观预期的影响，会进一步扩大投资，最终导致成本黏性增加。这样的结论在民营企业的实证研究中得到了印证，即民营企业更多通过规模扩张路径，使政府补贴对成本黏性的影响增加。其次，政府直接补助也被看作一种委托代理关系，在一定程度上，会弱化企业投资的正向激励，增加了政府补贴被挪为他用的概率，成本黏性的增加导致资源配置错位和产能过剩问题。"代理成本"假说在国有企业的实证研究中得到了证实

同时，本书也验证了由于规模经济的存在，政府补贴对成本黏性的影响表现出行业间的截面差异，即规模效应降低了成本黏性程度。规模经济的形成，能够提高行业内企业的竞争力，弥补企业在市场需求不确定和成本黏性方面的风险。

8.2　相关政策建议

8.2.1　减少政策不确定性影响企业研发投资的政策建议

鉴于政策不确定性会对企业的研发投资产生很强的抑制作用，增强政府的公信度并保持宏观政策的透明、连续以及稳定可从源头上减少经济政策不确定性，并有利于创造和维持一个良好的投资环境。尤其是针对战略性新兴产业发展相关政策，良好的经济政策透明度能够让微观层面的企业形成相对准确而一致的预期，从而降低潜在的经济政策不确定性，这对于企业调整投资策略至关重要。从研究结论的另一个侧面可以看到，中国各级政府政策影响面非常大，因而企业的经营活动对经济政策依赖程度比较高。给定政策的情况下，企业较少甚至不考虑市场中的经济因素，从而造成企业投资效率的损失。无效率或者低效率的投资将会对宏观和微观层面的经济增长有害无益。因此，我们应该更好地让市场在资源配置中起决定性作用，发挥为市场经济保驾护航的作用。

政府应成为产业发展的"裁判者"，制定规则、确定技术准入门槛以及监控产业发展动向，从而将更多的职责交由市场机制来完成，充分发挥市场对资源的配置。扭转地方政府为政绩晋升而抢项目、要政策的盲目性重复投资建设行为，避免出现"新瓶装旧酒"的高端产业低端化发展的粗放型发展模式。同时，由于实体经济中资本不可逆等流动性摩擦的存在，短期内财政和货币政策只能发挥有限的作用。长期来看，政府可以进行相应改革以减少实体摩擦，同时应当致力于发展二手市场，实施相关鼓励政策，如税收优惠、财政补贴等。政策不确定性不论是通过实物资本的不可逆渠道还是资金资本的金融摩擦途径进行传导，都可以归结为其对资本流动性价值的冲击。因而，致力于减少阻碍资本流动性的实体摩擦和金融摩擦可以作为相关政策改革的一个方向。

8.2.2 防止战略性新兴产业发展中的资金配置"脱实向虚"的建议

实证研究表明，一方面，金融市场不完善和发展的滞后性，阻碍了战略性新兴产业研发投资与技术进步率的提升，进而制约全要素生产率的增长。另一方面，融资约束程度高的企业，受政策不确定性的影响更大，其减少投资的可能性更高。因此，首先，要解决战略性新兴产业的融资约束问题，就要继续深化金融体制改革，建立以股权融资为主体的资本市场，如加快推进 IPO 注册制、设立战略性新兴产业上市板块等，为保证战略性新兴产业股权融资渠道的顺畅创造条件。与此同时，应该建立更加开放的资本市场体系和支持金融创新业务，对新涌现出来的以互联网为依托的股权众筹、P2P 等融资方式持包容态度，促成有利于"大众创业、万众创新"的投融资环境。

然而，研究也发现，企业将战略性新兴产业研发创新的资金配置到金融等相关高利润的虚拟经济上，以牺牲实体经济投资为代价来追求金融资产上的收益。尽管中国目前的经济发展仍以实体经济为主，还没有出现过度"金融化"，但随着整体经济的不断发展，资本积累逐渐增多，过度"金融化"的风险会越来越大。因此，政府在制定相应宏观经济政策的时候，必须高度关注虚拟经济对实体经济产生的"挤出"效应。本书认为，首先，必须降低政府和企业部门的杠杆率水平，持续、深入地贯彻"去杠杆化"战略部署，阻止资金源源不断地流向创新能力低下的传统产业和产能过剩行业，积极引导资金向新兴产业配置，防止金融资源错配和经济结构恶化，对于未来中国战略性新兴产业发展、产业创新能力和竞争力提升有着十分重要的意义。其次，从创新动力提升上，在行业层面，放宽行业准入，鼓励行业间的竞争，促使行业间利润均衡，从而提升企业创新动力；在企业内生动力层面，引导企业完善公司治理，合理设计经理人薪酬激励，使经理人更注重公司和利益相关者的长期利益，而不是短期的股价或利润表现。最后，未来金融业改革必须面向市场化，改变金融行业垄断超额利润的现状，防止金融业对实体企业的过度掠夺，有效引导金融资本支持实体企业发展，建立公开透明的金融市场规则和制度，确保金融市场风险可控是我国未来金融改革必须考虑的重要议题。

8.2.3 政府补贴促进战略性新兴产业稳健发展的建议

针对政府补贴对微观企业经营决策以及经营绩效的影响实证，本书认为政府对战略性新兴产业的补贴是必要的，但补贴方法和效率有待改善，具体而言：

第一，国家在战略性新兴产业发展规划和扶持政策制定上应寻求市场驱动与政府激励相容的产业扶持思路，减少政策带来的不确定性影响。一般来说，成功的产业创新是科学发明、技术创新、管理创新、企业家精神和市场需求等诸要素结合的产物，创新成功还是需要一定的社会、政治和经济环境的支持。战略性新兴产业的发展必须建立在市场驱动的基础上，而不能由政府代替市场，造成类似于光伏产业等新兴产业产能的严重过剩、企业的利润来源就是政府的补贴与优惠的扭曲局面，将激励机制从扭曲调整为与市场相容，发挥市场的内生动力，让市场发现产业创新的机会，让企业家的创新精神在公平竞争的市场环境中发挥作用。政府大范围强力度的干预，容易造成政策效果的不确定性，并阻碍企业研发创新。

第二，从微观企业角度，由于企业自身的资源禀赋和所有权性质的差异，政府补贴通过直接效应或者信号效应对企业投资发挥的激励作用存在差异。基于"规模扩张"假说，政府补贴在很大程度上能够缓解民营企业的融资约束，对企业的投资水平和规模扩张具有显著的激励作用，但是对民营企业进行补助时，应该避免企业对政府补贴过度依赖，防止企业出现投资过度或者规模过度扩张问题。基于"代理成本"假说，政府补贴能够通过增加企业的自由现金流激化国有企业的代理冲突，增加企业的代理成本和寻租等问题。所以，对国有企业进行补助时，应通过监督机制保证政府补贴真正用于投资项目上，鼓励高新技术企业根据市场和发展战略增加研发投入，减少企业的资源冗余以及管理层机会主义问题。

第三，政府补贴作为政府干预的宏观经济手段，具有资源配置导向功能，能够提高企业的投资水平从而优化市场失灵现象，但同时也会造成行业规模不经济、微观企业的过度扩张和资源冗余等问题。传统的补贴制度基本只注重创新投入方面的评价和对单个企业一次性的补贴交易，缺乏创新产出考核和重复博弈机制。中共十八届三中全会通过的《中共中央关于全面深化改革若干重大问题的决定》就深化科技体制改革明确提出："打破行政主导和部门分割，建立主要由市场决定技术创新项目和经费分配、评价成果的机制。"打破传统的补贴模式需要真正建立起以创新产出为导向的产业创新扶持模式。因此，必须破除所有制与企业规模壁垒。长期以来，国有企业获得了大部分政府创新补贴，但其创新成果却远不及民营企业和外资企业。这种投入与产出严重不匹配的现象一直未能改观。而自主创新型中小企业是创新的活跃分子和成功者，它们基本上垄断了具有革命性突破的创新活动。因此，政府补贴的方法从行政指令到市场遴选制度转变，对补贴的效率进行市场化评价才能引导企业合理利用资源，提高生产效率。